城市研究·高铁系列

高铁网络与
人口流动管理

HIGH-SPEED RAIL
NETWORK AND POPULATION FLOW
MANAGEMENT

黄苏萍 / 著

社会科学文献出版社
SOCIAL SCIENCES ACADEMIC PRESS (CHINA)

本书得到教育部人文社会科学研究青年基金项目"高铁对人口流动的作用机制——基于产业布局、城镇分布、行为方式的实证研究"（12YJC840014）的资助；同时，本书也得到上海高校智库上海大学基层治理创新研究中心的资助

前　言

　　中国高铁是在全球能源资源短缺、生态环境恶化、低碳经济逐步兴起的背景下发展起来的。与高铁相关的"丝绸之路经济带"构想，使中国与世界各主要国家相连，不仅影响了世界，也改变了中国。我国是世界第一人口大国，当今又处在工业化、城市化的关键时期，高铁的开通运行打破了城市之间已经存在的资源输入、输出的动态平衡，人们的生活空间和区域间人流、物流、资金流、信息流都因而正在发生变化。高铁网络建设使传统时空距离得以缩短，"一体化"效应导致产业集聚重组，"同城化"效应导致城镇布局调整，对人口流动产生着越来越大的影响。

　　伴随着全球化进程，超大城市又以新的形式进入人们的视野。全世界国内生产总值的几乎一半是占世界人口 10% 的 40 个大都市区创造的。人流、物流等向人口高度密集区域的聚集也使得潜在的领导型城市数目增加，曾经的"理想三角"纽约－伦敦－东京的地位，现在已逐渐被全球化中涌现出的大城市网络替代，比如上海、北京、首尔、马尼拉以及其他一些城市组成的新网络，出现在已有的国际枢纽中。以全球城市为目标建设的上海，成为全国高铁网络和长三角高铁城际网络中关键性的节点以及连接"四纵四横"中京沪、沪宁、沪蓉、沪昆高铁（"三横一纵"）的交点城市，以其国际金融、贸易、航运、经济中心的主要地位辐射带动长三角和长江经济带，进而带动全国的发展。上海还作为国际其他地区与中国联系的枢纽性城市，对中国其他城市起着带动辐射作用。而高铁站点就成为人流、物流与城市直接联系的窗口。通过分析上海三个火车站——上海站、上海南站、上海虹桥站的站区建筑、配套基础设施、车次、人流等，我们可以发现：高铁使流动人口的流量增加、基础设施配套压力增大；枢纽站点车站病频发、管理压力增大；利用高铁通勤的人数增加，社保跨地接续压力增大；同城化将改变城市内部人口分布，缓解高铁新城吸引人口集聚的压力增大等诸多问题。面对这些问题，高铁急需多管齐下，创建具创新性的社会管理模式。

引他山之石。借鉴西方高铁网络时代流动人口的社会管理经验，能够为我国的发展模式提供新思路。笔者先对发达国家高铁发展引发流动人口增加、流动人口对就业产生的影响及其城市空间人口流动分布进行了概述。笔者以法国里昂、德国柏林、日本东京都市圈为例，对其内部高铁建设与城市空间人口流动分布做出概述和整理，对高铁所引发的流动人口管理及其改善措施进行了重点分析和评价。笔者发现，我国高铁不同于国外高铁，国外高铁快速建设基本都是在人均 GDP 很高和城市化达到一定水平时才出现的，而我国恰恰相反。发达国家强调高铁站点的选址和建设需与城市的发展需求相契合，大型化、综合化和立体化是根本出路，良好的功能分工和高度的交通可达性是防止交通堵塞与过度集聚危险的重要保障。笔者则从组织机构的建立、交通疏散、基础设施的建设、高铁定价及补贴、高铁信息化等方面，总结了西方高铁网络建设背景下流动人口社会管理的实践经验与现有成果，以期为未来我国高铁发展遇到与西方类似的问题时提供一定的借鉴与参照。

预防和解决高铁引发的空间极化所带来的社会问题是本书要讨论的另一个重点。笔者依据空间极化与社会分层理论，将上海虹桥站与上海站、上海南站以及站点周边住宅价格、写字楼租金、商业等进行对比的基础上，继而从上海虹桥站交通功能集聚、产业和商业空间集聚的方面，结合规划及财富空间测算得出：相对于其他两站，上海虹桥站由于所处的枢纽地位，规划开发了大量与现代服务业、国际贸易业相关的办公建筑、商业会展中心等，势必会吸引大量符合此类要求的产业和人群在此集中，使商业机会增加从而带动价格上涨，并由此导致一定程度的空间极化现象。同时，这一区域未来会受到长宁区辐射效应的影响，成为新的经济快速发展的财富极化地。产业和各种商业、服务业的空间集聚让虹桥枢纽地区更容易产生空间极化现象。笔者将借鉴国际上迪拜、拉德芳斯发展的经验，反思空间极化带来的分化与隔离，以及由此产生的社会问题，提出相应的应对策略。

高铁时代以城市群为整体参与竞争应当运用全球视角。这是根据我国单体城市竞争力情况不容乐观的现实所做出的判断。在 2012 年英国《经济学人》杂志公布的全球城市竞争力排名中，我国北京、上海分列第 39

位和第 43 位。但如果依托贯通的高铁网络，北京和上海分别引领京津冀与长三角两大城市网络整体参与全球竞争，其地位和价值显然会被提升到新的战略高度。本书以高铁网络城市群的典型——以上海为首的长三角——为对象展开重点研究。一方面以长三角城市群在国内"四纵四横"的地位为切入点，将其与其他城市群进行比较分析并阐释高铁网络建设对长三角城市群的作用。在沪宁高铁的案例中，笔者发现，与原有铁路相比，本身就具有吸引力的苏州因高铁开通而使其吸引力得以提升，吸引力系数高达 324.2，这和上海与苏州相距最近、时间成本最低有关；铁路另一端的南京也同样有较大的吸引力系数。这说明空间结构变化是区域发展的最终结果。在区域发展过程中，时空收敛是空间结构变化的一种催化剂，时空收敛或时空离散将促使一系列的相关因素发生变化，从而促进区域发展。

另一方面，高铁给沿线各城市带来不同的影响，主要原因在于城市的要素差异。因此我们可以从长三角城市群人口行政布局、人口经济空间布局、人口就业布局、人口产业行业空间布局角度分析城市之间的差异，以及高铁网络未来可能导致的城市发展和整合效应。通过计算长三角地区 2005 年、2011 年区位熵 LQ 指数、RCA 指数，以及地区间专业化水平 K-spec 指数进行实证研究，笔者发现，长三角地区一体化水平正在逐步提高，服务业的地区结构差异性正在增强。2005～2011 年就业省际差异逐步增大的行业主要为生产性服务业，这反映了就生产性服务业来说，长三角地区正在向各自的产业专业化和产业导向转变；而就业省际差异较小并且不增缩小的行业主要为公共性服务业，这反映了我国在致力于平衡发展这些部门以消除地区差异方面所取得的成效，但也面临同构性较高的行业过多的问题。为加快推进长三角城市群的一体化，笔者建议要处理好错位发展与良性竞争的关系，打破行政壁垒，加强产业和人口政策之间的沟通与协调；在此基础上，从人口与经济分布不匹配角度探究地区差异产生的诱因。以长三角为例，通过对 2003～2012 年长三角人口与经济分布不匹配的影响因素进行分析，笔者认为，倾斜的区域政策降低了地区人口与经济分布不匹配的程度，减缓了地区差异的扩大，尤其 2008 年金融危机以后地区人口与经济分布不匹配程度有显著下降的趋势，资本边际产出下降及各行政区域内的人口流动制度壁垒降低了地区不匹配程度，阻止了地区差距进一步扩大；但各行政区域间的人口流动制度壁垒扩大了地区差距。此状况说明，虽然长三角一体化在经济上取得一些成效，各行政区域内的城乡壁垒也得到改善，但城市群内各行政区域间的劳动力流动制度壁垒的改善却并未取得更大的突破，因此建议在高铁网络平台上打破城市界限，淡化户籍观念，推进长三角城市群内劳动力流动制度一体化，适应区域内不同城市间人口迁移流动的趋势，并引导推动区域劳动力市场发展和人口分布的合理化进程。

为促进高铁和经济、社会在未来的和谐发展，笔者针对可能出现的问题和现象，提出了各种解决方案。笔者分别建立了铁路运输与社会经济系统动力学模型进行模拟，分析得出的结果为：在上海市目前的情况下，提高铁路可达性对增加国内生产总值及第三产业产值的贡献较大；铁路客运对区域所产生的直接影响是增加区域客运总量。区域客运总量增加的实质为由铁路增速所产生的诱增客运量。该诱增客运量包含两部分人群：一部分属于由于铁路诱发出行的人群；另一部分属于由于区域经济的发展相对提高了区域可达性而诱发出行的人群。在条件不变的情况下，若提高可达性区域经济作用系数，可以发现随着铁路网络设施的完善，可达性区域经济作用的提升会对上海市经济发展起到一定的推动作用。

最后，立足于和谐、效率的建设目标，同时借鉴国内外的既有成果与成功经验，面向高铁枢纽站点拓展到高铁站点城市、城市群的发展，笔者认为可以从高铁运营管理创新、高铁信息化服务管理创新、票价制定、规划设计、社会空间极化的防范、城市间合作、城市群高铁网络建设等方面来积极探讨流动人口管理与空间分布的改善策略。在高铁站点处理能力的提升方面，建议考虑设站区位、综合接驳能力、车站布局紧凑度、人性化的交通指示系统、便民维护治安等；在高铁运营管理方面，认清高铁到底是为哪类人服务，需打破历来沿用的排图思路，重新排定运行图，同时提升中转服务质量；在票价制定方面，建议票价的制定以及调整皆须保证在乘客的经济承受能力范围内，并随着人们经济收入的增加合理地调整高铁票价。在票价方面应采取丰富灵活的营销策略，效仿国外高铁票价的打折机制，使乘坐高铁的乘客可以享受多重折扣和优惠；在防范社会空间极化方面，应在站点周围建设混合型社区，让公众参与以维护自身利益，等等；在高铁网络城市群产业分工合作方面，借鉴世界五大城市群的经验，笔者提出要利用高铁网络发展的机遇、推动产业优化升级、强化同城化效应、加强一体化体制支撑、建立城市战略合作协调机制等对策。

目　录

第一章　绪论

一　研究背景

（一）中国的高铁战略——高铁魅力

高铁是现代社会的新型运输工具，也是交通运输现代化的重要标志。从运输工具发明的那天起，人们对高速的追求从未停歇。在不同的时期和不同的技术背景下，高速有着不一样的定义。19 世纪被英国称为"火箭号"的火车，时速却仅为 22 公里；20 世纪 60 年代，日本新干线"光"号列车，时速达 220 公里；随后德国的城际快车，时速竟高达 250～300公里。同一时期对于不同交通方式所下的高速定义也不一样，水运时速 50～60 公里就可被称为高速；高速公路的设计时速可达 120 公里，只相当于目前铁路的普通快速列车运行速度；但对飞机来说，时速 500 公里只算是低速。目前认可程度较高的是国际铁路联盟（UIC）对高铁的定义：通过改造原有线路（直线化轨距标准化）使营运速率达到每小时 200 公里以上，或专门修建高速新线使营运速率达到每小时 250 公里以上的铁路系统。从 20 世纪 60 年代开始，高铁在世界范围内得到发展，日本、法国、德国、西班牙、韩国和中国台湾等 18 个国家和地区相继建成高铁。

中国是世界上高速铁路投产运营里程最长、在建规模最大、列车行驶速度最快的国家。2005 年 6 月 11 日石太高铁全线开工建设，中国铁路由此拉开了高铁新线建设的序幕。从 2008 年开始，中国高铁发展进入收获期，每年都有一批新建高铁投入运营。2008 年 8 月 1 日，中国第一条也是世界第一条运营时速达 350 公里的铁路——京津城际高铁开通运营，标志着中国高铁技术达到世界一流水平。2009 年 12 月 26 日，武广高铁开通运营，它是世界上一次性建成运营里程最长的时速 350 公里的高速铁路，标志着中国率先在 1000 公里以上高铁建设上取得重大突破。2010年，时速 350 公里的郑西、沪宁、沪杭高铁和时速 250 公里的福厦、昌九、长吉、广珠、海南东环线高铁陆续建成通车；京沪高铁全线铺通，并在先导段创造了时速 486.1 公里的运营铁路试验世界最高速，成为中国高铁引领世界的新坐标。2012 年国家多次增调铁路建设投资规模，世界上第一条高寒高速铁路，即哈大高铁顺利开通运营；京石、石武客运专线建成投产，标志着世界上营业里程最长的京广高铁全线贯通；合蚌、汉宜等一批重点项目顺利开通运营。到 2012 年底，全国铁路运营里程达到 9.8万公里，居世界第二位；高铁运营里程达到 9356 公里，居世界第一位。2014 年全国铁路完成固定资产投资 8088 亿元，投产新线 8427 公里以上；2014 年中国高铁运营里程达到 16726 公里，使中国成为世界上高速铁路运营里程最长、在建规模最大的国家。不仅如此，高速铁路已成为战略性新兴产业，如中国新一代高速列车零部件生产设计核心层企业近 100 家，紧密层企业 500 余家，覆盖了 20 多个省市，形成了一条庞大的高新技术研发制造产业链，高铁总体技术水平进入了世界先进行列。尽管我国高铁建设经历过很多波折，如温州动车事故、原铁道部长腐败、铁道部负债严重以及面临大部制改革的前途未卜，但是"四纵四横"高铁网络的建设步伐并没有停步。经过多年的建设运营实践，我国铁路在关键技术研发、工程建设能力、运营管理等方面都有了相当储备。

根据我国《中长期铁路网规划》（2008 年调整），到 2015 年，中国高速铁路运营里程将达到 1.9 万公里；到 2020 年，中国铁路运营里程将达到 12 万公里以上，快速客运网基本覆盖各省省会及 50 万以上人口城市。高铁的大规模投资和运营也势必对相关区域和城市的经济社会发展产生重要的影响——改变经济地理、区域经济版图和人们的价值观念以及生产生活方式，这也标志着中国进入了高铁时代。

发展高铁合乎国情、顺乎民意。中国幅员辽阔，东西南北跨度 5000公里，四大直辖市、各省会城市之间直线平均距离 1400 公里。但资源和工业布局极不均衡，货物流通大多通过铁路进行跨区域运输。我国又是人口大国，经济正在进入快速发展期，随着人均收入不断增加、人口流动性逐渐增大，人们对出行工具的速度、服务质量的需求不断提高。而我国人均耕地面积少，石油对外依赖度高，要实现全社会可持续发展，必须尽快

表 1-1 《中长期铁路网规划》（2008 年调整）建设的客运专线

客运专线类型	主要线路
1. "四纵"客运专线	(1)北京—上海客运专线,包括蚌埠—合肥、南京—杭州客运专线,贯通京津至长江三角洲东部沿海经济发达地区; (2)北京—武汉—广州—深圳客运专线,连接华北和华南地区; (3)北京—沈阳—哈尔滨(大连)客运专线,包括锦州—营口客运专线,连接东北和关内地区; (4)上海—杭州—宁波—福州—深圳客运专线,连接长江、珠江三角洲和东南沿海地区。
2. "四横"客运专线	(1)徐州—郑州—兰州客运专线,连接西北和华东地区; (2)杭州—南昌—长沙—贵阳—昆明客运专线,连接西南、华中和华东地区; (3)青岛—石家庄—太原客运专线,连接华北和华东地区; (4)南京—武汉—重庆—成都客运专线,连接西南和华东地区。
3. 同时建设的其他客运专线	南昌—九江、柳州—南宁、绵阳—成都—乐山、哈尔滨—齐齐哈尔、哈尔滨—牡丹江、长春—吉林、沈阳—丹东等客运专线,扩大客运专线的覆盖面。
4. 城际客运系统	在环渤海、长江三角洲、珠江三角洲、长株潭、成渝以及中原城市群、武汉城市圈、关中城镇群、海峡西岸城镇群等经济发达和人口稠密地区建设城际客运系统,覆盖区域内主要城镇。

资料来源: 中华人民共和国国家发展和改革委员会, http://www.ndrc.gov.cn/zcfb/zcfbqt/200906/t20090605_ 284525. html, 2013 年 6 月。

发展大运量、低能耗、占地少的高速铁路。每年, 我国铁路以仅占运输系统 20% 的能耗完成了全系统 50% 的运量, 无论是出于消除运输瓶颈与工业发展的短板还是保障国家土地与能源安全的考虑, 发展高速铁路都是我国转变增长方式和实现可持续发展的必然选择。据前瞻产业研究院数据显示, 2014 年中国铁路运营里程已达 11.2 万公里, 其中高铁 1.6 万公里, 全路发送旅客 23.2 亿人次, 增长 12%。2014 年铁路日均发送旅客量达到 607.7 万人, 同比增长 9.7%, 其中高铁日均发送 225.3 万人, 约占 37%。[1] 高铁不仅成为最具人气的时代列车, 而且开启了"大动脉"服务民生、助推经济的新速度。

高铁似公交, 车次多、间隔短却高速无拥堵, 缩短铁路旅行时间, 使"同城效应"更明显。高铁带动了城市发展的新增长点, 推动了中心城市与卫星城镇的合理布局, 增强了中心城市对周边城市的辐射带动作用。以

---

[1] 《2014 年中国十大铁路项目: 中国铁路十三五规划》, http://www.boonwin.com/guandian/38480. html, 2014 年 11 月 10 日。

沪宁高铁为例，2014 年上半年日均发送旅客 24.2 万人，公交化的运行模式使旅客可随到随走，在上海就业、沿轨道在周边城市购房造就了一种新的通勤模式，而这种"异地如同城"的生活观念正在广珠、长吉、昌九、沪杭、宁杭等城际高铁沿线悄然盛行。

高铁就像那条不断动弹而激活船舱中其他鱼的鲶鱼，其高速发展可以倒逼民航降价、公路调线，使运输结构更优化，让百姓得实惠。高铁适合中短途运输，其自身具备的运送能力大、受气候变化影响小、正点率高等特质，对 1000 公里以下的航线有着一定的冲击力，尤其对 500 公里以下航线更是造成了颠覆性的冲击，一些短途航线在高铁开通后已完全取消。比如从郑州至西安和从武汉至南京的航班，都只在高铁开通后幸存了几个月便被取消；又如从长沙到广州的航线距离近 600 公里，该航线客流量从高铁开通前的每月约 9 万人减少到目前的每月约 3 万人，航班次数已从每月 750 班减少到每月 250 班。世界银行的研究报告《把脉中国高铁发展计划：高铁运行头三年》提出，当旅行距离超过 1000 公里时，高铁对航空的影响似乎很快就消失了，如京沪高铁（近 1300 公里）的开通对北京、上海两个城市之间的航空客运量的影响就非常有限。

高铁像磁石，"聚客效应"强大，能加快旅游业发展，刺激消费大幅增长。以武广高铁为例，2010 年一季度，直接从高铁开通受益的武汉、咸宁两市 GDP 同比增长均为 15.9%，其中旅游业收入分别增长 36.5%、16.7%。其他高铁线路也有同样的效应，如郑西高铁开通以来，沿线的郑州、洛阳、三门峡、华山、渭南、西安等设高铁车站的城市旅游收入增长都在 20% 以上。高铁的舒适快速使昔日的"省际游"现今更像"同城游"，不仅加快沿线旅游业的发展，更带动大旅游圈的形成。如"京沪高铁城市旅游联盟"2011 年 6 月在济南落地，为实现沿线城市间"资源共享互利共赢"，北京、上海、天津、南京、济南、沧州、蚌埠 7 市签署了《泉城宣言》。贵广高铁的开通，也使得贵州、广东、广西三省（区）联合组建"贵广高铁旅游营销联盟"，联手整合"多彩贵州旅游卡""广东国民旅游休闲卡""广西八桂旅游卡"等资源，实现区域内优惠措施互通共享（刘宝森、郑茜，2011）。

高铁是杠杆，连接区域、覆盖城乡，撬出了沿线产业结构调整和城镇宜居建设的新活力，加快了区域融合的新步伐。以京沪高铁为例，在其开通的头半年，日均客运量达 13.4 万人次，2012 年日均达 17.8 万人次，2013 年日均达 23 万人次（鲁宁，2014）。截至 2014 年 12 月 7 日，京沪高铁运送旅客突破 1 亿人次，比 2013 年同期增长 27%。每天开行列车 164 对。其公交化、大运量的运输模式促进了环渤海、长三角经济区资源的深度整合，对沿线的一些中小城市的正面效应不言而喻。如从廊坊到北京和天津仅 20 分钟，廊坊经济技术开发区已吸引来自 30 多个国家和地区的 1500 家企业入驻，总投资高达 715.6 亿元（王泽明、贾树敏，2011）。京沪高铁也为徐州经济转型升级送来了更多的人流、物流和资金流。2012 年上半年，徐州地区生产总值完成 1960.7 亿元，同比增长 13.2%，增幅位居全省第一（陆娅楠，2012）。蚌埠市处于京沪高铁的中站，到京沪的时间均为 3.5 小时，同时与南京、合肥形成"半小时生活圈"，其地理优势使得这个小型城市在 2014 年 62 天的暑运期间发送旅客 89.5 万人，相比 2013 年增加了 7.4%（张昆鹏、胡小蒙，2014）。

高铁像"传送门"，大大节约了社会时间成本和物流成本。高铁使旅客的旅行时间大大缩短，不仅极大地方便了人民群众的出行和生活，而且产生了巨大的社会效益。高速铁路具有安全、舒适、正点率高、运输量大等方面的巨大优势，在中短程上尤为突出。从日本、法国等发达国家的实践情况来看，高速铁路作为一种安全、快捷、舒适、全天候的运输方式，已经成为现代交通运输体系的重要组成部分。除了价格因素，众多偏好高铁出行的旅客认为，在安全舒适性、购票便利性和乘车习惯等方面，高铁都具有较大优势。随着越来越多的高铁开通运营，其安全性不断提升、运营组织逐步优化、相关设备更加先进，高铁平稳舒适、方便快捷的特性逐渐被人们接受。高铁与既有铁路相匹配，可使区域内铁路网的使用更加灵活，让货运能力得到释放。

（二）中国高铁战略——影响世界

作为世界铁路的重要组成部分，中国高铁的巨大成功和快速发展，对世界铁路特别是世界高铁发展产生了巨大的影响。

中国高铁丰富和发展了世界高铁的理论与实践，把世界高铁发展水平提升到一个新的高度。首先，中国铁路系统掌握了时速 200~250 公里、350 甚至 380 公里，最高试验时速 486.1 公里以上不同速度等级的高铁核心技术和成套技术，把世界高铁运营速度提升到新的高度。其次，中国铁路建立了基于舒适度指标的成套技术体系，率先攻克了时速 350 公里条件下空气动力学、轮轨关系、车体气密强度、减振降噪、大断面车体等一系列重大技术难题，特别是解决了高铁线路的高平顺和高稳定问题、高速列车隧道群高速交会时的安全性和舒适性问题，把世界高铁运行的品质提升到新的高度。再次，中国铁路在世界上首次建立了高铁系统集成技术标准和管理体系，不仅提升了高铁系统的安全可靠性和运行品质，也有效降低了建设成本，缩短了工期，为世界高铁的发展开创了一个崭新的技术领域。

中国高铁对世界高铁发展起了强大的示范作用，也大大增进了世界对中国高铁的认识。中国高铁是在全球能源资源逐渐匮乏、生态环境恶化、低碳经济逐步兴起的背景下发展起来的，同时中国高铁建设规模大、运营速度高、建设成本低、发展速度快、市场需求旺盛，因而其发展取得的成功引起了世界各国的特别关注，产生了强大的示范效应。如今，中国高铁不仅在关键技术领域取得了一系列重大创新成果，而且建立了具有自主知识产权、处于世界先进水平的中国高铁技术标准体系。由系统集成、动车组、线路工程、通信信号、牵引供电、运营调度和客运服务七个子系统组成的中国高速铁路技术标准体系，使中国一跃成为世界上第四个系统掌握时速 300 公里高铁技术的国家。密布的高铁网络、快速奔驰的高铁列车代表了中国崛起的新形象，也是中国的外交名片和参与国际竞争的利器。

中国也有志于建设连接世界的"高铁丝绸之路"。早在 2009 年，中国已确定周边三条高铁规划战略，其中有两条辐射到欧洲，这三条高铁分别为欧亚高铁、中亚高铁和泛亚高铁。①欧亚高铁线路：从伦敦出发，经巴黎、柏林、华沙、基辅，过莫斯科后分成两支，一支入哈萨克斯坦，另一支遥指远东的哈巴罗夫斯克，之后进入中国境内的满洲里。建设进程：国内段已经开工，境外线路仍在谈判。②中亚高铁线路：起点是乌鲁木齐，经过哈萨克斯坦、乌兹别克斯坦、土库曼斯坦、伊朗、土耳其等国家，最终到达德国。建设进程：国内段正在推进，连接新疆维吾尔自治区乌鲁木齐和甘肃省兰州的高铁（1776 公里）目前已进入试车阶段，很快就要开通；境外线路仍在谈判。③泛亚高铁线路：从昆明出发，依次经过越南、柬埔寨、泰国、马来西亚，抵达新加坡。建设进程：中缅间铁路隧道已于 2014 年 6 月动工。此外，还拟新增一条线路——中俄加美高铁线路：从中国东北出发一路往北，经西伯利亚抵达白令海峡，以修建隧道的方式穿过太平洋，抵达阿拉斯加，再从阿拉斯加去往加拿大，最终抵达美国。建设进程：仍在商讨时期。这四条高铁线路规划将中国与世界各主要国家相连，并以中国为中心与世界各地连成一个陆上整体，可谓是由高铁铺就的中国"丝绸之路"。古丝绸之路是一条东方与西方之间进行经济、政治、文化交流的主要道路，以中国古代出产的丝绸为主要商品，将中国的物产和文化送往世界各地，促进了世界经济发展和社会进步。而我国当下正在建设的这一条"丝绸之路"则由商品"高铁"本身铺就，通往世界各地，将中国的技术、文化及产品与世界进行交流与共享。同时，由高铁铺就的"丝绸之路"不仅将带动世界经济发展，而且为中国再保持数十年经济增长提供源源不断的动力，将带动中国技术进步和高技术产品出口，能够有效地拓展中国的发展空间，带动与资本、劳务、人口流动有关的各行各业的发展及中国国际贸易地位的提升，极大地改善中国的地缘战略地位。

在"高铁丝绸之路"战略引导下，中国高铁快速"走出国门"。从最初的核心技术全靠进口，到如今拥有多项专利和世界领先技术，中国高铁依靠建设成本优势（造价只有国外造价的 1/3 到 1/2）、工业优势（中国运营着全球 45% 以上的高铁，拥有全球最为庞大、完整、系统和运行高效的供应链）、建设管理和运营经验丰富优势、商业模式优势（集成了商品贸易、服务贸易和资本输出三大方式），走出国门并在世界范围内赢得口碑。成本优势也一直是中国高铁外交的巨大优势，有数据显示，国外建设高铁每公里成本为 0.5 亿美元，而中国只有 0.33 亿美元，相差 1/3。① 综合土建和车辆两个方面的成本，中国高铁造价只有国外造价的 1/3 ~ 1/2。比如，国内高铁的造价一般是 1.5 亿元/公里，德国法兰克福—科隆线约合 3 亿元/公里，韩国 2004 年通车的高铁路基部分造价为 2.5 亿元/公里。② 因此，近几年中国已与老挝、泰国、美国、俄罗斯、巴西等国签署了高铁领域合作意向书或协议，与缅甸、波兰、印度和中亚部分国家也达成了合作发展铁路的共识。截至 2010 年末，中国铁路相关企业在境外承揽的项目遍及世界 50 多个国家和地区，合同金额高达 260 亿美元，铁路技术装备已出口亚洲、非洲、大洋洲、美洲的 30 多个国家。此外，中国南车出品的机车、客车已经承担了土库曼斯坦 90% 的客运量和 70% 的货运量，承担了乌兹别克斯坦 40% 以上的客运量和 30% 以上的货运量（梅新育，2012）。

境外的高铁战略既出于国家战略需要，也出于发展转型需要。境外的高铁战略实行整合输出战略，即在技术、资金、标准、人才等方面全方位

① 《国际 350 公里/小时高铁建设成本一般每公里 0.5 亿美元，中国 0.33 亿美元》，http://www.qqjjsj.com/gpxx/35585.html，2014 年 11 月 4 日。

② 《中国高铁怎样进军德国：造价低，领导人任推销员》，http://www.js.xinhuanet.com/2015-06/07/c_1115534402_2.htm，2015 年 6 月 7 日。

走出去，均由中国企业总承包。政府带领企业整合设计、装备制造、施工建设、运营管理和融资，全面参与境外铁路建设、融资和运营管理。此外，原铁道部针对不同市场，专门成立了中美、中俄、中沙、中委、中缅、中吉乌、中印等境外合作项目协调组，组织国内有关企业开拓境外铁路工程承包和装备出口市场。按照目前各国公布的规划，预计到2024年，全球高铁总里程可达4.2万公里，这也就意味着2010至2024年，海外高铁修建计划将高达1.9万公里左右。据估计，2020年前，海外高铁投资将超过8000亿美元，欧美发达国家的投资额占比最高达1650亿美元，这将带动其他产业创造7万亿美元的市场规模。[①] 这一数字意味着中国高铁已经迎来了前所未有的出口机遇。一方面，铁路输出积极参与全球铁路通道的建设，在维护国家安全和睦邻友好方面有着积极作用；另一方面，"走出去"对于消耗过剩产能、带动产业链发展也能起到积极作用。

（三）中国高铁战略——改变中国

1. 高铁建设使多年来中国铁路运能紧张的问题得到根本性解决

高铁路网的建设，一方面极大扩充了中国铁路客运能力，使城市间的时空距离大大缩短，使人们出行更为方便；另一方面，也使与高铁并行的既有线货运能力得到释放，推动中国铁路主要通道实现客货分线运输，有效缓解了货运能力长期紧张的局面。随着高铁在综合交通运输体系中的作用持续增强，全社会人流、物流周转明显加快，物流成本有效降低，为改善企业经营效率、提高经济发展质量发挥了重要作用。这种变化在中国铁路发展史上是革命性的，不仅带来运力资源的优化配置和高效利用，而且为发展货运重载、创新运输服务、提升运输安全和经营管理水平等方面创造了有利条件。从已经投入运营的高铁来看，这种变化和影响已初步显现。截止到2010年底，中国高铁已安全运送旅客6亿人次，2010年中国铁路旅客发送量比高速列车开行前的2006年增长了33.4%，[②] 同时京津、胶济、武广、郑西、沪宁5条高铁运营后每年释放的既有线货运能力已达2.3亿吨。高铁的快速发展，对中国经济社会发展造成了重大而深刻的影响，同时也带来了巨大的经济效益及社会效益。据测算，在全社会货物运

---

① 《预计到2020年世界高速铁路总里程将超过5万公里》，http://www.cement114.com/hyxw_ view.asp? id＝41298&utype＝90，2013年12月5日。

② 《铁路春运，为何总是一票难求》，《西安晚报》，http://epaper.xiancn.com/xawb/html/2013-01/25/content_ 178817.html，2013年1月25日。

量中，铁路货运比重每提高一个百分点，就可节约社会物流成本212亿元（谢辉，2015）。高铁的开通运营有效提高了铁路货运能力，大大降低了全社会的物流成本，对于提升中国企业经营效益具有重要作用。高速铁路的发展对我国军事战略调整、国家的统一稳定保障同样起到了有力的促进和推动作用，加快了军事人员、设备的机动作战能力和快速反应能力，提升了我国军事实力，保障了国家主权完整性和边境安全。

2. 高铁是真正的高速、低碳、生态之旅

以京广高铁为例，动车组具有低能耗、轻量化、污物全程零排放的优点。比如，CRH380A（L）以时速300公里运行时，人均百公里能耗仅相当于3.64千瓦时的电，仅为客运飞机的十二分之一、小轿车的八分之一、大型客车的三分之一。高铁集尖端技术之大成，近年来中国大规模的高铁网络建设和运营，促进了高铁产业的快速发展及自主创新能力的快速提升，带动了产业的升级，成为加快转变经济发展方式的一个有力推手。2013年7月宁杭高铁开通后，合肥至杭州航线受到较大影响。合肥至杭州每天有11趟高铁车次，时间约为两个半小时，而且高铁二等座票价只需178.5元。而乘飞机要多花时间而且多花钱，出行旅客因此几乎都选择乘坐高铁。随着高铁班次和线路加密，合肥至杭州航线停飞，武汉至南京、南昌、石家庄等航线近年来都陆续停飞。可见，高铁促进了交通运输体系的优化。

3. 高铁为加快中国工业化和城镇化进程提供了重要支撑

经济全球化使得商品、资源要素在全球范围内自由流动，参与这种世界联系和能量交换的基本单元也不再是原来意义上的单个城市，而是若干作为全球功能节点的世界城市，以及依托世界城市而间接参与全球联系的城镇群体。因此，作为当今国际城市学界广泛关注的焦点，城镇群已经成为当今生产力高度集聚的空间表现形式，成为全球经济与社会发展最基本的组织核心与最强劲的增长引擎。城镇群要提高竞争力，必须依靠空间与产业的双重整合，以推动区域一体化发展。《2009年世界发展报告》指出，欲重塑世界经济地理，实现一体化发展，需要提高密度、缩短距离、减少分割。其中，缩短距离依赖城际交通运输方式的变革及新的空间组织模式的创新。同时，中国正处在工业化、城镇化加快发展的阶段。与修建高铁的其他国家相比，我国的高铁建设存在重要差异。与其他国家城镇化率增长平缓时建设高铁的做法不同，我国高铁建设正发生在城镇化率加速上升的过程中。

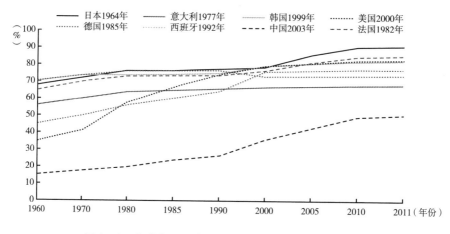

图 1 - 1　全球主要国家城镇化变迁与高铁首发时间比较

资料来源：根据中华人民共和国统计局编《中国统计年鉴》（1995～2012 年）计算整理。

中国城镇化快速发展，在当前和未来一段时期内，全社会客流量将大幅度增加，特别是大中城市之间的客流增长幅度更大。目前中国 50 万人口以上的大中城市达 245 个，各省会城市之间平均直线距离 1400 公里左右，这部分中长距离的客流主要由铁路承担。中国一条高铁年运量是目前既有普速铁路的 4～5 倍，能够为工业化、城镇化快速发展提供强大的运力支撑。建立以公共交通为导向的城镇开发发展模式，积极发展联系中心城区与周边城镇的快速、大容量、公交化的铁路客运网络，对新型城镇化建设的"品质提速"意义重大。高铁带来了时空距离的缩短，其直接效应便是资金流、信息流、物流、人流的高效流动，这就意味着一些原本集聚在大都市周边的产业将因高铁的引导而转移到沿线的周边城镇。与普通铁路相比，高铁更加高效；与航空运输相比，高铁成本相对更低，通达度更高。高铁无疑会引导资源要素在沿线城市间快速流动，从而使周边城市得到发展机遇，由此带来的各种资源的聚集也将扩大城市发展的边界，形成城市集群。

4. 高铁极大地促进了中国区域和城乡协调发展

以人均实际国民生产总值（按不变价格计算）衡量，我国高铁建设处于国民经济快速发展但发展水平较低的阶段。相比之下，其他国家修建高铁时国民经济虽然处于快速发展的阶段，但总体发展水平较高。这就使得我国高铁的发展背景与其他国家不同（见图 1 - 2）。

中国幅员辽阔、人口众多，东西、南北跨度大，区域、城乡间经济发

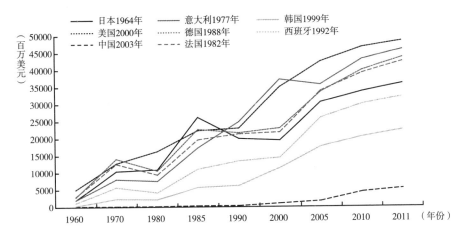

图 1-2　全球各国人均国民生产总值变化与高铁首发时间比较

资料来源：根据中华人民共和国统计局编《中国统计年鉴》（1995～2012年）计算整理。

展极不均衡。高铁的速度优势，使区域、城乡之间的时空距离大大缩短，能够在区域、城乡之间形成生产和市场要素快速流动通道，促进区域和城乡间经济协调均衡发展。另外，我国大规模建设的高铁网将惠及中西部的绝大多数区域，会有效缓解东、中、西部交通发展的不均衡，解决长期困扰我国的运能与运量间矛盾。邻近省会城市区域将形成1至2小时交通圈，省会与周边城市将形成半小时至1小时交通圈，以北京为起点到全国绝大部分省会城市将形成8小时以内交通圈。高速铁路运输以其独有的特质如速度快、安全性高、连续性强、运距长、全天候、规模集约等，将国民经济整体有机地联结起来，突破地域辽阔对国家和国民经济整体性、联系性的空间阻隔，为我国国土空间的合理开发和实施主体功能区战略提供必要的基础条件。

（四）北京、上海、武汉等城市已成为全国及城际高铁网络中的关键节点

伴随着全球化进程进一步推进，超大城市又以新的形式再现。占世界人口10%的40个大都市区所产生的国内生产总值占全世界总值的几乎一半。人流、物流等向人口高度密集区域的聚集也使得潜在的领导型城市数目增加，数十年内只连接纽约、伦敦、东京的"理想三角"也失去了领导地位，其地位现在已被全球化中涌现出的大城市网络所替代，如由上海、北京、首尔、马尼拉以及其他一些城市组成的新网络出现在已有的国际枢纽之中。

北京、上海、武汉、郑州、长沙等城市已成为全国高铁网络和高铁城际网络中的关键性枢纽节点。以上海为首的长三角城市群是我国经济最发达、人口流动最频繁、高铁线路最密集的区域之一。长三角目前已建成及在建的有沪杭、沪宁、京沪、沪汉蓉、宁杭甬、苏嘉常等众多高铁和城际铁路，形成以上海为核心、覆盖长三角、辐射全国的高速铁路网。根据2010年修编的《长三角城际交通网规划》，将以上海、南京、杭州、合肥为中心，覆盖长三角地区所有地级以上城市及其他城镇，形成快捷、安全、高效的城际轨道交通网络，实现区域内省会城市之间1~2小时交通圈，省会城市和所辖地市之间1~2小时交通圈。而沿海铁路大通道作为"四纵四横"铁路快速客运通道中的"一纵半"，连接山东、江苏、上海、浙江、福建、广东六省市，是我国首条沿着海岸修建的高速铁路通道。高铁和城际铁路网络的建设将大大加快长三角一体化步伐，使区域之间分工更加明显。一方面，制造业将从中心城市进一步向高铁沿线商务成本较低的中小城市有序转移；另一方面，更多企业选择将总部设在上海，例如浙江的达之路、美特斯邦威、鹏欣集团，陕西的丰佳集团等，虽然这些企业的生产基地都在上海以外的地区，但都已将总部设在上海。

（五）高铁带来的流动人口社会管理模式成为城市化背景下解析社会管理的典型样本与关键路径

高铁网络建设使传统时空距离得以缩短，"一体化"效应导致产业集聚重组、"同城化"效应导致城镇布局调整、"时空压缩"效应影响人们的行为方式和出行理念，这些都对人口流动产生愈来愈大的影响。高铁时代人口快速流动，确实使沿线城市的产业结构和劳动力结构得到优化，尤其对大城市而言更是如此。但日益增加的流动人口对铁路服务质量和城市社会管理创新提出了更高的需求和挑战。

要应对挑战，就需在理清高铁影响人口流动路径的基础上，确切掌握高铁促进区域经济社会一体化进程中人口流动的特征、规律和社会分层新变化，对影响人口流动的障碍因素做出基本把握，对高铁网络引发的经济社会转型态势做出基本判断。同时在"点—轴—网"逐步递进的空间范围内探究高铁时代人口与经济社会发展之间的关系。

二 研究意义

鉴于高铁对中国发展的巨大影响,本书希望拓展高铁时代背景下流动人口社会管理的新视域,紧扣现状展开剖析与整合研究,立足于人口学,结合社会学、产业经济学以及公共政策等领域的跨学科思路,希望带来多方面的现实意义与学术价值。

(一) 人口方面

高铁有加速人口流动的作用。本书以高铁时代城市社会管理为研究核心,以当今高铁运营过程中人口流动特征、社会分层新变化、高铁时代城市社会管理创新为切入点,借鉴国外高铁对人口流动影响的正反经验,了解高铁影响下流动人口的特征,具体围绕以上海为中心枢纽的长三角高铁,对现有高铁建设与人口流动特征和流动障碍做出基本的把握,对高铁网络引发的经济社会转型态势做出基本的判断。在此基础上,深层挖掘在高铁网络化运行发展的推力下,社会关系网络重组和社会结构急剧变迁所带来的社会分层机制新变化。

(二) 经济与规划方面

流动人口通过高铁实现高速流入流出,并在站区的圈层空间中彼此混杂。这不仅为我们提供了城市交流门户评价和社会空间解析的典型样本,以便发掘城市群发展与高铁互动的深层规律与特征;而且说明高铁客运站区基本身兼两重功能:既是高速铁路网络上的"节点",又是组成城市形态的"场所",其作为一个城市对外交流的重要门户的地位不可忽视。高铁客运站的规模大小、功能职责、位置选择、发展方式的不同,都对城市形态有着不同程度的影响;同时,城市自身的发展情况对高铁客运站站区的形态也有重要的影响。

(三) 公共政策管理方面

高铁的快速流动与城市社会管理滞后会带来各类问题,甚至可能造成负面影响。本书通过对影响高铁、人口流动、社会分层良性互动的政策阻碍(如市场准入、税收体制、户籍制度、社保体系、人事管理,甚至高铁运营管理体制、定价机制等)进行深层次剖析,对上海这个特大型城市未来的社会公共服务和社会治理创新的要求作出判断，提出促进人口流动与高铁沿线地区经济社会协调发展的制度变革、制度设计和政策方案，并提出设想和建议，为分析未来高铁网络形成背景下人口流动的影响提供参照，为现阶段形成城市群发展与高铁建设、人口流动的合理分布提供相应指导，为国家和地方政府制定更有效的高铁规划和沿线产业、社会管理政策提供对策建议，提升高铁网络建设对经济社会发展的贡献，使人口沿高铁快速流动的同时与沿线城市经济社会相互协调并形成良性互动。

三 研究框架及研究内容

（一）研究框架

在高铁时代背景下通过社会管理逐步减小流动人口的流动壁垒与障碍，实现流动人口在城市之间零阻碍流动，构筑起有利于推动人口合理流动的制度框架，是本书的研究目的。首先，笔者分析在高铁带动职居分离的现象中，居住人口及就业人口社会分层的变化，并对高铁开通以来流动人口管理的特点、作用以及政策效果做出客观评价；其次，系统分析现阶段利用高铁交通工具的流动人口呈现的新特点、城市社会公共服务和社会治理存在的新问题及新需求趋向。本书还将就高铁使用人群的城市社会公共服务和社会治理需求及配套政策进行研究，借鉴国内外在高铁流动人口管理的经验，比较其不同配套政策，预测区域交通和经济社会未来发展趋势，针对可能存在的问题，提出各种解决方案并进行政策模拟，判断并选择出较优的发展方案，提出高铁枢纽城市流动人口服务管理改善与城市发展的策略。

研究将展开微观层面—中观层面—宏观层面的递进式讨论。

首先，微观指站区的周边区域层面。高铁客运站周边区域作为交通节点和城市场所，需要配备交通职能外的多样化功能，包括商务办公、酒店住宿、商业娱乐等。同时，站区的开发理念应倡导交通衔接系统和怡人的空间品质与尺度，将站区作为城市发展的先导区域。

其次，中观指设站城市层面。高铁客运站周边区域的开发状况，是设站城市最重要的城市开发建设评价依据之一。周边区域开发状况不仅能检验这个区域对高铁带来的大量人流的应对能力，更重要的是能检验高铁是否给这个区域带来活力。因此，高铁客运站周边区域的开发不仅需要从交通枢纽建设角度考虑，也必须从城市发展角度思考。

最后，宏观指设站城市所在的区域层面。高铁客运站周边区域开发定位策略的制定应超越行政边界的限制，从整个区域或城市群的层面进行思考。跨省市区域的发展需要整合战略，以发挥规模效应和区域整合竞争优势。同时，城市本身也必须找到自身发展的特色，以避免产业结构雷同而引发的恶性竞争，实现城市间差异化的良性竞争。

（二）研究内容

本书希望能系统地建构一个兼顾宏观与微观、普适性与特殊性的高铁时代背景下城市流动人口管理实证研究的基本框架，具体内容包括：

第一章：绪论。从高铁影响世界、影响中国以及影响特大城市上海的论述开始，对快速流入、流出的流动人口社会管理与城市的关系进行阐释和归纳，为跨学科研究提供必要的理论前提。

第二章：高铁网络中枢纽城市流动人口社会管理问题。归纳高铁枢纽对区域发展、城市空间、流动人口的影响，分析利用高铁枢纽流动人口的人群变化，重点分析上海高铁枢纽站点资质及高铁枢纽站区开发现状，总结高铁网络中上海面临流动人口社会管理问题的具体内容。

第三章：西方高铁网络对流动人口的影响概述。结合西方快速的城市化及其经济背景，归纳高铁对流动人口规模、就业、人口空间分布的影响，就高铁建设与城市空间人口流动分布的几个典型大城市案例做出概述和整理，对高铁所引发的流动人口管理的应对过程和改善措施进行重点分析和评价。

第四章：我国大城市高铁枢纽站区空间极化及社会分层微观解析。以上海虹桥站区为实证案例，以空间极化与社会分层为切入点，将上海三大火车站周边商业建设进行对比，在此基础上分析上海虹桥站周边的交通、产业、居住功能的现状，重点从空间极化入手进行评估，借鉴国际经验反思大虹桥区域的极化情况及其影响。

第五章：高铁网络对城市群产业、就业、人口重构的宏观解析。本章以高铁网络城市群的典型案例——以上海为首的长三角——为对象展开重点研究，一方面从长三角城市群高铁带在国内"四纵四横"的地位与其他城市群之间的功能比较进行分析，阐释高铁网络建设对长三角城市群的作用；另一方面指出，高铁对城市群具有物理刺激作用，其发展同时也需要来自城市本身的内在动力。通过长三角城市群人口行政布局、人口经济空间布局、人口就业布局、人口产业行业空间布局角度解释内在的人口流动潜力,采用人口与经济匹配指数解析长三角地区差距变化,以此作为对前文所述理论的宏观例证。

第六章:铁路运输与区域经济社会发展的动态仿真。系统分析铁路运输与社会经济发展的相互关系,采用系统动力学方法,通过建模了解铁路客运与社会经济系统的现状及其内部结构,探讨铁路的发展与社会经济发展之间的内在关系;预测铁路发展和经济社会未来发展趋势,针对可能存在的问题提出各种解决方案并进行政策模拟,判断并选择出较优的发展方案。

第七章:高铁枢纽流动人口服务与空间分布的改善策略。立足于城市发展与和谐社会的建设目标,借鉴国内外的既有成果与成功经验,从高铁运营管理创新、高铁服务管理创新、高铁票价制定、高铁信息化、站点规划、城市战略合作协调机制等方面综合探讨高铁枢纽城市流动人口服务管理改善与城市发展的策略。

第二章 高铁网络中枢纽城市的流动人口社会管理问题

一 高铁网络对区域发展、城市空间发展及流动人口的影响

(一) 高铁影响区域发展的阶段性效应分析

高铁对区域发展的影响可分为短期效应、中期效应、长期效应三大类。

1. 短期效应分析

高铁短期效应主要突出地表现为激活区域的要素，通过改变人流、物流的方向，进而对现有生产要素重新进行调整和分配，而这种调整效果短期内就可呈现，甚至在高铁开通运行时就可被观察到。高铁短期效应具体体现在以下几个方面。

(1) 区域商业的购物客、旅游观光客增加，这是由于高铁可缩短时空距离，减少时间成本和经济成本。

(2) 提升区域信息、人才、智慧的交流频率，并因此为一些产业带来机遇。高铁不仅缩短了时空距离，也使地方的开放观念与交流意识增强、行政边界的意识逐渐淡化。尽管高铁可能对有些区域和产业造成负向效应，但大量旅游点新开的宾馆及已有的宾馆因高铁开通（周边的观光客可当日往返）所获经济效益却可能超出预期，其他产业也会因高铁开通得到新的发展机遇。

2. 中期效应分析

高铁影响区域经济产生中期效应的原因是，高铁使沿线设站城市的区

位优势增强，形成了比较经济优势，从而引发投资新方向和产业结构调整，产生新的经济增长效益。区位选择最重要的考虑是运输定位，因为它关系到资本吸引、企业选址、产业迁入等方面。国内外高铁对区域经济产生的中期效应，主要体现在以高铁为干线轴的公路网所创造的产业选址优势等方面，可能有以下几方面表现。

（1）商业资本迁入或迁出，会带动地方商业服务水平提高，但也会排挤地方原有商业。

（2）成长型企业的迁入或迁出，会促进高新技术产业和现代服务业水平的提升，同时也会使当地的资本、劳动力、土地等要素的成本上升，挤压当地中小企业的发展空间。

（3）旅游资本的迁入或迁出，会使当地旅游资源得到进一步开发，吸引大量的游客，但也会使当地原有的观光事业难以发展壮大。

（4）商业、住宅的增加，会使就业与居住的人口集聚，但也会使高铁周边土地价格不断上升。

3. 长期效应分析

长期效应意指通过长期建设、长期沉淀逐渐显露出来的综合效应。比如，除了与高铁主干线轴配套的其他交通设施的衔接外，未来高铁网络的建设，沿线城镇的点系列建设、网系列建设，配套的社会保障等制度建设，区域发展政策的制定等，均会在高铁刺激下产生一系列的综合效应。可能有以下几方面表现。

（1）城镇的点、网系列建设和制度、法制、政策体系的完善，促进城市化发展、同城化发展以及城市间、城乡一体化发展。

（2）更大范围经济圈的形成不仅有利于避免区域发展中小规模生产、重复建设和"诸侯经济"，而且更重要的是，能避免产业结构趋同化导致的恶性竞争。

（3）区域产业结构高度化成效显著，知识与技术集约化发展状态良好。

（4）区域均衡发展，形成良性循环，符合可持续性发展的要求。

高铁从空间层面增加了区域间沟通通道，通过缩短时间距离、增长经济距离，吸引域外资本的注入。尽管这些可能给本地产业带来一定的冲击，也可能给一些区域的发展带来短期的甚至是中长期的负向效应，但同时也给区域发展注入了活力。

表 2 - 1　高铁对区域发展的直接和间接影响

	交通运输	交流合作	经济区域	区域形象
直接影响	区间可达性 运行准时性 交通安全性 交通方式竞合性	交流多样性 交通圈扩大 综合交通枢纽		城市门户或窗口
间接影响	流动需求与铁路匹配	区间合作性 通勤圈扩大 居住圈扩大 医疗圈扩大 教育圈扩大 旅游圈扩大 新型城镇化	商业圈扩大 高铁新城建设 旅游线路开发合作 企业选址空间扩大 房地产业集聚	可持续发展 人均 GDP 提高 区域产业结构优化 大都市圈形成 区域同城化

（二）高铁枢纽对城市空间发展的影响

高铁枢纽是指在传统铁路枢纽定义的基础上，那些以高速铁路客运为主要运输方式的城市对外交通节点。同时由于集聚效应的影响，高铁枢纽有发展成为城市大型综合交通枢纽的趋势，因此高铁枢纽不仅是城市交通的重要节点，还是城市功能集聚和居民活动的中心之一。高铁枢纽的建设将对城市及其周边地区的发展产生重大影响，高铁枢纽作为城市交通的重要部分，除了对区域经济社会发展有一定的影响外，也改变了城市的空间布局和形态。

1. 高铁枢纽引导城市空间发展方向

高铁枢纽对城市经济的影响及推动作用是毋庸置疑的，大量的客流和物流集聚在枢纽站地区，促使站区的城市功能逐渐增强。站区城市功能的增强，不仅能促进城市空间规模的拓展，使区域城市品质得到提升，而且能促使新城市空间成为人们新的停留和居住场所。

2. 高铁枢纽促进城市内部多中心的形成

高铁枢纽站区作为节点，对周围地区的场所功能要求提高。因此，枢纽站区周边应加强建设，完善城市职能，建成形态成熟的工业化大都市新兴中心区域；节点周围的区域为避免交通孤立化，应通过其他交通方式与车站连接，以疏散人流、避免堵塞。这样，高铁线路上的空间就形成了由轴线串联点、点辐射连接区域的特性。

3. 高铁枢纽促进同城效应扩大

同城化不是同一化，也不是单个城市简单地规模扩张，而是形成辐射力、协同力和竞争力越来越强的板块经济。同城效应在一定的时间范围内，可快速实现两座或多座城市间的物质与人员交流，这种效应有利于实现区域经济一体化，促进经济社会的协调发展和区域内不同城市的分工，提高区域经济的整体竞争力，并充分发挥中心城市的辐射功能与牵引作用，在一定范围内使各城市间的功能实现互补。

4. 高铁枢纽促进城市群发展

高铁枢纽上的节点多是现有的城市地区，这些城市地区本身又属于该区域的中心城市。高铁枢纽的出现增强了这些区域的城市地位，高铁的特性又使这些区域的可达性优势更为显著，物质流与非物质流的集聚更为便捷。这不仅会提升枢纽地区在城市中现有的等级地位，而且枢纽节点的走向也决定了高铁经济带的空间分布范围和方向，尤其高铁通道内主要线路的空间组合状况决定了高铁城市群内部的主要增长中心的位置、城镇的级别和分布格局以及各种经济联系的走向，最终决定高铁城市群的空间结构和组织格局。另外，普通铁路由于设站过多，往往造成城市沿交通线低密度蔓延，高铁却能避免这种低密度蔓延，对城市的连通作用往往也是蛙跳式的，即沿交通线点状布局形成空间相隔的城市形态。我们称高铁的这种作用为管道效应。所谓管道效应，是指由于通道的密封性，要素只在管道的出入口与外界接触，并发生集聚和扩散；在管道内部要素只能流动，而不与外界发生关系——也就是说，城市要素的扩散和城市要素在某些区域的落地，只能在高铁的出入口处实现。

（三）高铁枢纽对流动人口的影响路径

高铁对人口流动的影响复杂且多元。一是高铁通过作用于经济路径－产业布局影响人口流动；二是高铁通过作用于社会路径－城镇布局以城市化发展转移出大量劳动力，影响人口流动；三是高铁通过缩短时空距离导致人们的生产生活方式观念的改变，进而影响人口流动。因此，研究高铁对人口流动的影响，直接关系到高铁沿线城市经济社会协调发展的关键环节，也可以作为同城化、一体化目标是否能达到的重要评价指标。

1. 经济路径——产业布局影响人口流动

高铁通过影响产业分布转移，进一步影响人口流动中的劳动力流动。其作用机理为：通过廊道效应、集聚效应、辐射效应和同城一体化效应产生现代产业聚集经济和城市聚集经济，扩大高级产业比重，改变区域经济结构，促进区域整体产业结构的升级，从而带动大量的人口流动（见图 2 - 1）。

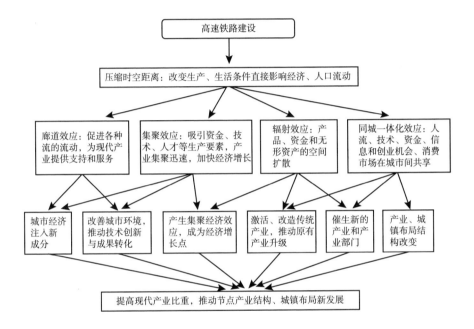

图 2 - 1　高铁对人口流动、产业布局和城镇布局的作用机制

2. 社会路径——城镇布局对人口流动的影响分析

高铁通过沿线城市高铁新城、新区等的集聚建设及加速的城镇化来影响人口流动，同时城镇化能提高劳动力供给。

3. 个体行为路径——高铁通过时空距离缩短导致人们生产生活方式改变

高铁能缩短时空距离，导致人们生产生活方式的改变，如生活观念、生活习惯以及工作模式和发展理念等的转变，主要表现为在邻近城市购置房产、实行就业与居住分离的模式，以实现在城际之间的"钟摆式"通勤；随高端产业进入邻近城市而往返于母体企业与分支企业之间，某地的居民被邻近城市企事业单位长期聘用或兼职，或被应邀短期到邻近城市传技和讲学等（见图 2 - 2）。

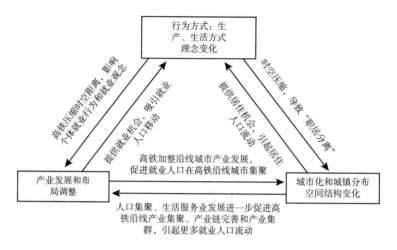

图 2-2　高铁通过产业布局、城镇分布、行为方影响人口流动

二　高铁枢纽影响下流动人口的人群变化

由于全球信息和交通技术的不断发展，经济全球化的趋势要求世界各地资本、商品、技术、信息、劳动力等生产要素可以更快更灵活地自由流动和配置；加之随着居民收入增加、城市化程度加快，运输结构也随之变化，旅客可以根据旅行距离、目的地舒适度等需求选择不同的出行方式。而在交通运输竞争日益激烈的今天，高铁却以它的特质吸引了大量客流。高铁客流基本呈现以下特点。

（1）根据吴康等（2013）对京津城际铁路的乘客调查，公务、商务和探亲客流比例较大，大约在60%以上；学生客流、外出务工客流比例较小，占20%左右，而且这两类还具有阶段性和季节性的特点，在一些特定时间和节假日时间有大幅度变动。

（2）出行时间分布呈现早晚两个高峰期，早高峰大多集中在上午六点到九点半，晚高峰大多集中在晚六点到九点，这和高速铁路运载量大、出行密度高的特点分不开。

以上两个特点解释了客流成分的复杂性和客流时间的复杂性。其实这并不能很好解释高铁客流的特点，因为客流有着较强的复杂性，比如客流行为的复杂性。旅客的出行行为主要体现在出行的时间安排、顺序安排、交通工具选择、旅行服务选择等方面，这些因素完全取决于旅客的主观意识、交通系统提供的便利程度及服务质量的高低。

国内对旅客活动特征与需求的有关研究显示，乘客出行或到达一个城市前，对服务的需求主要集中于目的地的住宿、旅游、餐饮、购物、娱乐、换乘、政务信息等方面。其中，出行前对交通服务的需求又集中在交通枢纽位置、班次、公交线路、冷热门线路信息、标志性建筑位置、气象、旅游景点推荐信息等方面；到达目的地城市后又集中在住宿、旅游、餐饮、商厦、娱乐场所、行政机关等方面。国外的一些研究也有相似的结论，比如 1980～1985 年巴黎大区社会行为与交通方式关系调查结果显示，旅客活动行为中与商务目的相关的占 50% 以上。Reed（1991）通过观察发现，在高铁客运站周边区域活动的人流中，除了与高铁相关的交通目的人流外，很多人流的活动与高铁站区的城市功能相关，如办公、商务、购物、餐饮、休闲、娱乐等。因此，高铁客运站周边区域的使用人群主要可以归纳为"交通目的人流"和"非交通目的人流"，这两类使用人群具有明显的区别。

（一）交通目的人流

交通目的人流的聚集以高速铁路的使用为吸引力。高速铁路作为一种城际交通工具，它的主要竞争者是航空运输，如果高铁在旅途时间、客运站的可达性、交通成本、准点率、城市交通系统以及与城市其他区域的联系等因素的比较中大部分具有优势，那么使用者就会选择高速铁路出行。

在高铁客运站周边区域活动的这些出行者中，交通目的人流可细分为四类，对这四类交通目的人流在高铁客运站周边区域的活动特征以及各类人群自身的特点总结如表 2 - 2 所示。

表 2 - 2　交通目的人流活动特征

目的	活动路径	活动区域	人群特征
当日往返乘客，特别是商务乘客	其他城市—站区—市域商务区/站区商务区—其他城市	高铁客运站、城市交通设施、办公区、商务区、餐饮区、短期住宿、城市公共空间	目的性强，站区停留时间较短，途外附属时间[①]敏感，站区商务功能敏感，站区环境品质敏感，可能使用站区各种餐饮娱乐休闲功能。
两地通勤乘客	其他城市居住地—站区—市域办公区/站区办公区—其他城市居住地	高铁客运站、城市交通设施、办公区、商务区、餐饮区、居住区、城市公共空间	目的性强，站区停留时间较短，途外附属时间敏感，站区办公功能敏感，居住区可达性敏感，可能使用站区各种餐饮娱乐休闲功能。

续表

目的	活动路径	活动区域	人群特征
换乘乘客	其他交通方式或城市—站区—其他交通方式或城市	高铁客运站、商业、餐饮区、休闲、娱乐区、城市公共空间	站区停留时间较长，交通换乘便捷敏感，站区环境品质敏感，站区餐饮娱乐休闲功能使用可能较大。
非当日往返的其他乘客，如游客、探亲访友乘客等	其他城市—站区—市域某地	高铁客运站、城市交通区、商业、餐饮休闲、娱乐区、旅游风景区、短期住宿、城市公共空间	站区停留时间较长，交通换乘便捷敏感，城市交通品质敏感，旅游资讯服务敏感，站区餐饮娱乐休闲功能使用可能较大。

①途外附属时间：即在整个出行过程中，除乘坐高铁的时间外，从出发地到高铁客运站与从高铁客运站到目的地的旅行时间之和。其计算方法为：由家或公司等出发地至火车站的时间及等待时间＋由到达站至目的地时间＝途外附属时间。

资料来源：窦迪，2012；李松涛，2009。

途外附属时间越短，旅客越会选择高铁，因为旅客总是以出行时间短为依据来优先选择出行方式，都会在一定时间空间条件下选择最快的方式到达目的地。高铁对民航的影响比较明显，比如上海飞往宁波、衢州、阜阳等的航班，其中上海—宁波、上海—衢州航班已相继在 2010 年和 2011 年停飞。停飞的原因不仅是由于短距离飞行成本高，更因为航空全程较容易受到各种因素的干扰，难以保证正点到达。而无论传统铁路、动车组还是高速客运专线都有正点率高的优点，三者的差别主要体现在速度和票价上。只要票价被大多数人接受，采用高铁频繁地（比如每天一次的通勤或者每周数次的商业出行）来往于两个实际地理距离较远的城市之间的客流将超出预计。从世界各国的情况看，高铁的建成对民航运输业有着相当大的影响。如日本新干线开通后，日航停飞了东京至大阪、名古屋等距离较近的航线；在法国，"欧洲之星"高铁则占据了伦敦至巴黎运输市场份额的 70%，BMI 航空公司停飞了伦敦希思罗机场至巴黎戴高乐机场的所有航班。

根据国内航空公司的研究显示，1000 公里、一个半小时以内航程的航线最容易受到高铁的冲击。在这一航段内航行所需的时间加上到机场和办票等候的时间，其节省时间的优势并不明显，而高铁则以更好的安全记录、更便利的旅行体验和更低的票价取胜。与其他运输方式相比，铁路是最能实现线型连接的交通方式。也就是说，铁路既没有航空方式的灵活性，也没有公路覆盖的全面性。但铁路提速越高，对线路取直的要求就越高。由此造成一种通道时空收缩的效果，使得到达沿线城市的时间距离缩小，形同与非沿线城市的时间距离加大。因此不难想象，中国高铁的迅猛发展将改变国内运输市场的竞争格局。其中最著名的案例莫过于京沪高铁。京沪高铁是一条世界范围内建成线路里程最长、技术标准最高的高速铁路，是我国快速铁路网中最重要的组成部分之一。京沪高铁于2011年6月30日开通，全长1318公里，最快4小时48分，可谓是千里京沪一日还。在航空领域里，也有条名为"京沪空中快线"的线路，它是由中国民用航空总局牵头，由中国国际航空、中国东方航空、上海航空、中国南方航空、海南航空等五家航空公司共同运行。选择这条线路的旅客，有单独的值机柜台、安检通道、候机区域、登机口和行李提取区域，办票和旅行时间大大缩短，被称为"空中大巴车"。由于航空飞行器的速度限制，快线最大的特色就是在于为到达机场等待、办理登机和离港手续等环节缩短了时间。在航班正常情况下，一般3个小时就能够完成京沪两地机场之间的航空旅行。

京沪高铁对京沪空中快线的冲击力到底大不大？有多大？根据上海航空统计数据，2011年6月的上海往返北京总体市场平均客座率为90.01%，市场投放座位数为571230，最终市场定座人数为514166；而同年7月的市场平均客座率为86.38%，比6月减少了近4个百分点，市场投放座位数为577435，最终市场定座人数为498761。从数字上可以看出，客座率的下降是非常明显的。以2011年6月30日和7月1日的客座率数据比较：6月30日的市场平均客座率达到了91.27%，而7月1日的数据相比之下就非常惨淡了：市场平均客座率仅为81.75%，一天时间下降近10个百分点，可以推测为京沪高铁带来最直接的影响——客座率的严重下降[1]（见图2-3）。

（二）非交通目的人流

高铁周边区域的城市功能，是吸引非交通目的人流聚集的主要原因。作为城市场所，它所提供的交通可达性、完善多样的功能、空间的品质、汇聚的人气、城市的公共空间功能等条件，将城市居民吸引到高铁客运站周边区域进行各种与交通无关的活动。在高铁客运站周边区域活动的这些出行者中，非交通目的人流可细分为两类，其在高铁客运站周边区域的活动特征和自身的特点总结如表2-3。

---

[1]　上述数据只统计上海虹桥往返北京的数据，浦东进出港数据没有计入，因为京沪高铁是虹桥站进出站，因此浦东进出港数据不具备比较性和参考意义。

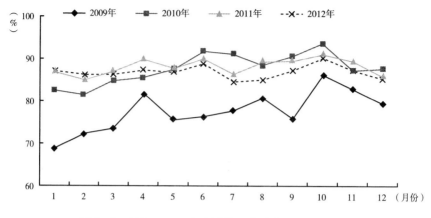

图 2 - 3　2009～2012 年京沪往返航线市场平均客座率

资料来源：根据 2009～2012 年上海航空统计数据整理。

表 2 - 3　非交通目的人流

目　的	活动路径	活动区域	人群特征
市域办公、商务往来人员	市域居住地—站区商务区—市域居住地	城市交通设施、站区办公区、站区商务区、居住区、城市公共空间	站区停留时间很长,站区办公功能敏感,站区商务功能敏感,居住区可达性敏感,交通换乘便捷敏感,城市交通品质敏感,站区餐饮娱乐休闲功能使用频繁
购物、餐饮、休闲、娱乐功能使用者	市域某地—站区商业、休闲区—市域某地	城市交通设施、站区商业区、站区餐饮区站区休闲区、站区娱乐区、城市公共空间	站区停留时间很长,站区商业环境敏感,站区可达性敏感,以站区购物、餐饮、娱乐休闲功能使用为主

资料来源：窦迪,2012。

　　一般来说,由巨大的客流促进的高铁客运站周边区域商务职能增长是最快和最明显的,同时与之相关的商业、休闲、旅游等功能也会产生相应的增长。

　　另一方面,高铁客运站周边区域通常会成为城市的第二个或第三个中央商务区,其核心是业务功能的高度聚集。与业务功能相辅助的还有:商业和餐饮功能、教育和培训功能、休闲娱乐和体育设施功能、交通和物流功能、居住社区功能以及生活服务功能。

三　国内"四纵四横"高铁枢纽城市及站点开发比较

高铁对不同城市的影响存在差异。以下,我们尝试对国内一线、二线高铁枢纽城市有关区域经济社会发展带动作用,以及高铁新城、高铁新区、高铁枢纽放大城市的辐射效应、高铁站点开发程度进行比较,进而分析不同高铁枢纽城市与其他城市相异的发展特色。

(一)"四纵四横"高铁枢纽城市对区域经济社会发展带动作用比较

表 2－4　"四纵四横"高铁枢纽城市对区域经济社会发展的带动作用

城市	始发或经过的高铁	对区域经济社会发展的带动作用
北京	京沪、京广、京沈—哈大高铁("三纵")	政治、文化、教育、科技中心,辐射带动全国发展
上海	京沪、沪宁、沪蓉、沪昆、沪杭高铁("三横一纵")	国际金融、贸易、航运、经济中心,辐射带动长三角、长江经济带、全国
武汉	京广、沪渝高铁("一横一纵")、武汉城市圈城际客运系统	以武汉为中心,建成了北到北京、南到广(州)深(圳)、东到上海、西到成(都)渝(重庆)的 4 小时至 5 小时快速客运交通圈,至长沙、南昌、合肥等中部省会城市的 2 小时左右快速客运交通圈,连通向莆铁路 7 小时到达福州、厦门的东南沿海城市交通圈,连通郑西高铁 5 小时到达西安的快速通道。武汉城市圈城际客运系统支撑武汉城市群形成,通过城际铁路建设促进沿线城镇化。
长沙	京广、沪昆高铁("一横一纵")、长株潭城市群城际客运系统	以长沙为中心,建成了北到北京、南到广(州)深(圳)、东到上海、杭州、南昌,西到贵阳、昆明的 3 小时至 4 小时快速客运交通圈,6 小时到达福州、厦门东南沿海城市交通圈,连通郑西高铁 6 小时到达西安的快速通道。实现长株潭城市群城际客运系统同城化。
成都、重庆	沪昆高铁、成渝高铁、郑万高铁、城际铁路	快速连接长江中下游经济发达区域和中原地区,城际快速客运系统加快长江上游城市群形成,形成中国经济社会发展第四极。
郑州	京广、徐兰("一横一纵")、城际高铁。	地理位置优越,南北快速连接京津冀、武汉城市群、长株潭城市群和珠三角城市群,东西快速连接东部沿海发达地区、黄河金三角经济区和中西部广大腹地,城际高铁加速中原城市群形成。
西安、天水	徐兰("一横")、西安—成都、西安—大同、城际高铁。	快速连通华东、华北和西北、西南地区,城际铁路加快关中城镇群和西安—天水经济区建设。

续表

城市	始发或经过的高铁	对区域经济社会发展的带动作用
福州、厦门、泉州	东南沿海高铁、向莆高铁、合肥—福州高铁	连通长三角和珠三角，联动中部崛起地带。加快海峡西岸城镇群和经济区建设。
石家庄	京广高铁、青岛—石家庄—太原高铁（"一横一纵"）、省内城际铁路。	京广高铁使石家庄与北京、郑州实现了"1小时高铁交通圈"，还将与济南形成"1小时交通圈"。石家庄至太原的运输时间缩短至1小时左右。石家庄到济南、天津的高铁运营时间也将缩短至1小时左右。推动京津冀一体化，河北交通枢纽地位突出。

资料来源：作者整理。

（二）高铁新城、高铁新区、高铁枢纽放大城市的辐射效应比较

高铁开通后，人流、物流、信息流在高铁车站周围集聚，将带动该区域内各种城市功能的拓展。因此，重点规划高铁站周围区域、扩大中心城市框架，成为高铁沿线重要城市和战略性节点城市发展的方向。若要发挥高铁的催化引擎作用，就需要在城市的中心或城市新区的中心规划建设高铁综合交通枢纽、高铁新城、高铁新区，将这些地区作为经营城市和更新城市的重点区域以及城市与社会快速发展的催化引擎。

高速铁路的存在使区域联系和区域工业综合体的空间相互作用方式产生变化。高铁把多个城市连接在一起形成带式网，在一定程度上把这些城市转变为一个扩张的功能区或者是整体经济带，从而建立地区间可达性优良的新型区域或走廊。高铁一方面加速了城市之间的人流、资金流、信息流、技术流的流动，相对于传统的陆上交通最大特色就是带来高层次的人才聚集，给区域带来新的发展功能，并促进原有功能升级，从而带动区域快速发展；另一方面，资金、信息、人流、技术等将在地域空间内重新分配，这就是城市化进程中常见的"集聚与转移"现象。高铁新城、高铁新区、高铁枢纽是城市开发的启动器，城建规划者可以利用综合交通枢纽的建设机会，开发周边地区的土地，建设大规模综合性设施，实现该地区的经济开发和城市开发；利用交通枢纽将周边区域的城镇连接起来，改善周边交流条件，提高区域可达性，促进整体区域协同发展；随着交通可达性的提高，地区的商务潜力不断上升，周边土地也会随之升值。这些都将推动城市经济的区域化程度提高和交通相关产业的崛起，由此促进整个城市空间结构的扩展和延伸。

专栏 2 - 1　高速铁路综合交通枢纽

高速铁路综合交通枢纽是基于高铁影响下而形成的综合交通枢纽，汇集了高铁、城际铁路、地铁、长途汽车站、公交首末站、公共停车场等各种客运交通设施，并能保障多种交通方式方便地衔接转换，形成对外交通和城市内部交通转换便捷的火车站场。1825 年，英国修建了世界上第一条铁路，自此铁路就成为人们与外界进行交流的最重要的交通工具，铁路车站不仅为人们提供了在不同铁路线路之间进行换乘的场所，而且成为城市对外的门户。随后，地铁、公共电车、汽车等交通工具相继出现并投入使用，而随着城市规模迅速扩大，又相继出现了有利于乘客在交通方式内部不同线路之间换乘的单体式交通枢纽，以及在不同方式之间换乘的综合交通枢纽。伦敦、巴黎、纽约等国际性大城市的城市客运交通枢纽也有着类似的发展过程。

1. 东京交通枢纽城市综合体发展模式

东京交通枢纽建设不仅解决人流换乘及疏散问题，还形成了东京特有的枢纽城市综合体，成为城市中主要的公共活动中心。在东京 43 个大型综合交通枢纽站中较为著名的是位于 JR 山手线上的东京、新宿、池袋、涩谷、上野五大综合交通枢纽城市公共建筑群。东京车站位于东京都中心，周边集中了多家有代表性的日本大企业总公司，是日本的商务中心，另外周边的国会议事堂、首相官邸、国会图书馆和江户城遗址等建筑构成了日本的行政和政治中心景观。新宿车站是日本第一大车站，有 11 条地上地下线路途径这里，并设有 33 个站台，各条铁路线汇集成一个大型交通枢纽设施和商业文化活动中心。以东京都政府大楼为中心，西口商务区与南口购物、娱乐综合区以及东口大型百货店区连成一体，共同构成了新宿交通枢纽商业中心。在池袋交通枢纽建筑底部和周边范围内可换乘 4 条地铁和 11 条巴士线路，从车站前延伸出去的购物街、宾馆、购物中心、大型会议中心以及东京艺术剧场和大学等形成了城市文化娱乐中心。涩谷车站位于东京西南地域的涩谷区，是 JR 山手线与外围铁路干线和城市轨道交通的汇集点，经过几十年的规划建设，已经发展成为具有相当规模、深受年轻人喜欢的综合性商业、文化信息中心。上野车站位于东京都台东区，汇集了包括 JR 新干线在内的 6 条以上的铁路线，周边集中了东京都美术馆、东京文化会馆、东京国立西洋美术馆、东京国立科学博物馆和东京国立博物馆等文化设施，可算是市民文化和休闲活动的中心场所。

2. 国外综合交通枢纽的发展特征与趋势

国外发达城市大型客运交通枢纽站点区域的发展趋势有两个特点：一是集多种交通方式于一体，二是构成与商业、办公、娱乐等产业联合开发的多功能的大型"交通综合体"。将轨道交通规划为城市运输骨干是当今世界大城市客运交通枢纽地区发展的重要特征。当前国外综合交通枢纽发展的趋势表现为以下几点。

（1）功能多元化：发达国家大城市的铁路客运枢纽站已从换乘的单一功能向多功能、综合性方向发展，其功能已不再限于交通功能，而是扩展到围绕着交通所带来的集聚效应引发的其他城市功能，如商务商贸、休闲娱乐、工作学习等。

（2）土地利用集约化：世界各大城市的综合交通枢纽地区几乎都采用高密度的集中开发模式，这是由土地机制与城市规划的双重作用引发的。

（3）交通设施的便捷化：主要体现为从一个铁路客运枢纽站换乘到另一个对外交通枢纽的方便快速及准点率高的特点。

（4）交通一体化：现代城市综合交通枢纽最重要的特征就是交通一体化，也就是通过完善的交通协调在枢纽内部基本实现多种交通方式的"零换乘"。

（5）换乘方式多元化：国外多数大型的铁路客运枢纽站提供轨道交通换乘方式，越来越多种交通方式与同一方式内部的多条线路在枢纽建筑物内能够有效衔接，从而为乘客提供方便舒适的换乘服务。

（6）枢纽地区门户化：综合交通枢纽地区因拥有交通节点而得以过渡为经济节点，成为城市的中心或者副中心，又往往因其处于城市与外界连接的"门户地带"而被塑造为城市的"门户景观"，在打造城市公共空间的同时展示城市形象。

从韶关恒大城到郴州乾通时代广场，一座座高铁"新城"正沿着京广高铁拔地而起，京广高铁湖南段沿线的城市均在兴建以高铁站为中心的新城。郴州西站是湖南几个高铁站中离城区最近的车站。郴州有意将郴州西站附近区域建设成为郴州的 CBD。以高铁新客站及新城区建设为起点，进而调整城市发展重心，京广高铁湖南段沿线城市也基本已形成这样的共识。株洲西高铁站距离株洲和湘潭两个城市的里程十分接近，分别为 18 公里和 20 公里。株洲和湘潭均在环高铁站区

域设立了经济开发区，其中株洲市的城市主要干道炎陵大道也已延伸
至高铁站。

表 2 - 5 我国部分高铁综合交通枢纽、新城和新区

枢纽名称	特　点
郑州东站	郑州东站是新建京港高铁(京广深港高铁)客运专线、新欧亚大陆桥徐兰高铁客运专线、京昆高铁(郑渝高铁)、京福高铁(郑合客运专线)与郑济高铁交汇的重要枢纽车站，是汇集高铁、城际列车、地铁、高速公路客运、城市公交、城市出租等多种交通方式，实现综合一体化快速衔接的现代化交通枢纽。
上海虹桥枢纽	按照构建枢纽型、功能性、网络化的交通基础设施的思路，在虹桥机场西侧规划上海虹桥枢纽，建成高速铁路、城际和城市轨道交通、公共汽车、出租车及航空港紧密衔接的国际一流现代化大型综合交通枢纽，并利用枢纽综合优势，发展现代服务业，更好地服务长三角、服务长江流域、服务全国。虹桥枢纽因此也被规划为面向苏浙皖三省的总部经济中心、城市新商务活动中心和未来上海城市发展的新亮点。
成都东站	成都东站是国内六大枢纽客运站之一，也是中西部最大的铁路客运站之一，同时还是西南最大的综合交通枢纽和成都铁路枢纽以及城际动车和高速动车的主要始发终到站。成都东站是集铁路客运、长途旅游客运、地铁、公交、出租以及城市停车等功能于一体的大型现代化综合交通枢纽，站房工程主要包括高架候车层、站台层、出站层(交换大厅)及两层地铁。
黄山高铁新区	黄山高铁新区位于黄山市中心城区屯溪区，依托京福高速铁路黄山站而建，也是京福、皖赣、黄杭三条高铁在黄山市的交汇点和重要节点，可容纳21万人创业与生活，是黄山市未来主城区的重要组成部分，其功能定位为一个枢纽、三个中心，即国际综合交通枢纽和旅游服务中心、商务中心、生态居住中心。
苏州高铁新城	苏州高铁新城将践行"国际化、现代化、信息化"的总体要求，以"高铁枢纽、创智枢纽"为产业引擎，以"苏州新门户、城市新家园、产业新高地"为发展定位，以"区域服务总部基地、高端非银行创新金融服务中心、枢纽型商业旅游服务中心、数据科技研发培训基地、商务外包服务基地、创智文化交流中心"为功能驱动，全力打造"苏州风格现代都市城区、枢纽型高端服务业态区、低碳生态可持续示范区"。新城建设的目标是将其打造成为具有较强区域竞争力的现代化国际商务中心、城通四海的长三角现代主体交通枢纽，成为京沪线现代服务业集聚和苏州城市经济活力新载体，提升苏州高铁新城的国际国内知名度和影响力，加快实现以城兴区、以城促转、以城聚财、以城纳才的"大发展"目标。
石家庄新客站现代大型交通枢纽	位于石家庄槐安路与南二环路之间的石家庄新客站，是集铁路、高铁、地铁、城市道路交通换乘功能于一体的现代大型交通枢纽。目前石家庄市区内共有南北方向京广、京石(石武)和东西方向石太、石济四条客运铁路穿城而过。石家庄新客站启用后，一方面石家庄将与北京、太原、济南、郑州等周边省会以上城市形成"1小时交通圈"；另一方面旅客出行不必再远距离换乘，在新客站内就能实现普通铁路、高铁、地铁与城市道路交通之间的"零换乘"。

续表

枢纽名称	特　点
宜兴高铁新城	位于宜城、丁蜀两大城区之间的高铁新城被初步定位为宜兴生态旅游的展示和集散中心,高铁新城的崛起也将把丁蜀和宜城连成一片,使之与陶都陶瓷城、阳羡、竹海景区等有机整合、形成整体,并与东氿新城商圈、城北商圈并立,环绕市区成众星拱月之势,奠定区域性商贸中心城市的基础,打通宜兴发展的"任督二脉"。高铁新城形成的新商圈使得宜兴城市商圈框架基本成型,东氿新城商圈、城北商圈和高铁新城商圈在生态旅游、高端百货、餐饮品牌、汽车品牌集聚等方面各具特色,与主城区的人民路核心商圈呼应、互补,商业的骨架进一步拉开,有助于宜兴在苏浙皖交界处形成"人无我有、人有我优"的品牌集聚态势,不断提升宜兴商贸企业对周边地区的辐射力,构建与区域性中心城市地位和作用相适应的发展格局。
杭州新东站	杭州新东站不但实现了高铁、地铁的零换乘对接,甚至能集航站楼、铁路、公路、公交、水运等于一体,杭黄高铁开通后,将能带来大量的西部人口到杭州消费;新东站商圈内规划有 300 万平方米左右的商业配套设施,许多都是大体量的综合体项目,包括华润欢乐颂、港龙中心、东站枢纽东西广场等,以及杭州市职工文化中心等文化体育综合体。这些商业体大多通过地下通道与空中走廊相互连接,未来呈现的生活场景就像香港的中环——从这个综合体的入口进入,最终不知道从哪个综合体的出口出来,形成真正意义上的"空中之城"和"立体城市"。
长沙高铁经济区	长沙高铁经济区管委会的设立,实现了对该片区经济发展的统一政策、统一管理、统一协调、统一规划和统一建设。确定长沙高铁经济区的发展定位,是建设成为新型城镇化、新型工业化的示范区,两型引领和中部崛起的窗口区,中部地区对外开放的样板区,东部优势产业扩张的承接区,以及现代化的国际生态新城。长沙的另一个目标是将由长沙高铁经济区、长沙经开区、浏阳经开区、黄花空港城构成的长沙东部地区,整体打造成一个万亿元产业集群基地,形成一处产业高地,从而带动全省经济发展。
京沪高铁南京南站	南京南站将成为亚洲最大的铁路枢纽站之一,它连接 5 条高等级铁路——京沪高铁、沪汉蓉城际铁路、宁安城际、宁杭城际、沪宁城际。同时,在南京铁路南站600 米范围内,铁路、地铁、公路客运、公交、轻轨五大交通体系实现交融,通过200 多部电梯实现"零换乘"。据预测,到 2030 年,南站枢纽年发送铁路旅客将达到 5822 万人次,约是现在南京站的 5 倍。南京南站建成后,完全有能力成为南京甚至整个长三角地区的发展地标。

　　河北省高碑店依托高铁客运专线站场,实施城市"东跨北移"战略,建设以高铁站为核心的高品质东部新城区;邢台在距离城市地标(清风楼)8.3 公里的邢台东站周围规划了 9.5 平方公里的高铁新区,塑造城市新形象;石家庄充分发挥"综合交通枢纽"对城市发展的催化作用,围绕新客站规划了总用地 8.65 平方公里的区域,目标是打造国内一流、国际先进的现代交通枢纽以及新的商务、商业和金融中心。随着城市间交流的加快,北京在金融资本、高新技术、人才教育、现代制

造等多个方面必将对周边的保定、石家庄、邢台、邯郸等区域产生辐射，从而推动这些地区经济的快速发展。高铁沿线城市针对高铁都有着详细的城市规划和引导方向。按照构建枢纽型、功能性、网络化的交通基础设施的思路，上海虹桥枢纽也有着明确的规划和方向。上海正在向全球城市迈进，国际一流的现代化大型综合交通枢纽的建成不仅将服务长三角、服务长江流域、服务全国，更将服务于全球城市的发展。

（三）高铁站开发程度比较

高速铁路客运站不仅是城市对外的枢纽，更是城市内部发展的引擎，其高可达性的优势对商业、商务办公、娱乐中心等有较强的集聚作用。由于高速铁路全程封闭，客货的集散都是集中在站点来完成，因此站点就成为人流、物流与城市直接连接的窗口，高速铁路客运站对城市经济的影响作用首先是通过影响周边地区来实现的。重视对高速铁路客运站周边地区商业的规划与开发将使未来火车站枢纽产生更有公共性的附加功能价值，使综合交通枢纽地区成为集多种城市功能于一体的综合组团和城市发展的先导区。

对比北上广及其他一些城市共 21 个高铁车站开发总建筑来看，高铁车站开发总建筑主要集中在大城市，武昌、厦门一些中等城市高铁车站开发规模较小，即使在同一个大城市内部车站开发程度也会因城市发展和规划差异而有所不同。以"北上广"为例，北京南站、上海虹桥站和广州东站开发较为显著，而在同一个城市内开发较不显著的车站为北京北站、上海南站和广州站。如果借鉴德国开发模式，我们可以发现，高铁枢纽能给周边站区开发带来显著发展机遇。高铁枢纽给周边站区开发带来显著发展机遇的城市案例除了"北上广"以外，还有南京、合肥、杭州、天津等。

在现有高铁网络中，高铁建设将加快沿线城市的建设步伐，尤其能促进大中城市与中小城镇之间的协调发展，加速形成"高铁城市化带"和"高铁经济走廊"。尽管高铁经停沿线中小城市或城镇的时间短，但出行的方便快捷，仍有利于人才、商品和服务在中小城市与城镇之间的流动。高铁站区最直接的功能定位是促进第三产业的发展，不仅通过重点发展商住、金融、物流、商务及会展行业，使中心城市的产业布局逐步趋于合理，也依托高铁为城市带来资源和便利条件。不少高铁沿线的城市均规划了"高铁新区"，重点发展金融、商贸、物流及现代服务业等，打造新的

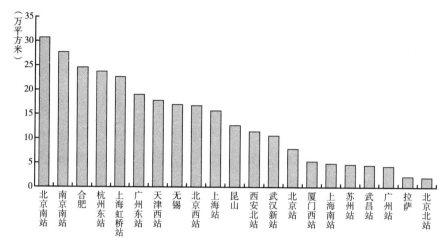

图 2-4 21 个高铁车站开发总建筑对比

资料来源：根据 21 个车站的数据整理，高铁网，http：//www.gaotie.cn，2014 年 10 月。

经济隆起带。总之，运输速度快、运输能力大、安全高效是高速铁路的优势，高铁的开通运营，将加快人流、物流、信息流向高铁站周边集聚。

四　国内典型一类站区深度开发：上海高铁站

高速铁路设站的城市在诸多方面存在差异，因此为了对设站城市及站区进行准确的定位开发，有必要对站区进行分层归类，寻找规律。影响站区功能定位的因素主要为城市区域的人口、产业布局、城市等级等，可分为三类站区（见表 2-6）。

表 2-6　中国高铁站区三种类型

类别	城市等级	人口规模	国民生产总值	产业结构	典型城市
一类站区	国际性都市，影响范围巨大	>1000 万	>1 万亿	第三产业业值占比高，大于 50%	香港、上海、北京
二类站区	区域性城市，影响范围较大	>500 万	>2000 亿	第三产业业值占比为 40%~50%	广州、深圳、天津、南京、武汉、大连、沈阳、杭州、重庆、青岛、成都、西安
三类站区	地方性城市，影响范围有限	>200 万	>1000 亿	第三产业业值占比为 40%~50%	福州、厦门、宁波、苏州、济南、昆明、郑州、无锡、长春、东莞、南宁、兰州、太原、哈尔滨

资料来源：李松涛，2009：170。

（一）上海等城市具备全球城市一类高铁站区资质

枢纽城市所在区域的地理条件、区域经济、人口规模决定了设站城市的影响力，设站城市辐射和服务范围越大，意味着将有越多的客流往来、商机和吸引力。这些因素直接影响高铁客运站周边区域开发的定位层级。

1. 人口规模大，城市内部交通网络设施较完善

高速铁路设站城市的城市规模与城市人口是高铁客运站周边区域开发定位策略制定的基础。城市规模越大、城市人口越多，产生的客流量和潜在客流需求也越大，需要周边区域对其的支撑力度也越大，高铁客运站周边区域开发定位的等级也就越高。虽然有学者认为，目前对世界城市的研究主要关注对全球生产和市场的政治经济控制，而不是用大城市的人口规模来确定城市的等级。但是对于高速铁路车站周边的城市空间形态形成来说，城市人口规模将直接决定该车站的规模大小，从而影响到利用该车站完成运输功能的人群数量。

上海铁路旅客发送量（见图 2 - 5）由 1990 年的 2476 万人上升到 2012 年的 6758 万人，以年均 4.7% 的增长率上升，虽然铁路旅客发送量占总发送量的比重在逐渐降低，但仍然可以看出铁路旅客发送量在整个旅客发送量中占有骄人的地位。

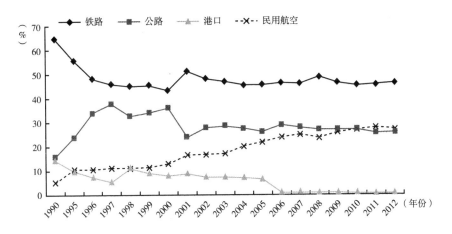

图 2 - 5　上海 1990~2012 年旅客发送量占比变化

资料来源：根据中华人民共和国统计局编《中国统计年鉴》（1990~2012 年）计算整理。

说明：①2000 年前旅客发送量是专业运输部门的数字，2001 年开始改为跨省市旅客运输的行业统计数字。②港口旅客发送量从 2006 年起口径不包含海港到内河部分。

一个紧凑的高密度的城市空间构建离不开行之有效的公共交通，如果没有足够的人口规模也就不足以支撑轨道交通建设，中国交通运输协会城市轨道交通专业委员会于 2002 年开展了关于我国城市轨道交通建设审批标准的研究，对世界已建地铁的 39 个国家 90 个城市的城市规模、经济实力进行了分析，得出了对于兴建城市轨道交通的一些城市规模数据。按照我国随后在 2003 年发布的规定，对要拟修建地铁的城市除要满足一定的经济要求之外，还有对人口的要求：城区人口在 300 万以上；规划线路的客流规模达到单向高峰小时 3 万人以上；同时对拟修建轻轨城市的人口要求是：城区人口在 150 万以上，规划线路的客流规模达到单向高峰小时 1 万人以上。因此，对应密集的人口规模，一类高速铁路车站空间需要有密集、高效、多样的公共交通网络为之服务，以扩充其影响半径与辐射范围。特别是地铁这样运量大、不受地面交通状况影响的公共轨道交通方式，能够稳定地拓展高速铁路车站站区空间的范围。目前上海已有 1 号线、2 号线等城市轨道交通陆续接入高铁车站，使得大量城市轨道交通客流可在高铁车站内换乘其他城市轨道交通线路、普遍地面公交或其他客运交通工具。国外高铁车站网络已有成功案例，如日本高铁车站，市内客运交通方式之间的换乘量已经超过高铁旅客的换乘量。

表 2-7　城市人口与铁路客运量的关系

城市规模	超大城市	特大城市	大城市
城市中心区人口（万人）	>300	100～300	50～100
城市数目（座）	13	25	54
铁路客运量（万人/年）	34690	21341	20314
占全国铁路总运量的百分比（%）	33	20.4	19.3
平均年客运量（万人/座）	2668	854	376

资料来源：王南，2008：18。

2. 城市首位度高，经济吸引力强

城市等级决定着高铁站区的等级。能形成一类高速铁路站区空间的城市在城市等级网络中享有很高的地位，一般是处于整个区域的核心，是该区域政治、经济、文化的集聚点与辐射源，并能与国际上其他城市进行广泛有效的互动，成为国际其他地区与该区域联系的枢纽性城市，处于全球城市体系的上层，对其他城市的带动辐射效应明显。所以一类站区城市在全球的城市网络中的定位是国家级中心城市以上的核心大都市，因此也是

所在区域的牵引力量，而上海正符合首位度较高的国际大都市的标准。上海是中国四大直辖市之一，是我国重要的经济、科技、工业、金融、贸易、会展和航运中心。中国社会科学院发布的《2011 年中国城市竞争力蓝皮书：中国城市竞争力报告》指出上海在国内城市中仅次于香港，位列第二。在 2011 年全球城市排行榜中，香港第五、北京第十五、上海第二十，三个城市均进入世界 20 强。①

城市吸引力决定着高铁站区的等级，尤其是对于全球城市。在全球化和信息化时代，一个城市能否成为全球城市，主要不是取决于其城市规模和存量资本堆积，而是取决于其是否处在全球城市网络的关键节点上，以及是否拥有高度集中的世界经济组织与大型跨国公司总部、大规模可供配置的经济流量、广泛的对外网络联系以及众多的专业化服务，从而具有对全球经济活动的控制和管理能力。在当前全球城市体系中，城市的经济结构正发生着显著的变化，城市中服务性行业所占的比例越来越大，与之形成对比的是制造业所占的比例急剧下降。在 20 世纪 90 年代，伦敦、纽约等城市的第三产业比重已分别高达 82.6% 和 81.1%。彼得·霍尔在分析了世界城市的产业结构后认为，纽约、东京和伦敦作为顶尖的全球城市高度集聚了超常比例的银行、其他金融机构（凌驾于所有国外银行之上）和金融交易所，还是世界上最大型公司总部的最大集聚地（Hall, 1996）。由此可见，聚集大量公司总部和金融机构是城市网络中顶尖城市的标志，跨国公司总部的空间聚集地便构成了全球城市网络的控制性节点，也就是萨森指出的所谓权力的集中，即指挥和控制权以及利益的集聚（Sassen, 1994）。一类高速铁路站区空间内的国际化要素，需要具有控制性的企业和全球性企业分公司在该区域的入驻。因此，可以通过企业总部的入驻数量来判断该城市未来高铁站区可能形成的规模。

截至 2011 年底，上海已经聚集了 927 家功能性外资机构。功能性外资机构的快速进驻大大推动了总部经济的快速发展。与此同时，跨国公司地区总部规模不断扩大。截至 2011 年 12 月，41 家跨国公司地区总部的注册资本超过 1 亿美元。② 跨国公司总部的数量不仅增速快，且等级也不断提升。例如拜耳公司将材料科技事业部全球总部的部分职能转移到上

---

① 《中国社科院发布〈2011 年中国城市竞争力蓝皮书〉》，http://economy.gmw.cn/2011 - 05/06/content_ 1929430. html，2011 年 5 月 6 日。

② 《上海"十一五"实际利用外资预计超四百六十亿美元》，http://www.shanghai.gov.cn/shanghai/node2314/szzcnew/node18944/node18947/u21ai468036.html，2010 年 12 月 17 日。

海、帝斯曼公司纤维中间体事业部全球总部、ABB 公司机器人事业部全球总部、美国霍尔韦尼尔公司电子材料事业保险全球总部均设在上海；福特公司将其亚太及非洲地区总部从泰国迁到了上海。从表 2-8 中可看到跨国公司地区总部数量上海最多，其次是北京。

表 2-8 跨国公司地区总部数量

单位：家

地　区	时　间	跨国公司地区总部
上　海	截至 2012 年 5 月	380
北　京	截至 2012 年 1 月	82
广　州	截至 2011 年 9 月	5
深　圳	截至 2011 年 7 月	2

近年来，随着上海经济结构转型和现代服务业领域对外开放程度的不断增大，在上海设立地区总部的跨国公司正从传统的制造业领域逐步拓展到商业、现代设计、广告、人力资源、物流等服务业领域，服务业领域跨国公司地区总部比重逐年提高。由此推断，在上海的高速铁路站区形成较大规模、较高等级属性的必然性也要高于其他城市。

（二）上海站

上海火车站位于上海闸北区，是上海客流量最大的火车站。上海市民通常称之为"新客站"，以区别老上海火车站（即老北站）。1981 年 3 月，铁道部与上海市人民政府向国务院提交筹建新站的报告，提出在上海东站的原址基础上，建设一座具备 2 万平方米的主楼和 3.7 万平方米的广场、日到发能力达 72 次的新上海站。1983 年 9 月，上海市政府、铁道部向当时的国家计划委员会提交了新方案。相对原计划，新计划有了新的修改和扩充，主要方面有：上海站站厅的容纳人数增加到 1 万人，站厅面积扩建到 3.3 万平方米；疏通上海站周边道路，建造大统路非机动车立交桥，建造恒丰北路立交桥。1984 年 9 月 20 日，新客站工程开工。1987 年 12 月 27 日，新客站第三阶段工程完工。至此工程共耗资 4.05 亿元人民币。

上海站是上海铁路局辖下的中国国铁特等站，是京沪铁路、沪昆铁路以及沪宁、沪杭等城际铁路位于上海市的始发终到站；共有 8 个普通候车大厅和 1 个软席候车大厅，同时设有专门开往香港九龙的出入境通道、边防检查和海关。目前，上海站与上海南站、上海虹桥站均是上海市铁路客运的主要枢纽站。上海站的站台为岛式、侧式混合站台，共设有 7 座站台，依据到发线细分为 13 个站台，包括 2 股机走线在内共计 15 股行车线。而站台上方为无廊柱式雨棚和高架候车室。

目前，上海站的配套交通设施主要以南北两个广场为中心分布。上海站地区可以换乘出租、公交、轨道交通、公路客运等多种交通工具往来于市区、郊区和上海埠外之间。在市内轨道交通方面，上海轨道交通 1 号线、3 号线和 4 号线交汇于此。现在，上海站南广场集合了以公交、轨道交通为主的公共交通，进站口正前方地下为出租车停靠站。上海站北广场自建成以后，也是长途客运、出租、轨道交通、公交等交通换乘地点。2005 年 11 月，位于上海站西北侧的上海长途客运总站投入运营。北广场成为客运和列车的主要换乘场所。2009 年起，为适应上海世界博览会召开而导致铁路运输的客流激增，北广场开始进行大规模改造。2010 年 5 月 29 日，北广场交通枢纽建成启用。

目前上海站周边的开发业态包括：零售业（包括百货、超市、专业店等）、酒店业（包括星级酒店和连锁经济型酒店）、快餐业等。但是，由于上海站建成时间比较早，各类服务业态都在地上且布局比较分散，顾客若希望光顾多家商店还需要穿马路、走地道；另外，长期以来这里的商品品牌及格局都没有太大变化，吸引力不足。但是上海站周边形成了一些专业类的商品市场，如不夜城商厦内的手机市场、环龙商厦内的婚纱市场等，这几个市场的营业总额占到整个商圈营业额的三分之一。

目前上海站发出的高铁或动车主要如表 2-9 所示。

表 2-9 上海站发出的主要高铁和动车车次

	发站→到站	距离（公里）	运行时间（小时）
高铁	上海→合肥	465	2.59
	上海→南京	301	1.58
	上海→苏州	84	0.26
	上海→杭州	202	1.30
	上海→常州	165	1.10
	上海→无锡	126	0.57
	上海→六安	557	3.46
	上海→昆山	49	0.19
动车	上海→苏州	84	0.43
	上海→无锡	126	1.07
	上海→北京南	1454	11.37
	上海→西安北	1503	10.40

资料来源：根据火车票网搜集整理，http://search.huochepiao.com/chezhan/shanghai，2013年 8 月。

（三）上海南站

上海南站是上海中心城区的南大门，也是连接长江、珠江三角洲及南方其他城市的重要交通枢纽。它被上海城市总体规划确定为对外交通枢纽和市内交通换乘枢纽，是铁道部和市政府合作建设的重大项目，2006年春运期间投入使用。其中，南站主站屋及南北广场总投资约16亿元。上海南站位于徐汇区西南部，距徐家汇城市副中心约5公里。南站主站房和车站南北广场占地60公顷，东起柳州路，西至老沪闵路，北靠沪闵路，南抵石龙路。南站的建筑设计方为法国AREP公司（集团），主站屋设计为巨大圆形钢结构，高47米，圆顶直径200多米，总面积5万多平方米，建筑整体结构气势磅礴。

南来北往的火车可从南站主体建筑的架空部分穿行而过。主站屋分为三层：中层与地面同高，为站台层，设有13条铁轨和6个上下客站台，另有通道与南北广场相连，还设有贵宾候车室、车站公安派出所等；上层为出发层，设有周长为800米的高架环形出发平台、可同时容纳一万余人候车的大空间候车区、检票通道等；下层为到达层，设有旅客出站地道、南北地下换乘大厅，地铁1号线和3号线、即将建设的轻轨L1线以及部分长途客运和旅游专线等可在站内实现零换乘。南站南北广场平面被设计为园林绿地和旅游集散地，南北广场地下设计有二层的商铺、道路和停车场，总建筑面积为12万平方米，其中为车站旅客配套服务的商铺面积为6万平方米，其余为人行通道和停车场。客运站站场设铁路到发线10股，旅客站台6座，北侧为基本站台，其余5座为中间站台，设计能力为日到发客车60对，日停靠77对客车，年发送旅客1500万人次，候车室最高集结人数为6000人。

上海南站绿化面积总共达到了8.5公顷。之所以有这么大的绿化面积，是因为南站2/3的建筑都在地下，腾出了更多的空间用于绿化。南站正式运营后不仅是一个大型的交通枢纽，也成为周边居民健身休闲的好去处。

上海南站周边地区规划开发总面积为2.77平方公里，北片地区是已建成的居住区，有城市快速干道沪闵路通过；南片地区受城市道路和铁路阻隔，交通较不方便，除长桥、梅陇居住区外，另有石龙工业区用地；东片是以工业和老宅基为主的可开发利用的土地；西片是南站主站屋、车站南北广场及轨道交通1号线的车辆段。南站地区的功能定位是，将交通枢纽转化为经济枢纽，以建设信息媒体城作为南站地区经济发展主要引擎，大力发展商务、会展、旅游、金融、信息、媒体等现代服务业，适度发展高档房地产业。由于南站处于核心区域城区，景观设计必须要和上海世界级城市的繁荣相适应，并与徐家汇城市副中心、龙华旅游城、光大会展中心、滨江开发地区共同构成联动发展的对外开放区域，力争成为上海中心城区服务中国、面向世界的区域性交流平台。

目前上海南站发出的高速列车主要是上海—金山卫城际列车[①]，每天在 6：00~23：00 之间有 36 对直达、站站停的城际动车组运行，平均间隔时间为 30 分钟，分工作日和周末两种运行模式，极大地方便了金山卫乘客的工作、旅行等活动。直达列车最高时速达到 160 公里，全程 32 分钟；而站站停列车在中途分别停靠莘庄、春申、新桥、闵行西、叶榭、亭林、金山园区等站点，全程时间适当拉长到 1 小时。

在上海虹桥站沪杭高铁运营之前，上海南站日发送旅客人数在 7 万人左右；2010 年 10 月 26 日沪杭高铁通车后，南站运能减少 34520 人次（蒋睿，2010）。2011 年，上海铁路旅客发送量总计 6198 万人次，其中上海南站发送约 1295 万人次，占上海铁路全部旅客发送量的 21% 左右。[②]随之而来的是南站地下商业区客流减少，销售业绩普遍下降，连快餐店也打折促销。这充分说明伴随高铁/动车而来的客流数量和购买力变化都对站点枢纽造成影响，尤其是商业。

（四）上海虹桥站

上海虹桥综合交通枢纽集民用航空、高速铁路、城际铁路、长途客运、地铁、地面公交、出租汽车等多种交通方式于一体，是目前世界上最大的综合交通枢纽之一。高速铁路车站位于枢纽建筑综合体的东侧，两侧分别为交通中心与磁悬浮车站。车站整体充满了现代主义建筑的韵味，与虹桥机场航站楼交相辉映，融为一体。

---

① 上海—金山卫城际列车，是长三角第一条综合国铁与地铁两套不同营运模式的快速市域铁路工程，于 2009 年 8 月启动，2012 年正式投入使用，是上海市重大工程建设项目，由铁道部和上海市共同出资 48 亿元。线路全长 56.4 公里，途经上海市徐汇、闵行、松江、金山四个区，共设 9 个车站，分别为：上海南、莘庄、春申、新桥、闵行西、叶榭、亭林、金山园区、金山卫。

② 上海市人民政府网站，http://www.shanghai.gov.cn/shanghai/node2314/node24651/n31071/n31088/u21ai732515.html，2013 年 4 月 11 日。

虹桥综合交通枢纽主体建筑呈东西向布局，由 2 号航站楼、铁路站、长途客运站、东西交通中心和地铁站等组成，总建筑面积达 150 万平方米。虹桥机场设有两条间隔仅为 365 米的近距离跑道，2 号航站楼与 1 号航站楼互为卫星厅，同时亦作为浦东国际机场的城市航站楼。铁路站距 2 号航站楼约 450 米，规模为 30 股道、16 个站台。长途客运站设置在铁路站以西，设 20 个发车位。

2010 年 3 月 16 日，虹桥机场 2 号航站楼启用；同年 7 月 1 日和 10 月 26 日，沪宁、沪杭城际高速铁路相继开通；2011 年 6 月 30 日，京沪高铁开通。目前上海虹桥站发出的高铁和动车主要车次见表 2－10。

表 2－10　上海虹桥站发出的主要高铁和动车车次

	发站→到站	距离（公里）	运行时间（小时）
高铁	上海虹桥→宁波东	319	2.01
	上海虹桥→杭州东	159	0.59
	上海虹桥→青岛	1308	6.25
	上海虹桥→北京南	1318	5.21
	上海虹桥→南京	301	1.59
	上海虹桥→天津西	1213	5.00
	上海虹桥→常州	165	1.18
动车	上海虹桥→郑州	990	7.06
	上海虹桥→武汉	827	5.57
	上海虹桥→厦门北	1109	8.19
	上海虹桥→福州	891	6.52
	上海虹桥→无锡	126	0.52
	上海虹桥→汉口	829	6.03
	上海虹桥→南京南	428	3.45
	上海虹桥→长沙	1169	9.16
	上海虹桥→济南西	912	4.59
	上海虹桥→温州南	589	4.27

资料来源：根据火车票网搜集整理，http://search.huochepiao.com/chezhan/shanghaihongqiao，2014 年 10 月。

2011 年，上海虹桥火车站共发送旅客 24895014 人次，在全国排名第 8 位（上海站排名第 9 位）。随着各项配套设施的完善，上海虹桥枢纽的客流量逐年增加（见图 2 - 6）。2014 年 10 月，虹桥枢纽总客流 2395.3 万人次，日均 82.8 万人次，同比 2013 年增加 10.9%，最高为 10 月 1 日的 105.4 万人次，创枢纽开通运行以来单日客流新高。其中对外交通客流（航空、铁路、长途汽车）为 1137.79 万人次，日均 36.7 万人次，同比 2013 年增加 12.8%。航空日均客流 10.56 万人次，占枢纽日均总客流的 12.7%；铁路日均客流 25.33 万人次，占枢纽日均总客流的 30.6%；长途客运日均客流 0.81 万人次，占枢纽日均总客流的 1%。市内交通客流（地铁、地面公交、出租汽车、社会车辆）为 1428.96 万人次，日均 46.1 万人次，比上月增加 2.4%，同比 2013 年增加 9.3%，占枢纽日均总客流的 55.7%（上海虹桥商务区管委会交通处，2014）。

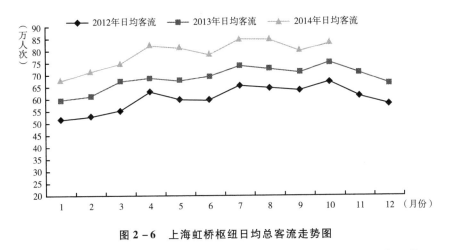

图 2 - 6　上海虹桥枢纽日均总客流走势图

资料来源：上海虹桥商务区管理委员会，http：//www.shhqcbd.gov.cn，2014 年 11 月。

综合对上海火车站、上海客运南站、上海虹桥火车站等的调查，上海出行乘客的出行目的和出行方式见图 2 - 7。可以看出，乘坐高铁和动车的乘客中公务、商务旅行的比例最高，约占 40%；其次是探亲访友的乘客，约占 20%；而利用高铁或动车进行上下班通勤的比例并不高。针对这一特点，上海的高铁车站应该注意其站区环境的营造、换乘设施的便捷化、交通信息的公开以及站区餐饮休闲设施服务品质的提高等。

总而言之，预计到 2020 年，上海虹桥客运站客运规模为年发送量6000 万 ~ 7000 万人次（单向，含磁悬浮），虹桥机场客运规模为年吞吐量 4000 万人次（双向），巴士客站客运规模为年到发量 1000 万人次（双向）。考虑接送客流量、通勤，以及商业设施吸引的非旅客人员，预测功

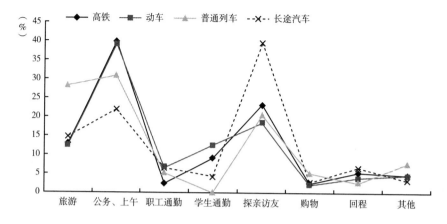

图 2-7 长三角城际出行乘客的出行目的及出行方式比例

资料来源：陈颖雪等，2012。

能完全发挥后，虹桥综合交通枢纽人流集散规模大约为每日 110 万人次。对于其中的办公、商务往来人员和购物、就餐、休闲人士，虹桥枢纽应尤其注重市内交通换乘的便捷性、与交通人流的有序分隔、商业和零售等生活功能空间的服务水平和特色等。

从功能定位上可以看出，虹桥综合交通枢纽对于区域乃至全国的重要影响在 86 平方公里范围内，虹桥枢纽区域共涉及 4 区 1 机场：长宁、闵行、嘉定、青浦 4 个行政区域。交通枢纽的发展目标被确定为四个特征：枢纽型、综合性、人性化、高能级。其中枢纽型是指服务于"长三角"、服务于长江流域乃至服务于全中国，成为上海建设"四个中心"（经济、金融、贸易和航运中心）的重要骨干工程之一。综合性是指多种交通功能综合设置，内外交通紧密衔接、不同交通方式衔接实现"零换乘"。人性化是指以旅客为本，无缝衔接，换乘便捷，运转高效。高能级是指成为"长三角"地区人流、物流、信息流资金流等的汇集地，形成具有高能级的经济发展辐射源。

从目前上海几个重点新城情况来看，高速铁路已在远离松江新城的既有建设区南部以及嘉定新城安亭组团设置了站点，但临港新城则尚不具备这样的条件。即便在松江和嘉定，高铁站点与地区交通网络以及城镇空间布局之间的衔接也还尚未起步。南翔、安亭等上海郊区高速车站停靠车次较少，与上海和周边主要城市的联系程度并未得到改善。

虹桥综合枢纽是京沪高铁、沪杭高铁、沪宁高铁上最大的综合枢纽，是连接长三角和国际市场的桥头堡。"大虹桥"地区是交通、产业、空间、结构、布局综合功能体，被定位为上海国际贸易中心的核心区，交通便利，为国际贸易中心核心区提供了基础设施和功能保障。同时，该地区周边有很好的产业依托，其外向型特征明显，外资、外贸都很活跃。大虹桥地区是内外贸一体化的重要节点，可对沿线城市形成辐射、集聚效应，以统筹国内、国际两个市场。以虹桥综合交通枢纽为核心向外辐射的京沪、沪宁、沪杭等高速铁路网络也有利于加快长三角一体化的进程。

五　高铁网络中枢纽城市面临的流动人口社会管理问题

高铁是导致要素转移的决定因素之一，不管是要素转移进来还是转移出去，对于一个地区的社会管理都是严峻的挑战。如果沿线城市成为要素移入地，势必有大量的投资、产业、企业在此集聚，随之而来的巨大外来人口流量将挑战这个城市的社会管理水平；如果成为要素移出地，同样面临着经济如何发展、剩余劳动力如何消化、群众收入水平如何提高等问题，一旦处置不善，极可能引发群体性事件，影响社会稳定。同时，各枢纽城市对高铁网络带来的巨大人口流量尚没有明确的战略性规划措施，而是分散为各种零散的规划（包括城市、商业、交通、景区、社会服务等方面）。全面计划有利于利益趋同和重新组织地方功能，加速了站区周围建筑业发展的步伐，却忽视了大城市的整体规划和运转。

（一）　高铁加速流动人口的流量增加，基础设施配套压力增大

近年来，随着高密度高速公路网的建成、铁路大提速与动车组的开通，长三角等地区城市间的时空距离已经大大缩短，主要城市间已由 3 小时交通圈变为 1~2 小时交通圈甚至半小时交通圈。城市间的交通出行如同居住在同一座城市内一样省时、便捷，日常流动性人群流量激增、流速加快。当立志成为全球城市的上海越来越具有就业及消费娱乐引力时，经常性的大规模人员流入和节假日的超规模人员流入，都将对中心城区的基础设施形成巨大的压力。为迎接世博会，上海在城市地下交通、高架交通网络和越江隧道交通建设方面做了很大的努力，也有了很大的进步，但这些设施的重点服务对象是世博园区，而在南京路、外滩、陆家嘴、徐家汇

等一些重要的商业娱乐中心，其基础设施配套还有很大的改进空间，亟待完善与之相配套的大型人流集散交通体系。

（二）枢纽站点"车站病"频发，管理压力增大

高铁本质上是一个运载能力极大的运输工具，高行驶速度可以使其在同样的时段内比普通铁路系统完成更大的运量，高铁车站可以达到每年上亿人次的流量。在铁路工程方面，如此庞大的流量也将考验技术及协调管理的水平。从城市发展管理方面来看，这样一个日平均进出几万到几十万人的地方本身就是一个庞大的"小社会"。从各个地方临时来到这里的人们聚、散、消费、休闲，甚至工作，而同时又有大量的站务人员为他们的进出提供各种服务。因此，高铁站不仅仅是一个简单的进出城市的门户，更可以说是一个充满各种城市活动的"白昼社区"（day-time community）。在大量人口出入的同时，高铁枢纽必然要额外承担社会管理的任务。由于流动人口多、涉及区域散，火车站及其周边地区一度被视为治安风向标，历来案件多发，治安形势极其复杂，加之高铁的快速流动增加了人口的流量，这就意味着城市要在原有的管理配备基础上，增加专门的力量对站区及周边地区进行管理，除了增加人员以外，更重要的是重新制定相应的管理体制和机制。

（三）利用高铁通勤的人群增加，社保跨地接续压力增大

新的交通时空大大扩展了人们的就业选择范围，跨城通勤就业现象将越来越普遍。跨城就业的常态化和"通勤一族"的增加将不断地冲击劳动就业的行政性政策界限，从而推动劳动力市场真正走向区域一体化。然而，虽然地理区位的移动因城市间交通条件的改善而加速了劳动人口流动量，但社会保障的区域壁垒依然存在。比如，虽然目前国家已经出台了针对流动就业人员的医疗保险和养老保险的跨地区接续政策，但这一政策更多针对的是那些在少数几个大城市就业的农民工群体。如果上海户籍人员在周边城市就业，不仅要面对医疗费报销的跨地区接续问题（比如，是按就业单位缴纳还是与户籍挂钩？），还要面对因养老金缴纳标准和退休工资标准不同而带来的接续难题。总之，随着跨城就业人数的增加，户籍地与就业地的分离将会引发出一系列涉及通勤就业者群体切身利益的问题。如果当下不在政策方面提前应对并有所突破，未来将有可能引发巨大的社会问题。

（四）同城化将改变城市内部人口分布，高铁新城吸引人口集聚的压力增大

以上海为例，在"同城化"背景下，部分外地高收入人群移居上海中心城区、部分上海中低收入人群移居上海周边的宜居地区，这是一个长期的趋势，对上海房市二元化特征（中心城区与郊区房价差距拉大）形成将产生积极的影响。一方面，中心城区，尤其是内环线以内的房地产商业价值将得到进一步的体现，并可通过不同收入阶层、消费阶层人群的导入和流出，借房地产价格之手调整优化人口结构和房地产结构，从而提升城市品质。另一方面，"同城化"在一定程度上增强了上海向中低收入人群供给住房的能力，有助于平抑郊区房价，保持郊区房价的平稳发展，并能更好地解决普通百姓的民生问题，确保低收入人群和青年人才群体安居乐业。

按照规划，嘉定、松江、临港这三个重点新城到 2020 年的人口集聚规模都应在 80 万 ~ 100 万。但高铁和城际轨道直接连接了原沪宁、沪杭铁路和高速沿线，增强了这些沿线城市与上海中心城区的"同城化"程度。今后从上海到昆山、苏州、嘉兴、杭州等城市，其时空距离比到临港新城更近也更方便，且这些城市本身的基础设施、文化底蕴、居住环境和人口规模都比上海市新城更优越，在竞争居住人口和资源要素方面具有更强的竞争力。如何让更多的人口集聚到新城，继而提升新城人气、带动基础设施和公益设施建设，将成为一大课题。

（五）高铁急需多管齐下，创新社会管理模式

1. 建立高铁站区全方位的管理组织。急需以高铁站点为中心，将其周边的一定范围规划成一个相对独立的区域，成立专门的管理委员会，对高铁站区实施全方位的管理。其职能包括：对火车站区的管理、火车站周边地区的整体规划、招商引资、配套设施建设和维护等。其中，要设立专门的派出所、城管队伍和志愿者队伍，对高铁站区流动人口进行服务与管理。

2. 完善高铁站区规划。急需落实高铁站区周边的规划建设，按照交通枢纽、商业中心进行规划，完善相应的配套设施。如苏州在打造京沪高铁沿线的苏州北站时，在其周边建有中翔商贸中心、大润发、亿象新天地等大市场和商贸项目，并在文化旅游方面构建以阳澄湖度假区为核

心的旅游格局，巧妙地利用了高铁交通便利的优势，为城区的发展注入活力。

3. 妥善安置高铁建设引发的拆迁人群。妥善安置拆迁人群，特别是应建立相应机制提高拆迁人群的收入，完善其社会保障，进一步化解矛盾。比如京沪高铁沿线的济南西站，拆迁面积高达 400 多万平方米，片区内有 2 万余户居民需要安置。笔者建议将拆迁人群安置在高铁站区辐射带内，使其享受到高铁带来的交通便利；也可在规划高铁站区商贸中心时，拿出部分商铺让有条件的拆迁人群进驻，解决其谋生问题。

4. 完善高铁站区的管理措施。从源头上治理黑旅社、倒票贩票的"黄牛"、黑车、制假售假窝点、占道经营等问题，杜绝安全隐患，对站区内的非法营运车辆等进行集中整治，让不法现象远离站区。比如，2012年 1 月苏州北站地区管理委员会成立，对以大客车和黑车为主的非法营运展开专项整治、处置道路交通事故、纠处各类交通违章行为都起到一定效果，同时为站区旅客及流动人口提供各项便民服务，促进道路运输营运市场和车站秩序持续良性运转。

六　本章小结

伴随着全球化进程，超大城市又以新的形式再现。全世界国内生产总值的几乎一半是占世界人口 10% 的 40 个大都市区产生的。除了纽约、伦敦、东京以外，现在新涌现出的大城市网络，比如上海、北京、首尔、马尼拉等，更新了已有的国际枢纽格局。本章在分析上海高铁枢纽之前，首先界定高铁枢纽的概念，并就高铁枢纽对区域发展、城市空间、流动人口的影响进行归纳。其次以节点城市上海为例，分析四纵四横中主要高铁枢纽城市对区域经济社会发展起的带动作用及高铁新城、高铁新区、高铁枢纽放大城市的辐射效应。最后对全国主要城市高铁站开发程度进行比较。上海作为京沪、沪宁、沪蓉、沪昆、沪杭高铁（"三横一纵"）的连接的典型一线高铁枢纽城市，制定了建设成为国际金融、贸易、航运、经济中心的规划，其辐射将带动长三角、长江经济带乃至全国的发展。从开发总建筑面积来看，上海虹桥枢纽站开发较为显著。无论从城市首位度、经济吸引力还是人口规模、城市交通网络来看，上海皆具备全球城市一类高铁站区的资质。笔者重点分析上海的三个火车站——上海站、上海南站和上海虹桥站的站区建筑、配套基础设施、车次、人流等现状，归纳出在高铁网络中上海可能遭遇的问题：高铁加速流动人口的流量增加，基础设施配套压力增大；枢纽站点车站病频发，管理压力增大；利用高铁通勤的人群增加，社保跨地接续压力增大；同城化将改变城市内部人口分布，高铁新城吸引人口集聚的压力增大等。笔者认为，高铁急需多管齐下的创新社会管理模式。

第三章 西方高铁网络对流动
人口的影响概述

我国正处于高铁经济的起步阶段，因此在高速铁路车站地区及沿线城市如何借鉴国外成功经验的问题显得尤为重要。对国外枢纽地区的正反经验，既不能盲目夸大，也不能简单轻视；同时，高铁沿线区域规划也成为沿线城市功能提升的抓手，西方高铁建设可以提供很多可借鉴的经验。而高速铁路车站地区和沿线城市的建设成功与否，与客运量的规模、乘客的构成、城市的经济发展阶段等因素密切相关，因此不能简单套用国外的模式。国内外交通枢纽地区发展理论与实践的研究，可以给我们提供一种可以借鉴的研究方向和思路。

一 高铁发展引发流动人口规模，
增加对流入城市的影响

目前世界上已经有中国、西班牙、日本、德国、法国、瑞典、英国、意大利、俄罗斯、土耳其、韩国、比利时、荷兰、瑞士等 16 个国家和地区建成运营高速铁路。据国际铁路联盟统计，截至 2013 年 11 月 1 日，世界其他国家和地区高速铁路总营业里程 11605 公里，在建高铁规模 4883 公里，规划建设高铁 12570 公里（齐中熙、樊曦，2014）。

高铁建设最早始于日本的东海道新干线，1964 年修建的东海道新干线后来发展成了日本的一条重要经济走廊和知识经济密集区，后又分别在 1975 年、1987 年和 1998 年三次扩建，目前总共有 5 条线路，约 2000 公里长。新潟县浦佐町是个典型的山村小镇，只有 2 万多人，但吸纳国际大学在这里设址。由于北陆新干线在浦佐设了车站，国际大学的教员不论是到新潟还是东京，最多只需 1 个小时。由于便捷快速的交通和优越自然环境的叠加效应，这里聚集了一大批高水平的人才，知识经济正因为高铁的建设与秀丽的山水得以完美结合。

法国于1982年建设了高速列车（TGV），随后德国、西班牙、意大利、比利时等国也开始建设高速铁路，目前欧盟高速铁路总长度达到了2853公里，其中法国1395公里、德国687公里、西班牙377公里、意大利259公里、比利时135公里。与法国不同，其他欧洲国家的高速铁路都是在原有的铁路基础上改建提升，时速只能达到200~250公里。而法国高速铁路大部分是新建的，时速能够保持在250~300公里。

欧洲高速铁路在1990~2003年客运周转量增加了4倍左右，1990年末为152亿人公里周转量，2003年为705亿人公里周转量。另外，高速铁路在运行城市之间的出行比例也在大幅增加，欧洲之星巴黎—伦敦线1995年运行以来，高铁旅客人数所占比例迅速增长到33%，而航空运输从70%下降到40%，其他运输方式由30%下降至27%（郑德高、杜宝东，2007）。

德国交通地理学家考罗（J. G. Kohl）在19世纪40年代就开始研究城市社会经济与交通的关系，他认为交通发展与城市的形成和人口的迁徙是相互补充的。交通的发展实质上是通过不断研发新技术使运输的时空成本逐渐降低的过程，交通连接的紧密度与城市群体空间的整体性呈现正相关关系。可以说，交通与城市密不可分，交通的发展直接影响着城市结构和区域发展（Ullman，1941）。

高铁车站的建设会带来沿线城市整体性的人口与产业增长，增强沿线城市的集聚能力。作为一种新型的交通运输方式，其客运速度和客运量是以往的交通方式无法比拟的，高速铁路站点通过其聚散能力加快了城市间各要素的流动性，这一点从Nakamura和Ueda对日本新干线沿线的城市人口对比可以看出（见表3-1）。Nakamura和Ueda对城市人口的研究是基于高速铁路和高速公路对比进行的，得出三个结论：①高速公路和高速铁路共有的地区，人口增长快速同时外流速度也加快，人口流动性很大；②在高速铁路和高速公路都没有的地区，由于竞争力较弱，人口外流严重，减少人口的地区有39个，比例达到38%；③不论是对人口的吸引还是人口的流失方面，高速铁路对人口流动的影响比高速公路影响力要大（Nakamura and Ueda，1989）。

高速铁路站点建成后会对城市人口造成两个极端情况：对周边地区人

表3-1 日本新干线沿线人口变化

项　目	有新干线	无新干线	共计(个)
有高速公路	人口增加的地区17个	人口增加的地区13个	56
	人口减少的地区10个	人口减少的地区16个	
无高速公路	人口增加的地区2个	人口增加的地区3个	48
	人口减少的地区4个	人口减少的地区39个	
共计(个)	33	71	104

资料来源：Nakamura and Ueda, 1989。

口通过铁路聚集，增加城市人口；或者通过站点的扩散能力加快城市人口向周边地区或城市转移。高速铁路站点对城市流通方向是具有选择性的，Nakamura 和 Ueda 在对日本和欧洲的站点城市的比对研究之后发现以下三类城市中人口会出现显著的增加：①地区的主要行政中心城市；②传统的铁路站点城市；③高速铁路站点城市，周边有便利的交通与其他地区连接。这三类城市又均具备三个特点：①第三产业发展较好，第三产业在国民经济中占比较高；②市区内有较好的教育体制和完善的居住设施；③城市的交通系统发达，站点与城市之间的出行便捷。反之，在高速铁路站点的扩散能力下人口外流现象则会加剧，导致城市人口减少（Nakamura and Ueda, 1989）。详细情况见表3-2。

表3-2 国外高铁效应

国家	高铁效应
日本	东海道新干线和山阳新干线将京滨、中京、阪神、北九州四大工商业地区连接起来，带动沿线的静冈、冈山、广岛等县的工业发展。经济落后地区如广岛、仙台等地工业产出增速明显加快，高于当时日本全国平均增速，甚至高于东京、大阪等经济发达地区，与旅游相关的餐饮和零售消费快速增长。东海道新干线和山阳新干线，每年约有乘客2亿人次，仅此而产生的食宿、旅游等的消费支出约为5万亿日元，增加就业50万人。区位熵从1950年开始不断提高，到2005年这些区县的服务业已经占据绝对的优势，金融保险业、运输业、通信业等影响最大。可以说高铁对经济增长具有贡献是不争的事实。回顾1955年数据，日本国民生产总值刚到240亿美元，只有美国的1/7；人均国民生产总值为269美元，只是美国的1/9。自1964年建成高速铁路"新干线"之后，不仅在8年内收回全部3800亿日元投资，而且实现了日本经济结构整体转型。这一转型不仅使日本在经历了20世纪70年代石油危机冲击之后依然保持高速经济增长，而且使日本人均国民收入达到1560美元，成为一个超过英法德、仅次于美国的世界经济强国。到1970年初，新干线使日本的人均收入比建新干线之前提高了近6倍。

续表

国家	高铁效应
法国	在法国高铁的发展经验中,有72%的第三产业公司经常利用高铁往来于里尔地区与巴黎之间,其中以咨询服务、管理技术服务的活动出行为主。不少距离巴黎低于1小时车程的地区陆续成为通勤的住宅区,如小城镇旺多姆(Vendome)在高速铁路影响下成为旅游胜地及置业安家的理想场所。高铁运营3年后,小镇内的房屋价格提高了35%,房地产交易率增加了22%。另一个成功的案例是在1993年后,里尔实现了从一个传统的工业城市成为以商务办公为主的城市的转变。
韩国	韩国高铁对经济发展有着不可忽视的影响。如纺织城大邱市历来客流不旺,高速铁路开通后,每天从东大邱车站下车的旅客增至1.2万多人,旅店客房入住率和百货店销售额随之直线上升。另一个中部城市天安市地价历来处于中下水平,占据高速铁路车站的"地利"之后,开发建设迅速升温,地价上升为韩国第二位。高铁开通后,中部城市天安、大田到首尔的时间分别缩短为34分钟和49分钟,住在天安、大田的人到首尔上班比在首尔市内上班更省时。

二 高铁发展引发流动人口对就业的影响

城市人口增加与就业岗位的增加相辅相成,而高速铁路站点对城市就业岗位提供能力很强。见图3-1,日本1964年开始建设新干线,东京都就业人口1965年以前急速增加,此后就业人口的增长幅度又在逐年放缓。日本东北新干线大宫至盛冈区间段上的站点城市比非站点城市的就业增长明显要快,增长的就业岗位及行业不同,增长速度也不一致,但大都保持

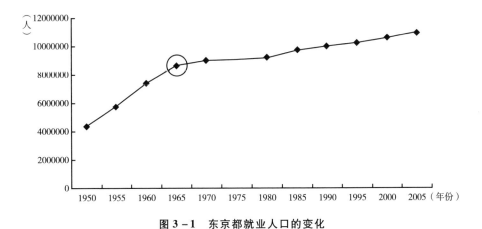

图3-1 东京都就业人口的变化

资料来源:根据日本厚生劳动省的数据整理,http://www.mhlw.go.jp。

在 16% ～34% 。

高速铁路站点能够为城市提供的就业岗位，大多集中在以服务为主的第三产业，其中发展最快的是广告业，此外商业、旅游业和咨询业岗位增加速度比其他产业要快；高速铁路站点对城市中强调大宗货运的第一产业、第二产业影响相对较弱，主要提供的就业岗位集中于仓储、工业和建筑业，如表 3－3 所示。

表 3－3　东海道新干线城市人口与就业岗位指标变化

指标	新干线开通前			新干线开通后		
	A1 设点城市	B1 不设点城市	C1 A1/B1	A2 设点城市	B2 不设点城市	C2 A2/B2
人　口	2.64	3.39	0.78	1.88	1.55	1.22
零售业	10.10	13.50	0.75	9.96	8.58	1.16
批发业	12.90	20.80	0.62	11.63	8.70	1.34
工　业	13.70	14.20	0.97	9.48	7.81	1.21
建筑业	13.80	14.90	0.93	8.01	6.37	1.26

资料来源：Reed，1991。

注：①工业主要指区域内的制造业；②建筑业主要涉及范围为本区域内。

造成就业岗位增长差别的原因离不开高速铁路的运输特点，高速铁路的快速、灵活运输方式能较好地适应第三产业，而第一产业、第二产业中的个别行业适应性较强（Sands，1993），具体体现在高速站点周边人们的主要活动上，如图 3－2 所示。

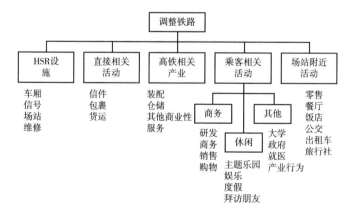

图 3－2　高速铁路站点地区人们的主要活动

资料来源：Reed，1991。

法国 TGV 的开通促使里尔从一个传统的工业城市蜕变为一个以商务办公为主的城市。里尔围绕高速铁路车站已建成会展中心（12 万平方米）、欧洲办公大厦（12.5 万平方米）、银行大楼（1.5 万平方米）和 Euralille 大型商业中心（19 万平方米）。当然这种转型还得益于里尔良好的区位条件，它位于 3 个首都城市（伦敦、巴黎、布鲁塞尔）的中心点，与高速铁路相连接（赵立华，2010）。在里尔—巴黎之间的线路上，有 72% 第三产业公司常年利用高速铁路出行，其出行的目的多以公司的决策研究、管理和顾问等为主。正是 TGV 的开通，才使这些公司提高对技术、人才的利用效率，降低了生产成本，扩大了生产商品的销售范围。另一方面，法国和日本利用高铁通勤的比例之所以较高，是由于雇主或企业会给予雇员充足的交通补贴，例如法国企业会给予乘坐高铁上下班的员工 50% 的高铁票价补贴。2009 年美国政府提出了建设纽约至波士顿的高铁、打造东部知识经济走廊的规划，并花费 110 亿美元，但由于诸多因素使高铁项目毫无进展。

三　高铁建设与城市空间人口流动分布：各国案例

（一）法国里昂——高铁与城市空间重组所带来的流动人口分布效应

1971 年，法国政府批准修建 TGV 东南线（巴黎至里昂，全长 417 公里，其中新建高速铁路线 389 公里），1976 年 10 月正式开工，1981 年 9 月全线建成通车。TGV 最高运行时速 270 公里，巴黎至里昂间旅行时间由原来的 3 小时 50 分缩短到 2 小时。1989 年和 1990 年，法国又建成巴黎至勒芒、巴黎至图尔的大西洋线，列车最高时速达到 300 公里。1993 年，法国第三条高速铁路——TGV 北线开通运营。北线也称北欧线，由巴黎经里尔穿过英吉利海峡隧道通往伦敦，并与欧洲北部比利时的布鲁塞尔、德国的科隆、荷兰的阿姆斯特丹相连，是一条重要的国际通道。由于 TGV 可在高速铁路与普通铁路上运行，所以目前法国高速铁路虽然只有 1282 公里，但 TGV 的通行范围已达 5921 公里，覆盖大半个法国。根据规划，法国将在 21 世纪的头 10 年内，把东南线延伸至马赛，还要修建通向意大利和西班牙的南部欧洲线和巴黎至德国斯特拉斯堡的东部欧洲线。

1. 里昂城市概况

作为仅次于巴黎的法国第二大都市和法国最重要的工商业中心之一，

法国东南部城市里昂拥有十分优越的地理区位条件，从欧洲北部通往地中海地区的传统交通走廊和穿越阿尔卑斯山系到达瑞士及意大利的陆路运输走廊在里昂交汇，使得里昂成为名副其实的西欧"十字路口"。

罗纳河（Rhone）和索恩河（Saone）在里昂城市南端汇合，在两河之间的半岛是里尔的市中心区，索恩河以西是里尔老城，罗纳河东岸是新规划的市区拉帕迪。

此外，与里昂相关的其他城市空间还包括：

（1）里昂城市共同体

从 20 世纪 60 年代开始，法国鼓励市镇间建立各种形式的城市共同体，以促进规模较小市镇相互合作，共同建设公共交通与其他市镇设施。里昂城市共同体共有 55 个市镇，人口规模约为 120 万人。

（2）里昂都市区

1974 年，在法国内政部直属的"国土规划与地区发展委员会"（DATAR）和里昂市市长的推动下，成立了一个较里昂城市共同体规模更大的非正式空间协商实体"里昂都市区"来促进空间的协调发展，将西侧的圣艾蒂安（St. Etienne）和东部圣埃克絮佩里（Saint-Exupéry）机场等也纳入其中，人口规模约 250 万人，包含 678 个市镇。但与里昂城市共同体相比，里昂都市区缺少市镇和省的支持，影响力相对较小。

（3）罗纳—阿尔卑斯大区

大区（Région）是 20 世纪 50 年代法国为了改变因传统的行政区划单位——省（départements）的地理尺度过小、地方经济发展零散而进行"地区整合"的产物。法国全国一共划分为 22 个大区，里昂是罗纳—阿尔卑斯大区的首府。该大区有 560 万人口，包含 8 个省。

2. 相关的高铁线路和车站

根据规划，里昂有已建及规划的 3 条高铁线路：①从巴黎到里昂的高铁东南线（TGV Sud-Est）。这是法国建设的第一条高铁线，于 1981 年开通。②东南线的延长线罗纳—阿尔卑斯线（TGV Rhone-Alps）。从里昂向南延伸至瓦朗斯（Valance），全线于 1994 年开通。该线路通过 2001 年通车的地中海线（TGV Méditerranée）继续向马赛延伸，并与西班牙北部连接起来。③连接法国与意大利的里昂—都灵（Turin）高铁线。

目前，里昂都市区一共有 3 个高铁车站投入运营：位于老城中心的贝拉舒（Perrache）站、位于新区的拉帕迪（La Part Dieu）站和位于市中心以东 20 公里圣埃克絮佩里机场的萨托拉斯（Satolas）站。其中，贝拉舒站和拉帕迪站为高铁东南线服务，空间上均位于里昂城市共同体范围之内；萨托拉斯站为罗纳—阿尔卑斯线服务，空间上位居里昂城市共同体范围之外。此外，从大区来看，这 3 条高铁线上还有两个重要的高铁车站：一是位于萨托拉斯以南 80 公里处、地中海线上的 Ro Val Tain 站，规划有一个商务园区和一个主题公园；二是在萨托拉斯以东、里昂—都灵高铁线上规划的蒙特米兰（Montmelian）站。

3. 高铁前后的人口变化

从历史上来看，里昂的人口经历了一段高涨—衰落—缓慢增加的过程，这个过程与这座城市的经济发展紧密相关。

（1）工业革命时期，里昂是著名的纺织、钢铁、煤炭基地，快速发展的经济吸引了移民，人口集聚增加。1801～1896 年，里昂的人口从 52000 增加到 216000（见图 3 - 3）。

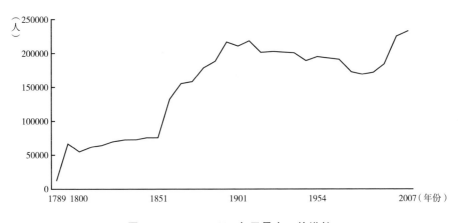

图 3 - 3　1789～2007 年里昂人口的增长

（2）20 世纪 50 年代，里昂的工业开始衰落，老工业城市的衰落造成了大批的失业人口，同时也迫使居民从这里迁徙。里昂成了人口迁出区（见图 3 - 4）。

（3）20 世纪 70 年代末 80 年代初，里昂开始经济发展振兴计划，鼓励知识经济的发展，并开始了大规模的城市更新计划。图 3 - 3 中，里昂以新的面貌出现在这个地区，吸引了新兴产业及其从业者的到来。从 1968～2006 年的人口数据可以看出，尽管里昂的人口依然处于负增长阶段，迁出的人口多于迁入的人口，然而迁出人口的比例已经趋缓、下降。

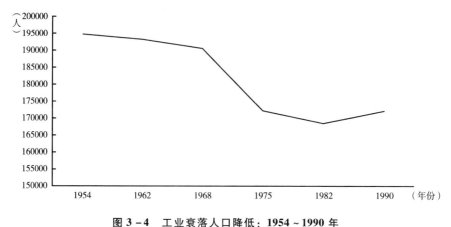

图 3 - 4 工业衰落人口降低：1954～1990 年

资料来源：里昂网站，http：//www.losc.fr。

4. 里昂三个高铁车站的建设及对城市空间的影响

（1）拉帕迪站

法国传统的城市地理格局是一种单中心、集中式的形态，在大巴黎地区不到国土面积 2% 的地域上集中了全国近 1/6 的人口，全国的公路和铁路网络也均以巴黎为中心呈放射状发展。地区之间巨大的发展差异造成了中央政府和各地方的种种矛盾。20 世纪 60 年代，国土规划与地区发展委员会开始贯彻实施"分散化发展政策"，并促成了里昂、马赛等大城市与其周边的市镇联合组成城市共同体进而成为"平衡地区发展的大都市"，以抵消大巴黎地区的吸引力，促进大巴黎的部分机构和产业活动向这些区域转移。其实，那时的里昂也正面临产业转型的严峻现实，相对于法国其他地区处于发展劣势，高科技产业和相关服务业的岗位数量一直比较少。作为传统的工业城市，随着经济全球化的进程和新技术产业革命的发展，里昂的大量工厂倒闭，失业率上升，城市中心衰退，城市竞争力持续下降，里昂正面临产业转型的严峻现实。为了实现里昂作为"平衡地区发展的大都市"的目标，位于城市东部、城市原主要货运站所在的拉帕迪地区的开发被提上日程，该区域被认为是聚集新型产业活动、形成新的服务业中心以及疏解拥挤的旧城中心的理想场所。

1979 年，里昂城市共同体制定了拉帕迪地区的"协议开发区"（ZAC：Zoned' Aménagement Concerté）规划，用地面积约 46 平方公里，开发面积 73.3 万平方米。规划将通过高铁车站建设带动地区的居住、商务和公共空间开发，加快城市产业转型。在有限的财政支持和积极的公众参与下，项目得以顺利进行。1983 年，贝拉舒站运行两年后，拉帕迪站开始投入运营，客流量从 1984 年的 2.7 万人次提高到 1992 年的 3.7 万人次；与此相反，贝拉舒车站的乘客数量从 2.65 万人次下降至 2.4 万人次。这是公共交通网络紧密度不足所导致的，拉帕迪也开始面临与贝拉舒车站同样的交通疏散问题（Wolfram，2003）。

历史上里昂曾是西方丝织业的中心，但在全球经济从制造业向服务业转型的过程中，里昂的发展不容乐观。在高铁通车时，里昂除了高等教育、科技、研发以及交通可达性等有比较优势以外，在总部、会议中心、星级酒店和欧洲行政管理机构数量及结构等方面均落后于其他地区中心。

高铁通车后，拉帕迪区域成为新的居民点中心。高铁站所在的第三区 Villette 人口社会结构也发生了改变，吸引了较高收入的人群，社会层次较高的人群数量增加，从占总人口的 8% 上升到 14.9%；工人群体的比例降低了，从 1975 年的 39% 下降到 1990 年的 15.9%（Wolfram，2003）。

高铁站区域也成为重要的城市化标志和第三产业中心。高铁的开通加强了里昂的指导性高地的吸引力，并成为该区发展的机遇。此后，该区打破了封闭状态，火车站地区得以翻新。在里昂高铁工程第一阶段开发中，商务、商业功能建筑面积占比分别为 49.9% 和 23.3%，而居住功能建筑面积占比仅为 8.3%，高铁建设能够为商务、商业等功能的开发带来新的契机，促进居住功能和第三产业的发展。高铁促使里昂的中心向东部移动，伴随着火车站的建造计划，房屋建造计划增加了商务办公楼的供应量。从 1983 年开始，地区代表性的企业和巴黎公司的分部进入高铁站区。从 1987 年开始，进驻速度加快。图 3 - 5 表明拉帕迪地区各种第三产业业态面积的变化。

一项针对拉帕迪地区 216 家企业进行的邮件调研论证了高铁在加强第二产业过程中的作用（Mannone，1995）。在 51 家回复的企业中，35% 证实了高铁在它们建立过程中的重要作用。一些总部在巴黎的企业在高铁建成后得以进入里昂的市场。同时，里昂的企业也可以占领巴黎的市场。高铁强化了里昂的第三产业中心作用，成为相关企业在此设立公司的原因之一。拉帕迪地区成为法国第二大第三产业中心和决策中心，设有超过 2200 个机构，雇用了大约 45000 人。每天有 50 万次出行，12.5 万次使用火车站。2011 年有 3300 万人光顾欧洲城市商业中心。到 2030 年，预计会增加 65 万平方米的办公面积，15 万平方米的住房，20 万平方米的服务业、商业、旅游和旅馆业设施，以及 3.5 万个就业岗位，高铁站的旅游者

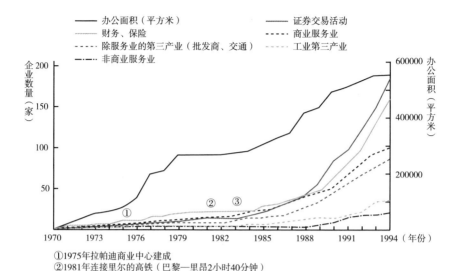

① 1975年拉帕迪商业中心建成
② 1981年连接里尔的高铁（巴黎—里昂2小时40分钟）
③ 1983年拉帕迪的高铁站建成（巴黎—里昂2小时）

图3-5　1970～1994年拉帕迪中心业态变化

资料来源：Wolfram，2003。

也将增加两倍（张艳、华晨，2011）。

（2）贝拉舒站

最初服务于传统铁路线的贝拉舒火车站位于里昂城市中心半岛，车站历史悠久，建成于1860年。尽管紧邻城市中心区域，但历史上贝拉舒街区从来就没有被认为是中心城区的一个部分。直到19世纪初由于工业革命的发展贝拉舒街区才开始城市化，当时的发展以工厂、铁路线、场站和码头为主，在功能定位上与城市中心区发展存在一定程度的断裂，空间层面的断裂也是重要原因。贝拉舒火车站的建成和铁路线的穿梭从南北向割裂了城市，此外两条河流也很大程度上分割了贝拉舒街区与城市其他区域。

1976年，高速公路和交通枢纽的建设使得贝拉舒站所在区域在空间上更显孤立。到20世纪末期，随着工业的衰退，这一街区已经逐渐沦为一个游离于里昂市中心之外、和城市主要经济社会活动相隔离的孤岛，街区的居民主要是区域内工业企业的雇员和流浪汉等。

1992年，里昂城市共同体在结构规划和后期的项目深化中对于两大高铁车站地区表现出高度重视。1998年开始启动了大规模的城市中心区整治项目，对贝拉舒车站附近约150平方公里用地进行功能再开发。规划将贝拉舒地区定位为城市中心区的延续，将其建设成为一个包括商务、居住、商业、休闲娱乐设施以及研究中心在内的混合型街区，开发面积达 120 万平方米。建成后的区域能够容纳 2.2 万名居民，提供 1.6 万个就业岗位。同时，通过营造高比例的公共空间、亲水设施和 40 平方公里的森林公园等，建立起比原历史性街区更舒适的现代城市空间。作为一个长期的城市更新项目，预计项目完成需要近 30 年之久。

（3）萨托拉斯站

萨托拉斯站选址于圣埃克絮佩里机场内。圣埃克絮佩里机场是整个罗纳—阿尔卑斯大区的重要交通枢纽，由"里昂工商业联合会"（CCI：Lyon Chamber of Commerce and Industry）管理，由里昂城市共同体和大区作为合作参与者。机场与高速公路的衔接使得罗纳—阿尔卑斯地区的所有主要城市都在距离机场 1 小时车程范围以内。

伴随法国高铁建设进程，1989 年里昂城市共同体提出了在圣埃克絮佩里机场内建设萨托拉斯站的想法，将其作为高铁罗纳—阿尔卑斯线的站点。罗纳—阿尔卑斯大区、里昂都市区和里昂城市共同体均明确表示支持在机场设站，认为高铁站能够提高机场的可达性，进而扩展其腹地范围，能有效支持机场功能的拓展。不仅如此，地方层面还希望能够在机场地区平行增设地方铁路站点，以便加强机场与里昂市中心及区域其他地区的交通联系。

但是，法国国家铁路公司同时也是法航（Air France）的重要股东，由于担心高铁与民航竞争，它不希望在圣埃克絮佩里机场设置高铁站，恐怕其影响法航以巴黎为中心的航空战略。尽管如此，1992 年末大区与国家铁路公司之间还是达成了在机场建设高铁站的决议，但建设地区铁路站的计划终究因国家铁路公司的反对而被搁置。

直至 1994 年萨托拉斯站才正式开通。1995 年，在大区的介入下，相关各省、里昂城市共同体和里昂工商业联合会呼吁：为促进各种交通方式协调衔接，应将机场建设成为法国的第二大航空枢纽。但这一倡议终归成了一纸空文。截至 1999 年，高铁每天通过的近 50 班车次中仅有 9 班车次停靠在萨托拉斯站，其中 5 班与相关的机场交通活动相衔接。机场区域最终成为一个矛盾的"热点"，至今机场及高铁车站周边也仅有少量的功能得到开发。

（4）小结

高速铁路对人们的交通出行方式、出行时间以及时空概念造成了前所未有的冲击，进而对强调快速运输、资讯传递与流通的商务、商业等活动产生了巨大的影响。同时，高铁车站地区因其优越区位而吸引了相应的商务办公、居住等大量特定的城市活动集聚，显著地改变了这一地区的面貌、功能及其在城市中的地位。

以拉帕迪车站地区为例，高铁开通前这个地区就已被开发过，但开发遭遇失败。里昂在20世纪70年代发展并不理想，时常面临不少企业总部向巴黎流失的严峻问题。

巴黎至里昂的高速铁路建成后，巴黎的一些公司因交通方便、政策优惠、空气清新等原因开始在里昂设立分部，同时里昂的一些小公司也在积极为巴黎的许多公司提供专业化的服务，将里昂的商务活动延伸到巴黎。随着产业转型，1982~1993年，大里昂地区13.7万个制造业就业岗位减少了3.7万个，而同期服务业就业岗位增加了4.5万个。高铁车站周边更是因其优越的区位而集聚大量的商务地产、研发等产业，成为城市中新的经济空间增长极点。从1983年到20世纪90年代，里昂高铁车站周边地区的办公面积从17.5万平方米增加到25.1万平方米。到20世纪90年代，拉帕迪地区已经建设成为里昂重要的新商务中心和城市新经济空间增长极点，为里昂提供在旧城区难以实现的大量高质量办公空间的同时，也带动了里昂城市整体的产业结构转型与功能升级。

从里昂的案例也可以看出，高铁站点的选址和建设需与城市的发展需求相契合。拉帕迪站的选址正值里昂城市的产业转型升级期间，服务业的发展对高质量的办公空间、公共空间等的开发产生了需求，而原有城市中心空间扩展余地较小，这使得拉帕迪地区顺理成章地转型为一个高端商务中心。

同时，高铁也需要同其他交通网络相连接。不管高铁的速度有多快，其优势的发挥都离不开与其他交通方式的衔接。拉帕迪地区的开发一直非常重视增强与市中心及其他专业化中心之间的公交线路和道路连接。然而在法国国家铁路公司的反对下，萨托拉斯站未能获得同样的交通连接机会，该车站地区的开发程度大幅降低，机场的扩建也无从谈起。

（二）德国柏林——高铁枢纽中心对流动人口分布的影响

1. 柏林中央火车站概况

德国在1988年的高速铁路行车试验中速度突破每小时400公里大关，达到406.9公里。德国有两条高速铁路，一条是1991年建成通车的曼海姆至斯图加特线，一条是 1992 年建成的汉诺威至维尔茨堡线。高速铁路上开行的 ICE（城际高速列车），时速为 250 公里。1993 年，ICE 进入柏林，自此把德国首都纳入 ICE 高速运输系统。ICE 也穿过瑞士与德国的边界，实现了苏黎世至法兰克福等线路的国际直通运输。

随着交通量的增长，为了加强德国南北与欧洲其他区域的连通，2006 年 5 月 28 日德国战后最大的建筑工程——耗资 127 亿欧元、历时 10 年精心打造的柏林中央火车站正式建成并投入运营。火车站位于柏林市中心的施普雷河畔，毗邻总理府和议会大厦，离著名的观光景点勃兰登堡门、德国国会大厦和菩提树大街仅有十几分钟的步行路程。

新火车站的建设理念就是将柏林打造为机动枢纽和核心城市。柏林原有两个火车站——柏林东站和动物园火车站，历史上分别属于东柏林和西柏林。两站的运输能力与统一后德国首都柏林的地位极不相称——这种不相称不仅仅体现在车站本身的规模较小，还表现为其连接东西方的交通枢纽功能没有充分发挥。由于原有的两个车站分别是东德和西德铁路的终点站，所以东西欧的连接在"铁幕"打开之后很难适应统一后的交通运输需求。于是，打造新的交通枢纽、让南来北往的列车畅通无阻，便列入了德国联邦政府的议程。作为通往德国全境及邻近国家的枢纽，柏林中央火车站被建为欧洲最大的过境站。它坐落在市中心地区，区域火车、地铁、轻轨及有轨电车在此相连，东西南北方向的所有远程和区域列车的铁路线穿过市中心汇合在了中央火车站。

柏林中央火车站是一个综合性、立体化的大型换乘中心。车站占地 1.5 万平方米，主体是一个上下 5 层贯通的换乘大厅，最顶层是东西方向的高架站台，最底层是南北方向的地下站台，中间三个换乘层（包括进出大厅的地面层）中还分布着各类商铺和餐饮服务设施。车站两侧有一对各 12 层、70 米高的双塔楼，它们是柏林市中心最高的建筑物。车站屋顶与四壁用 9000 多块特殊玻璃拼成，采光充足且现代感十足，柏林的报纸将当时新落成的中央火车站形容为"庞大的玻璃宫殿"。车站内有由约 80 家商店构成的柏林最大餐饮购物中心，创造近 900 个工作岗位，还有总面积近 1.5 万平方米的办公大楼、饭店等设施。

这座车站每天可以接纳 30 万乘客，能够停靠 1100 次列车，其中远程列车 164 列，地方铁路区间车 314 列，城市快速交通列车 600 列，今后可能还要增加某些线路的地铁列车。这座交通枢纽的建成加快了行车速度，从柏林到莱比锡仅用 1 个多小时，比原来缩短了 40 分钟；从柏林到慕尼黑为 5 个多小时。中央火车站发往汉堡和莱比锡的列车平均每 15 分钟一趟。车站四通八达，由此始发的列车东通俄罗斯莫斯科，西至法国巴黎，南达希腊雅典，北到丹麦哥本哈根，平均 90 秒就有 1 班列车进出（荣朝和，2007）。

建筑面积 9 万平方米的十字交叉式柏林中央火车站一开通，就立即成为欧洲铁路系统的中心点，让所有的交通工具在市中心连接到同一个车站，并在同一大厅内直接实现大规模垂直换乘，这使得该站成为当今欧洲乃至世界上最具典型意义的大型综合性换乘枢纽。柏林市的城铁、地铁、电车、巴士、出租车、自行车甚至旅游三轮车也都在此停靠与集散。

中央火车站虽然位于中心城区，但并不影响城市的地面交通，因为所有的轨道交通都通过高架和地下方式进出车站，绝大多数汽车也通过隧道经停。公路隧道在地下站侧大约有 90 个车位，地下停车场则有 860 个停车位。大多数旅客都可以在站内实现"零转乘"，因此通过地面进出车站的人数相对较少。

2. 柏林中央火车站的建设

目前的柏林中央火车站从规划、决策、施工到建成整整用了十几年时间，但柏林从起初设想建一座中央火车站到今天实际上已经历了近一个世纪。

19 世纪 30 年代，从德国各地修建到柏林的铁路都是各自为站，不仅站与站之间没有连接，且大都建在土地相对便宜的城郊。当人们需要换乘其他线路的火车时往往必须坐马车从一个主要车站赶往其他车站，使旅客相当不便。

19 世纪 80 年代，环线铁路、市郊铁路和城铁开始在柏林修建，逐步形成城市的公共轨道交通，也把那些原来分离的长途铁路尽头站连接到了一起，但仍然缺乏能够将所有主要干线直接相连的中央车站，这导致往来于四面八方的旅客与以往一样，必须赶往分散的车站。虽然环线和城市公交代替了以往的马车，但换乘仍然不便。这个问题成为柏林铁路系统中的一个重要缺陷，也对城市生活和经济发展造成制约。

相比之下，北美大城市的铁路系统为了更好地解决不同线路在城市中心换乘的问题，大都建设了位于城市中心的中央火车站（Central Station）或联合火车站（Union Station），不仅方便了乘客换乘，也使得各家铁路公司共同受益，同时还较好地解决了所在城市的交通问题。中央火车站带来的经济社会效益逐步得到德国的认同，在 1910 年前后柏林曾提出过建设贯通南北的铁路隧道和用一座中央火车站替代多座尽头车站两个规划方案，但两次世界大战的到来让规划不得不搁置。

铁路曾经在柏林城市发展的历史上扮演过重要的角色，让柏林享有"德国铁路之都"的美名。东、西德统一使人们又一次获得机会把新柏林和大柏林都市区进一步发展的希望寄托在中央火车站建设以及整个铁路枢纽的完善上。而这一次，德国人做到了"让乘客方便同时对城市无妨害"。其实德国铁路近年来一直致力于融入一体化的综合交通体系，让铁路主动连接其他运输方式，并在多个城市改建中央火车站，越来越多地采用贯通式车站的形式，使之成为市区综合换乘中心。其中成功的改善个案当属柏林中央火车站，但这也得益于其区位优势。中央火车站横跨东西柏林，其独特的地理位置决定了环境景观处理的重要性，火车站周围的环境设计尤其是施普雷河岸边的环境景观处理颇有特色。其他的车站如法兰克福中央火车站也在 2005 年启用。

从管理体制上看，虽然目前德国的干线铁路和地区铁路归德国铁路公司负责，但在中央车站的规划与建设上，联邦政府、德铁、柏林市的相关机构通力合作，解决了大城市中心综合交通枢纽在规划建设中的一系列复杂问题，例如采用各方按比例筹集方式解决巨额资金的问题。联邦政府的城市建设、交通运输综合性政策与相关的行政体制设置显然为克服体制障碍提供了有力保证。德国已拥有将长途运输与城市当地运输紧密衔接在一起的全新铁路枢纽，使柏林成为整个欧洲最重要的铁路中心，柏林中央火车站也成为继德国国会大厦和勃兰登堡门后的第三座柏林地标性建筑。由于铁路网络和换乘枢纽的完善与飞机票价加价、候机时间增加，乘坐火车出游的欧洲旅客将逐渐增多，乘坐飞机出游的乘客增长趋势将逐步放缓（Freitag & Pyka，2008）。

3. 启示

从柏林中央车站的建设过程中，我们看到了大都市铁路建设的新理念，即最大限度地综合多种运输方式提高换乘效率，最大限度地实现"零距离"垂直换乘，最大限度地减少与城市地面交通的拥挤与冲突，最大限度地利用中心城区的交通区位优势。与德国相比，目前我国的铁路客运建设很多，却没有利用沿线城市原有车站，而是在距市区较远的地方另辟新地设立专用车站，使得有些车站与城市中心区的车程甚至长达 2 个小时。中德之间的鲜明对照值得我们深思。另外从费用来看，德国在铁路网的一个节点投入近 130 亿欧元，折合成人民币差不多够我们在国内建一条上千公里的高速铁路。如此巨资的投入是否值得？也是值得思考的问题。

德国经验对我国高铁的启示可以归纳为以下几点。

（1）中心城区客运站的区位优势不可忽视，市郊客运站也同等重要

国际经验已证明，原有的市中心火车站一般都占据最有价值的区位，不应轻易放弃。对比国外，中国国内将高铁客运站从市中心迁到市郊的城市较多，由于距离较远，加上高铁站周边交通方式衔接不够，导致乘客上下车和换乘困难，这样不仅增加了出行成本，也增加城市的运行成本，最严重的是高铁有限的客流量与超大的运输能力不匹配，降低了铁路的竞争力。这虽然有力地证明了原有的市中心火车站不应轻易放弃，但若只是将火车站的发展局限在市中心难度也会很大。除了土地资源极其有限以外，我国有着与发达国家不同的背景——巨大的人口流量。因此仅仅依靠中心城区的客运站难以解决客流输入输出，故大城市在保留中心城区客运站的同时，应在距离城市中心区适当的范围内设站，如在 1 小时圈内。

（2）高铁新城发展离不开交通一体化

随着经济发展，运输业发展的重点正逐渐从城市和地区之间的线路或通道建设为主，转变为解决节点上不同交通方式之间的连接问题为主，大部分技术和资金的使用已经转移到节点和枢纽的建设上。我国也是如此，在近几年的高铁沿线站点建设中，既有成功的案例，也有失败的案例。各大媒体出现"鬼城""空城"字眼的频率越来越高，但将产生这种现象的原因完全归结为选址问题也并不公允。中国铁路发展迅速，这与中国快速城市化相匹配，有些高铁沿线站点"荒凉"是一种短时间的现象，不等于没有长远发展。英国培养一个新城要几十年，何况中国高铁才是近几年的事。虽然这是乐观的想法，可是若一味在短期利益驱使下行动，导致将高铁站点规划为超乎实际的规模或形态，到时候难以收到理想收益，可能就成了"问题"，比如某些著名的"鬼城"。导致"鬼城"的最大原因之一是交通不便。当今运输业的发展已超越过去单一运输方式各自单独发展的阶段，综合各种运输方式相连接不但是一种重要趋势，更已经成为每一种运输方式避免自己被边缘化而必须采取的根本性建设经营方针。实现最大程度的交通一体化，是处理铁路与城市关系的关键性问题。

（3）大型化、综合化和立体化是重中之重

我国可以效仿柏林中央火车站在大城市中心实现城市内外交通一体化，同时又不影响城市地面交通，这个目标固然很好，但实现这个目标相当艰难，"让乘客方便同时对城市无妨害"的理念同时向铁路建设和城市规划提出了挑战。从国内外经验来看，大城市的铁路中央车站实现大型化、综合化和立体化似乎才是根本出路。由于中心城区的土地资源极度稀缺，开发起来相当困难，即便最大限度地利用效率最高的轨道交通手段，也只能通过高架和地下的立体方式来实现大城市对外交通与城市交通的对接。因此，在我国中心城区建设大型车站，采取高架和地下的立体方式才可行。

（4）应配套城市发展与交通规划的体制保障

城市交通规划必须满足于城市发展的远期需求，站点选址、规划、征地及预留、建设等工作应结合城市发展远期规划来进行，这样可以使未来交通建设与城市发展很好地衔接，不仅使交通建设对城市发展起到真正的推动作用，也使铁路客站枢纽中心的投资获得更大效益。建设铁路客运站枢纽中心并不仅仅是铁路部门自己的事情，城市与铁路部门也必须共同承担责任，合理划分车站及相关工程的投资比例，而这恰恰需要有综合性的城市与交通规划以及综合性城市与交通管理体制的保障。

（5）高度的交通可达性成为城市专业化分工和协作的依托

德国经验展示了一种不同于美国纽约、英国伦敦、日本东京的城市发展模式。纽约、伦敦、东京等城市由于其经济活力和影响力可以被称为全球城市。德国虽然经济指标也在全球名列前茅，却没有一座具有同样控制力的全球城市，即使是柏林、法兰克福也难以在世界城市体系中处于较高的等级。但是德国却拥有一个由多个重要城市构成的城市体系网络，城市间存在良好的劳动分工和专业化的协作，德国城市系统可以被看作是一个合作型的全球城市模式（孙斌栋等，2008）。这个全球城市体系固然是历史事件和市场竞争双重作用的结果，但其重要基础是城市间便捷的交通体系，很多专业化功能（如法律咨询、金融服务、工程服务和研究等）可在至多一天的通行圈内完成，高度的交通可达性弥补了空间上的分离。良好的功能分工和高度的交通可达性，显著地降低了交通堵塞和过度集聚的风险。德国的这种城市体系发展模式也让德国工业在高端产品的专业化生产方面具有优势，这是今天中国城市发展可以借鉴的。

(三) 日本东京都市圈——城市群高铁网络建设与流动人口分布

1. 总体概况

日本是世界上第一个建成实用高速铁路的国家。1964 年东京奥运会开幕前夕开始运营的"东海道新干线",当时从东京到大阪约 550 公里的距离只需 3 小时 10 分钟,现在仅需 2 小时 30 分钟。这条专门用于客运的电气化、标准轨距的双线铁路,代表了当时世界第一流的高速铁路技术水平,标志着世界高速铁路由试验阶段跨入了商业运营阶段。日本于 1970 年制定了《全国新干线铁路扩建法》,确定了总长约为 6000 公里的新干线铁路建设基本计划。1971 年,东北新干线和上越新干线动工,并于1982 年通车;2011 年,偏居一角的九州新干线修建至博多,与山阳新干线连通,鹿儿岛中央至新大阪直通运转开始;2015 年,新干线将延伸至北海道的札幌。至此日本四岛被新干线全部连接到了一起(具体规划见图 3 - 6)。

图 3 - 6　日本新干线分布图

资料来源:日本国土交通部铁道局资料,http://www.mlit.go.jp/,2013 年 8 月。

目前,新干线铁路的旅客运送量达到了 70 亿人次,也就是说每年约有 2 亿人次乘坐了新干线。新干线铁路为乘客节省了时间成本,提高了舒适性,也给沿线城市带来更多的收益。以东海道新干线铁路为例,1963 ~ 1973 年,东京—大阪线路上商业旅行和商务出差的旅客增加了 260%,东京—京都线路上观光游客增加了360%。北陆新干线铁路开通后，乘坐新干线的人数也增加了25%。东海道新干线和山阳新干线每年约有乘客2亿人次。这些巨大的人流产生的餐饮、旅游、零售等每年创造约5兆日元的消费，带动了约50万人就业。

2. 新干线加速了"大东京都市圈"城市群的形成

日本是最早发展高速铁路的国家，影响站点城市的建设也比较早。由于日本是一个岛屿国，国土面积小，人口大多居住在城市，其城市大多沿海岸线呈线状连续分布，城市间距离相对较近，联系比较紧密，城市发展的同时对周边城市辐射效应较强。新干线的开通加强了东京都市区内城市间的紧密度，尤其是日本新干线（SKS）高速铁路网络完工后，配合多年公交轨道系统发展而形成的东京首都圈、东京交通圈，以及配合东京都和东京区而形成的"一核七心"东京大都市圈，见图3-6。这个都市圈包含了核心城市东京以及在新干线上环绕核心的上野、池袋、新宿、涩谷、大崎、锦丝町和林海等城市。

东京都市圈形成后，不仅方便都市圈内人们的出行，而且更重要的意义在于形成东京地区特有的城市综合体，使得人们的主要活动可以在这个城市圈内完成。都市圈内的站点城市拥有不同特色的综合公共中心：

● 东京是日本的行政和政治中心，高铁站点建成之后许多大公司云集在站区周边，东京的商务中心地位进一步加强。

● 新宿是日本铁路重要枢纽城市，到1995年站区总用地270公顷，其中商务办公用地56公顷，零售业用地83.5公顷。新宿也发展成为城市圈中最大的副中心。2007年新宿站每日使用人次高达364万，是世界上最高使用人次的铁路车站。

● 池袋以发展文化娱乐业为主，建设有宾馆、大学、会议展览大楼和东京艺术演艺大厅等大量文化设施，建筑面积达27.8万平方米，同时为方便文化交流，日本建筑大师原信义建设了乡土文化馆、千种画廊等文化建筑。池袋站2007年每日使用人次117.9万，仅次于新宿站，位居第二位。

● 涩谷主要发展综合性商业，是都市圈的文化信息中心。

● 上野建设了市民文化休闲场所，如东京美术馆、文化会馆、日本国立博物馆等。

东京大都市圈的形成能有效缓和土地、资源及人口密集与城市发展之间的矛盾，对都市圈产业合理分布、均衡发展起到一定的促进作用。

3. 新干线加速了市内交通与市外交通的匹配进度

新干线的开通导致大量的人口和企业涌入东京，这就使东京市内公共交通严重不足。东京面积不大，人口却占了日本总人口的 10%。为了市民以及外来人口出行方便，东京大力发展立体交通和公共交通，目前东京站的交通工具有 JR 线、私营铁路、长途公交、市内公交、出租车等，这些交通方式为东京人口提供了便利，其中最主要的方式是轨道交通。

东京交通便捷度高得益于四通八达的城市轨道交通网。例如地铁主要布局在中心城区，线路总里程约 300 公里，乘地铁出行人数约占利用东京都市圈轨道交通出行总人数的 1/5，而线路里程则只占据轨道交通总里程数的 1/10。除地铁以外还有由地面线和高架线组成的市郊铁路、市区横贯铁路以及环状铁路，它们才是东京都市圈轨道交通的主角。这些铁路可以在早高峰时段的 1 小时内，以二三分钟的间隔发出由 8～15 节车厢编组的列车，一条路线的单向客运能力达 5 万～10 万人/小时，类似这样的线路有 30 余条。在东京都市圈，即便是去 50 公里以外的场所，都可以按照预定的时刻到达目的地。这是因为东京的轨道交通是用严格按秒为单位制定的时刻表来运行的。

东京中心城区的地铁，原本是作为有轨电车和公共汽车的替代手段而出现的。地铁建设主要集中在 20 世纪 60～90 年代。东京轨道交通的"主角"是上述的市郊铁路，其中近八成完成于 1940 年之前，也就是说在东京中心城区扩张之前就已经建成了。但是，铁路交通并不是有了线路和车站就能够发挥功效。东京轨道交通之所以能够如此高效率运行，是过去 50 年中各方通过不懈努力对原有线路进行完善和改造建设的结果。这 50 年间，东京都市圈的市郊铁路运行里程仅增加了一成，但客运能力却比原来增长了近 3 倍。高质量的轨道交通，不是轨道交通网络简单扩张的结果，而是通车运营之后不断改良的结果。

现在从郊区到东京中心城区通勤的上班族中，约有九成利用轨道交通。即便在整个东京都市圈中，开车通勤的人也不到 30%，而且这个数值在过去 30 年间基本不变，甚至还呈现下降的趋势。像东京这样的大都市中道路没有严重拥堵的原因，正是因为完善的交通系统使市民可以根据不同目的合理选择自驾车或轨道交通出行。过去 50 年来，东京早已变成了一个"家家有私车，但不靠私车也能舒适生活的城市"。在东京，乘坐高铁的人员并没有显著的分层，各行各业、各阶层的人士选择高铁的原因主要在于其便捷度高。

4. 新干线对产业与人口的影响

（1）加快要素流动，促进沿线知识经济的发展

新干线沿线的人口增长、工商企业数量、财政收入都远远优于非新干线沿线，也超过全国平均水平（见图3-7）。新干线的运行为沿线各城市资源、技术资源、生产资源和市场间的优化组合提供便利条件，其更大意义在于加速和扩大了信息、知识和技术的传播，促进新知识的产生和互动，刺激高新技术产业的发展，从而带动地方经济发展，缩小城乡差别，将沿线各城市连接成扩张功能区或整体的经济走廊。

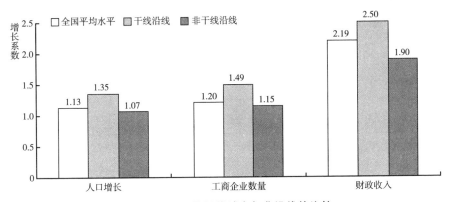

图3-7　新干线沿线城市与非沿线的比较

资料来源：Nakamura and Ueda, 1989: 95-109。

（2）促进产业结构调整和升级

新干线将京滨、中京、阪神、北九州四大工商业地带与静冈、冈山、广岛等从南关东到北九州的一连串工业地带连接起来，形成沿太平洋伸展的"太平洋工业带"。

自1955年起，日本进入经济高速增长阶段，因此奠定了现代化的工业基础，形成强调发展以重化工业为核心的工业体系，大力发展电力、钢铁、机械、造船、汽车、石油化工等工业部门。原有的工业地带因其有利的自然条件和较为雄厚的物资技术条件进一步集聚生产要素，急剧膨胀。1975年新干线从大阪进一步延伸到九州后，冈山、广岛、大分乃至福冈、熊本等沿线地带的工业布局迅速发生变化，汽车、机电、家用电器等加工产业和集成电路等尖端产业逐步取代了传统的钢铁、石化

产业。

　　新干线连接的太平洋工业带不仅是日本工业、人口和国民收入最集中的地区，同时也是世界工业生产密度最高的地区之一。如濑户内海面积与美国五大湖中最小的安大略湖相当，而其沿岸钢铁生产能力为7000万吨，等于法国和前联邦德国的总和，炼油和乙烯生产能力与英国接近。东京湾集中程度更高，其面积只相当于濑户内海的1/10，而乙烯的生产能力却几乎与濑户内海相当，东京发电能力也要比美国纽约大50%。

　　新干线对沿线旅游、文化教育等产业的发展也起到促进作用。如旅游贡献方面，东海道新干线和山阳新干线每年带动旅游人口2亿人次，产生的食宿、旅游等的消费支出约为5万亿日元。高铁对客流量的诱发率平均为25%。文化教育产业在新干线带动下发展迅速，如距东京229公里的大和市，在建成上越新干线浦佐站后，增建了美术馆、音乐厅等设施以吸引更大的客流。

表 3 - 4　山形、秋田、北陆（长野）新干线基础状况比较

项　目	山形新干线	秋田新干线	长野新干线（北陆新干线）（东京—长野）	东北新干线	
				八户	新青森
新干线启动年月	1993 年 7 月 2000 年 12 月 新庄延伸	1998 年 3 月	1998 年 10 月	2003 年 12 月	预计 2019 年
距东京距离(公里)	421	663	222	632	714
距东京最短时间	3 小时 7 分	3 小时 49 分	1 小时 19 分	2 小时 56 分	3 小时 14 分
平均速率(公里/小时)	约 140	约 170	约 170	约 220	约 220
运营次数（往返/日）	16	15	21	16	
输送能力(百人/日)	122	101	265	约 260	
滞留时间(从始发到结束)	约 9 小时	约 8 小时	约 14 小时	约 10 小时	约 9 小时

　　注：山形新干线（7 辆编成约 400 名）、秋田新干线（6 辆编成约 317 名）、长野新干线（8 辆编成约 630 名）、盛冈—八户间的数据依据东日本铁路公司（JR）的报道资料（10 辆编成约 815 名）。

　　资料来源：依据青森县、长野县、秋田县、山形县东日本铁路公司（JR）报道资料整理。

表 3 – 5 各地区高铁开通带来的地域性预想及效果

项 目	山形新干线	秋田新干线	长野新干线
观光相关领域的影响与效果	新干线在 1993 年开通,1995 年以后建设趋于平稳,且稍有下降趋势; 1993 年以后游客有 21000 人左右,处于平稳状况; 随着新干线线路延伸,策划旅游振兴项目、开发旅游线路、发掘旅游资源。	新干线沿线区域旅游资源(田泽湖、秋田市、男鹿半岛等)的观光客数量比开通前增加127%。	旅客增加 1 倍; 旅客的一日往返使住宿减少; 新干线周边旅游设施增加; 季节性集中的游客变为常年都很多; 高铁开通以前东京—松北—白马的线路是主流,开通后东京—长野—白马发展为主流旅游路线。
商业、工业功能的集聚动向	根据工业统计数据,事务所的数量在 1993 年以后有减少的倾向,产品出口额有增加的趋势; 新干线开通对商店数量和年销售额增减的直接影响较微弱; 随着新庄站线路的延伸,各新站周边都有新开发项目实施; 由于地域优势不强,商业、服务业功能方面发展较弱; 高铁站前新开发的商业集聚点吸引力较大,商业活跃。	伴随高铁的开通,高铁站周边也正在积极完善; 随着游客、商务客人的增加以及节日庆典活动,住宿设施得到增强,接纳能力得到提升(开通后同去年相比增加两成)。	大型店铺等民间投资增加; 吸引范围/商圈/营业范围扩大; 由于高铁车站上下客数量减少,站前商业街的销售额降低; 信息处理领域有正向效应; 商业集聚有明显变化,但新兴产业的兴起、产业基础发展的结果不能认为与高铁有因果关系。
高铁所带来的优势	高铁开通促进了广泛的人口交流,扩大了信息交流机会; 高铁沿线地区游客比高铁开通前增长了一成,处于较高较稳定状态; 随高铁开通,观念得以逐渐转变。	输送量增加,舒适性提高; 城市内旅客滞留时间增加; 确保客运的准时性、安全性; 促进人口交流。	输送量增加 20%,滞留时间增加 3 小时; 增加市内消费额; 企业开设、人口流量的增加,使税收得以增加; 高铁对商业销售额有贡献; 从首都圈移居的人口增加。
高铁所带来的劣势	高铁开通的劣势难以把握,但能看出交通机构分担率的变化,飞机输送量减少。	游客一日往返; 市域外资本企业撤退; 市内主要观光资源地域差; 过度依赖高铁。	原有线客流量减少; 原有线车站周边商业功能衰退; 游客住宿数量减少导致过度价格竞争,使利润减少; 有高铁地区与无高铁地区的居民分布不合理; 对高铁的依赖度没有预想高; 原有线等并行的运输机构分担合理化是当务之急。

资料来源:根据山形县、秋田县、长野县新闻资料以及调查资料整理而成。

(3)高铁的经济效益

1)直接影响(新干线事实上已成为直接效益非常高的投资项目)

目前新干线的运输量约占日本铁路运输量的 30%,而营业收入则占了 45%。两条代表性线路东海道及山阳新干线的营业收入与支出之比分别达到了 100∶42 及 100∶66，表现出较高的收益性。①

日本于 1963 年初建设的东京至大阪的东海道新干线到 1971 年已收回了全部建设投资成本，前后仅用了 8 年时间。

2）间接影响

①经济效益：1970 年，东京—大阪新干线带来的全产业增加值为 2238 亿日元，这个数字相当于当年日本国民生产总值的 0.3%，而建设新干线的总投资额为 4000 亿日元，即不到 2 年的时间"产业发展的间接效益"已超过新干线的建设投资。

②时间效益：高速的移动系统可创造大量的时间价值。根据《日本运输白皮书》的数据，至 1995 年，东京—大阪新干线创造的单纯时间效益为 1.7 兆日元。

③环境效益：新干线是一种环境负荷较小的运输工具，因其能耗、碳排量、氮排量、噪音、交通事故等较少折合成金额的效益价值，每年约为 731 亿日元，至 1995 年的累计效益金额为 17479 亿日元。②

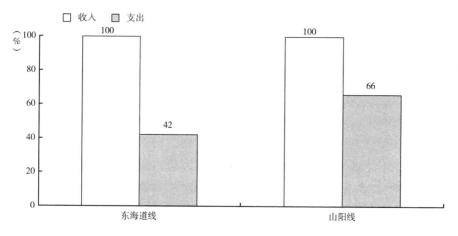

图 3 - 8　新干线运营的直接收入与支出

资料来源：下平尾勲，1980：1 - 37。

---

① 《日本高速铁路》，http：//www.peoplerail.com/rail/show - 475 - 86019 - 1.html，2010 年 3 月 13 日。

② 《日本新干线的主要技术进步和经济效益》，网易，http：//news.163.com/2004w01/ 12433/2004w01＿1074220420287.html，2004 年 1 月 16 日。

④科技效益：新干线技术是集各种技术大成的新技术集合体，其技术涉及了电源电力、材料、信息与控制、高精度土木工程、防震等众多领域，新干线的开发带动了这些学科领域的发展，使得日本的交通综合技术站在世界前列。

⑤投资效益：日本第一条东海道新干线的总投资额为 4000 亿日元，从 1964 年 10 月开通运营，1966 年开始盈利，在投入运营后的第 7 年收回了全部投资，在开通运营之后的 10 年间累计盈利共达到 6600 亿日元。①

3）新干线使以文化交流和旅游为目的流动人口有所增长

①增加了交流和旅游人口

新干线的大量修建，使日本"1 日交流可能人口比率"迅速提高，见图 3 - 9。

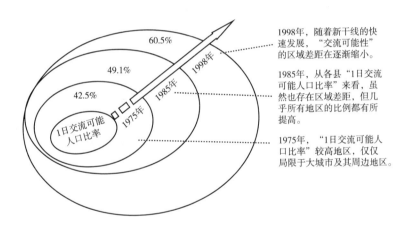

图 3 - 9 一日交通圈的人口比率的变化

资料来源：日本国土交通省，2002。

新干线为日本民众出行带来了便利条件，刺激了旅游市场的快速增长。以东海道、山阳新干线沿线的冈山县与长野新干线沿线的轻井泽市为例，将两条新干线通车前后到该地旅游人数分别做一比较，就会发现新干线开通所产生的旅游市场增长。

山阳线于 1992 年通车之后，东海道、山阳线所经过的冈山站的来访

---

① 《日本新干线对于日本经济的推动作用》，网易，http://news.jn.fang.com/2011 - 06 - 16/5237367_ all.html，2011 年 6 月 16 日。

的观光总人数每年呈现1%左右的持平正增长。配合长野冬季奥运会所兴建的长野新干线于1997年全线通车之后，增加了轻井泽站的观光客流，光是通车后第一年的观光客流就比前一年大幅增加了50%，达到480万人左右，以后几年呈持续增长趋势。

依据日本观光局1987年5月针对东北新干线通车前后观光人数的调查，新干线开通后前往东北六县观光旅游的人数较开通前明显增加，尤其以岩手县、秋田县、宫城县、山形县四县的观光人数增加幅度最为明显。该报告指出，新干线的快捷与便利性提高了民众前往旅游观光的意愿，再加上东北六县本身的观光资源相当丰富，东北新干线、北陆新干线、山形新干线、秋田新干线等主要干线将东北六县的交通路网完整地连接起来，使得当地的交通业便利，使该地成为旅游热点，带来了广大商机，促进了旅游市场的快速发展（汪舟、汪明林，2013）。

②带动沿线旅游资源的开发，加速了旅游产业转型升级

新干线途经许多旅游胜地，此前由于交通建设不甚完备，这些旅游胜地缺乏发展动力，而当地居民多以经营旅游为生。随着新干线的开通，有多条路线途经以往高速交通建设较不完备之地。伴随着旅游客流所产生的消费支出增加，当地的旅游经济发生显著的变化。无论是饮食费用、住宿费用，还是交通费用、纪念品消费，都比以往大幅增加，给观光地区的商家、旅馆、风景游乐区带来大量商机，使得旅游业得到振兴。根据日本运输经济研究中心的调查，有许多大型游乐观光区的开发选址在新干线沿线的都市，这对于旅游经济发展功不可没。

与此同时，新干线的运输量大且快捷便利，因此带来了大量的人流、物流和信息流，吸引了许多产业活动在沿线集聚，进而产生集聚效应。被新干线串联起来的城市和商业中心形成了一个似珍珠项链般的"功能区"，被称为"高铁廊道"。高铁休闲圈和旅游圈围绕高铁走廊形成，并为沿线旅游经济注入新的活力，促进了旅游产业的升级转型。例如，由于新干线的开通，居住在东海道线沿线的居民利用新干线作为日常休闲出行和旅行的交通工具，使得在东京到大阪之间形成了高铁休闲圈和旅游圈，其范围不断拓展，缩小了沿线区域旅游经济的发展差距，加速了旅游产业的转型升级。

5. 小结

东京通往山形、秋田、长野的3条新干线开通对这些地方的影响如表3-6所示。

表 3-6　新干线开通对地方的影响

	线路	山形新干线	秋田新干线	长野新干线
基本情况	起止点	东京—山形—新庄	东京—秋田	东京—长野
	开始运行时间	1993 年开始，2010 年延伸到新庄	1998 年	1998 年
	运行距离（公里）	421	663	222
	平均速度（公里/小时）	约 140	约 170	约 170
	到东京的时间	3 小时 7 分	3 小时 49 分	1 小时 19 分
主要影响	运送能力（百人/日）	122	101	265
	观光方面的影响	山形市周边山村地区到 1998 年观光效果突出，但随后米泽地区却稍微有所减少。观光人口 2 万人左右，新干线的效果不明显。	新干线沿线观光旅游人数增加了 127%，对沿线观光资源的影响很大，但对于较远地区的影响较小。	观光人数增加了 100%，集会的次数增加了，参加集会的当地民众增加了 3 倍。观光者一日游人数的增加超过了一周游。观光设施的开发得到重视，尤其是对于温泉的开发。
	工商业集结功能	工厂在减少，但是每年的生产总额在增加，而每年的商业零售额没有因为新干线而增加。市内出现了受到新干线影响地区和没有受到新干线影响地区的差别。	加大了新干线周边建设旅馆、饮食业的力度，比开通前增加了两成。	大型店铺民间投资增大，是开通前的 9 倍。营业商圈扩大。邻近新干线地区的企业增加。车站地区实现了再开发。
	市民生活的影响	和首都圈的时间距离缩短了，同市外的市民交流机会增加，市民对公益设施的利用增加。	新干线建设缓解了市民换乘的不便。离首都很远的印象渐渐模糊了。市民出行便利性提高。	原产地的产品实现了商品化，提高了附加值。不仅如此，由于乡村料理、土特产的人气增加，长野的形象分值得到进一步提升。
	交通的影响	新干线开通后，离新干线近的机场飞往首都的短途飞机航班减少，距离较远的机场航班增加。随着新干线的开通，通往市内的公共车、出租车以及汽车租赁等设施建设加强。	开通后，选择铁路出行的旅客达到了 60%。	接续班次在增加。观光地的公交车以及市内的公交车班次增加。租车业务增加。车站停车场利用者增加。新干线与一般火车、国道以及高速路并行，减少了国道的通行压力。
	地区的变化动向	开通前后总人口变化很小；制造业的选址购地倾向在减少，但是零售业的销售额在增加。	新干线开通前后，秋田市人口渐渐增加。开通前制造业有减少的趋势，开通后制造业的选址购地增加了 10% 左右。零售业增加了 5% 左右。	新干线的开通对人口、企业选址购地以及销售额都有一定的影响。

资料来源：根据山形县、秋田县、长野县新闻资料以及调查资料整理而成。

四 西方高铁网络背景下流动人口管理实践

（一）组织机构的建立

为协调多种交通衔接，国外大城市的许多交通联合会相继成立，如旧金山的都市交通委员会、伦敦的公交执行委员会、巴黎的佳通联合会等，这些机构主要是把不同的客运公司组织起来，协调运营线路，形成交通网络，在大城市内部将多种交通方式（如地铁、公交、电车等）联网，构成地面、地上、地下多层次的交通衔接体系，使各公交线路交会于同一个换乘枢纽。

（二）高铁运行组织模式

1. 德国

德国既有铁路与客运专线技术参数相差不大，因此德国可以采用分时段客货混跑的运输组织模式。主要表现为：白天不同时速客运列车混行，夜晚 120～160 公里/小时的货运列车混行。德国高速铁路网的建设，既包括新建高速铁路，也包括既有线的改造。这种特殊的组织、发展模式，决定了德国高速列车特殊的开行特点。

德国客流较为分散，所以一站直达列车比例不高，大部分列车均需在中途站停靠，运距在 200 公里以内才酌情开行一站直达列车，其停站模式很有规律。总体来说，分为三类：包含/重叠型（列车起讫点不同，但中途停站重叠）、交错/互补型（不同运行区段列车停站交错或互补）、短途直达模式（有较多的一站直达列车）。

另外德国 ICE 的起讫点较少，主要选在人口众多、政治经济繁荣的大城市，如慕尼黑、科隆、法兰克福等。ICE 节拍式开行[1]，根据一天内区段密度变化情况设置开行节律，并有阶段式开行方案与之匹配。其良好的开行方案决定了良好的列车接续性和旅客换乘条件。

---

① 节拍式列车开行方式是以全天的运行时间为基础，采取一定时间为固定时间间隔，或者根据客流波动情况将全天分为若干时段，并以时段为基础在每个时段内分别采取固定的时间间隔，按照一定的节拍程度有规律地开行具有相同的运行径路、停站数量及列车等级等属性的列车的一种方式。节拍式列车开行方式以其优化运输组织、方便旅客出行等优点为许多国家所采用。

2. 法国

法国高速铁路实行的是"全高速—下线"的运输组织模式。高速线只运行高速列车，其他列车转移到既有线运行，这不仅保证了列车运行速度，也拓展了服务范围。在制定列车开行方案时，法国高铁充分体现了"按流开车"的原则，客流需求的动态信息是决定列车编组、发车数量的重要依据，根据客流制定高密度、小编组的开行方案是法国高铁的显著特点。与德国相同，法国的客流也较为分散，TGV 的起讫点多为人口众多、经济文化繁荣的大城市，一站直达列车比例很小，取而代之的是多样的换乘组合和较优的停站方案，并保证较高的准时率以满足旅客的运输需求。另外，TGV 几乎都下线运行。据统计，下线运行的高速列车占总量的 80% 左右。

3. 日本

日本新干线的运输组织为"全高速—换乘"模式，无跨线列车运行，跨线客流采用换乘方式运输。为满足不同层次的客流需求，日本新干线开行列车呈现出多样化的特点。以东海道新干线为例，开行了三种旅客列车：希望号、光号、回声号。希望号为特快列车，一般只在大站停车，在东海道新干线内最多只停东京、品川、新横滨、名古屋、京都及新大阪 6个车站；光号为快速列车，一般在大站、重要车站停，比希望号停站稍多；回声号为站站停列车。

（三）高铁站点流动人口的交通疏散

高铁带来的巨大人口流量需要城市有相应的疏散能力，高铁与其他交通工具的有效接驳是疏散能力的重中之重。这是因为国外许多高铁枢纽是在原有铁路客运站基础上改建而成的，在铁路枢纽地区变成城市中心区或次中心区之后，其周边地区的开发价值快速提升。因此，由铁路站房升级改造带来的枢纽地区开发都以高强度的方式进行。而通过建设轨道交通来实现枢纽地区交通的快速集散，就成为站区高强度开发的重要保证。为此，国外许多高铁站点采取一系列措施接应巨大人口流量，如法国里昂拉帕迪高铁站周围交通设置便利，公共交通网络发达，设置包括地铁 B 线、有轨电车、罗纳快车（Rhône Express）——连接机场班车、11 条公共汽车线路、自行车租赁站点、出租车站点和超过 8000 个停车位。

1. 高铁站点疏散人群的交通综合网络

纽约大中央火车站（Grand Central Terminal）是美国最著名、最繁忙的大型铁路车站之一，车站内有五条大都市北方（Mctro North）铁路线、十条公共汽车线以及纽约地铁 7 号线、地铁莱辛顿大道线（4 号线、5 号线、6 号线）和短途列车 S 线（Shuttle），是集长途列车、市郊列车、地铁和公交汽车等多种交通方式于一体的大型综合换乘枢纽。大中央火车站客运量很大，每天到站和离站的列车有 500 多个班次，每天车站内的通勤者达到 12.5 万人次。

新宿车站是日本最繁忙的火车站，是连接东京市中心与西部郊区的重要枢纽，其位于地上和地下的站台和轨道数总共为 21 台 30 线，包括 JR 山手线、中央线、总武线、崎京线和都营地铁新宿线、大江户线以及私营铁路公司的小田急线、京王线和西武新宿线等，2007 年平均每日有 364 万人次使用，是日本乃至世界上每日客流量最大的车站。位于日本东京都千代田区的东京站，不但是日本多条铁道路线的起点站，也是东京主要的大型车站之一。目前，东京站日均到发列车 3764 列（其中高速列车 778 列），日均乘降 200 万人次。

2. 高铁站点疏散人群的合理建筑设计

东京火车站位于东京城市中心，为中心枢纽站，但人们在火车站内并不会感到拥挤。火车站设有丸之内口、八重洲口、日本桥口等多个站场出入口，通往火车站周边的各个街区；建筑采用英国维多利亚建筑风格，从北到南长达 335 米，总建筑面积约 22 万平方米，圆形的进站大厅有多个方向的轨道线换乘入口，通过明确的指示牌将人流迅速从多个入口疏散。而轨道线之间的换乘大多在枢纽站内就可完成，不会影响地面交通。随着列车班次增多、人流增加，车站在空间利用上也逐步向地下、高架的"立体化"方式发展。

（四）高铁站外站内基础设施的建设

高铁站点不仅带动了城市第三产业的发展，也会带来大量人流，导致城市交通拥挤，因此化解基础设施难以应对流动人口服务需求的难题才是高铁建设的良性发展之道。

1. 高铁站外基础设施

以法国里昂的拉帕迪高铁站点为例，在高铁通车后，拉帕迪区域成为新的居民点中心，为了应对大量人流，站区对基础设施做了以下改善：招商到上百家名牌餐馆，提供传统饮食；提供各种不同档次的旅馆，共设有 2000 个 1 至 4 星级的房间；此外，文化和娱乐设施包括：里昂中心多媒体馆、大厨 Paul Bocuse 大楼、音乐厅、多功能厅、电影院，体育设施如私人或公共游泳池、健身馆、运动厅等（见图 3－10）。

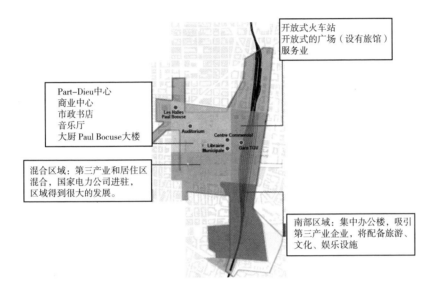

图 3－10　里昂拉帕迪车站设施

资料来源：http：//www.losc.fv。

2. 高铁站内基础设施

日本高铁站内通常紧密设置商业服务设施。以东北新干线沿线的 18 个车站为例，其中 7 个车站周边有大型商业中心和其他相关商业设施，3 个车站周边还有大型酒店和会议中心（Okada，1994）。京都火车站是拥有 1800 万人口的京阪神地区（京都、大阪、神户）的客流中心。京都每年接待 4000 万游客，到 20 世纪 80 年代，京都车站面积和功能已经难以应对巨大的人流与新需求，重新设计及招标建设从 1990 年开始实施，1997 年基本完成。新建的京都车站占地 38076 平方米，总建筑面积 237689 平方米，地下 3 层，地上配备饭店部分 16 层，百货商店部分 12 层，塔屋 1 层，高达 60 米。车站实际被规划成一个综合建筑体，包括酒店、购物中心、咖啡馆、餐厅、电影院、博物馆、展览厅、地区政府办事处、停车场等。

此外，日本、法国等国的高铁站都非常重视客运站地下空间的综合利用，值得借鉴的经验有：①自然采光，增加地下空间的通透性，同时注重自然换气以增加空气新鲜度，让旅客在客运站内能舒适地停留；②在公共地下空间、沿街建筑物和广场等地采用立体化的连接设计；③形成综合商业服务网络，多条地铁线的多个站点通过地下步行通道网实现互相连通，形成丰富的地下商业空间，可以满足购物、住宿、餐饮、娱乐等需求，提高旅客的旅行质量。

（五）高铁补贴和定价

如果高铁票价形式单一、不能灵活反映客运市场的变化，就会使铁路运输企业在竞争中处于不利的地位，同时也不能促使乘客流量均匀分布。国外的定价机制基本以市场供求为依据，评价构成也参考多种元素呈现结构多元化的模式，并提供各种折扣优惠政策。此外，各国依据高峰期与非高峰期时段调整票价，对于疏散客流非常有效。国外高铁通勤比例也较高，这是由于企业会给予雇员交通补贴，例如法国企业会给予乘坐高铁上下班的员工50%的高铁票价补贴。

表 3 - 7　国外高铁票价机制比较

	法国	德国	日本
定价机制	国家制定基本价格，也包括对铁路票价的变更和一些特殊价格的制定。政府订出的基本价格每年根据价格指数的变化进行相应的调整。	尽管定价以市场需求为导向，根据不同的旅客群、不同的时间和地点对同一产品采取不同的销售价格，但高铁价格仍基本受国家调控。如德国法律规定了票价上调的最高幅度：二等车厢标准价格上限为119欧元，一等车厢标准价格上限为185欧元。	完全私有化的铁路运营一般不提供票价折扣，票价折扣也仅限于为一些特殊人群（如残疾人、低收入人群、军人等）提供的5种有限期地区优惠交通卡，偶尔也会根据客运繁忙程度制定相应的减价措施，但是一般减价幅度很小，仅为1%左右。
定价模式	设置商业优惠价格和社会公益价格。社会公益价格主要指针对学生、残疾人、军人、多成员家庭等，对其出行所给予的一定交通补贴。例如对军人的优惠是：自付25%，铁路部门负担25%，国家补助50%。	建立"ICE票价系统控制模型"，其实就是对不同车次、不同等级的票价在一周内的各个时段进行不同程度的调价，以便对高峰和非高峰时段的列车上座率进行控制和调整。	根据市场的变化、旅客收入水平和其他竞争方式的票价变化来进行票价调整。票价调整频率较高，也与平均工资持衡。虽然票价越来越高，但是票价与平均日工资的比值一直维持在1.1左右。

续表

	法国	德国	日本
营销策略	政府允许铁路公司针对不同客流制定票价,如发行各种优惠、折扣顾客卡,包括老年卡(60 周岁以上)、青年卡(26 周岁以下)、儿童陪伴卡、家庭卡等,还经常在网络订票系统上推出一些针对提前订票的优惠,甚至推出"廉价高铁"——每年向乘客提供 100 万张低于 25 欧元的车票。	铁路公司施行的客票主要包括特价火车票、联邦周通票、周末票、德国通票、周票、月票、年票、城市游览特价票、团体票、国际列车优惠票等,并设置 4 至 5 级票价;同行人数多少会影响优惠幅度高低;鼓励短距离出行,旅行距离小于 250 公里时,旅客可以享受 19 欧元的优惠票价。	铁道集团销售的"日本铁路周游券"是专为赴日观光的游客准备的优惠票,可以毫无限制地乘坐与日本铁道集团有关的新干线、巴士和轮渡等交通工具。
票价构成	TGV 的票价由基本票价和加价部分组成。基本票价根据基本票价率和运输里程计算得到,而且基本票价部分会随着物价指数的变化做出相应的调整;加价部分是根据运行时间、服务质量、旅客流量、竞争价格(如航空、公路的价格)、沿线客流情况等因素确定的。	票价结合各种高速列车的运营特点,综合考虑旅行时间缩短程度、舒适度和其他运输方式的竞争等多种因素后确定。一般来说,一等车票价为二等车的 1.5 到 1.6 倍,并会不定期根据相关单位、媒体、乘客的意见和建议进行修改。	新干线旅客票价包括基本票价和加价。基本票价是日本既有铁路按运营里程计算的普通旅客票价;加价部分也是按照运营里程计算的,涉及新干线缩短的旅行时间以及服务质量的提高程度等因素,包括新干线附加费、订位费以及绿色车厢费(头等舱附加费)等费用。

资料来源:《国外高铁票价机制带给中国的启示》,《中国财经报》,http://www.cfen.com.cn/web/meyw/2013 -1/15/content_ 959616. htm,2013 年 1 月 15 日。

(六) 高铁信息化、智能化

国外高速铁路发展主要以德国、法国、日本经验为代表,这些国家在高速铁路信息化建设方面也走在世界前列。特别具有代表性的高速铁路信息系统有德国 ICE 信息系统、法国 TGV 综合调度系统和日本的 COSMOS 系统。

1. 德国 ICE 信息系统

德国 ICE,意为城际高速列车。德国政府从 20 世纪 70 年代到 1990 年,共花费了 4.5 亿德国马克(约 2.25 亿欧元)用于研究高铁技术。在整个 ICE 路网中,列车只可以在汉诺威至维尔茨堡线、曼海姆至斯图加特线这两段高速路线上达到 300 公里的最高营运时速;此外,5 段时速为 250 公里,其余大多数路段时速为 200 公里。德国是高铁出口大国,ICE 系列和其改型列车出口世界多国。除此之外,德国"整体高铁"也大量走出国门,瑞士、奥地利、荷兰、西班牙、俄罗斯等国在购买德国高铁列车的同时也与德国合作建设高铁线路。德国开通了多条"欧洲跨境高铁线路"。在德国乘坐高铁，可以通往伦敦、布鲁塞尔、阿姆斯特丹、法兰克福、苏黎世和维也纳等地。

德国高铁技术席卷欧洲时，其研发的高铁系统也在欧洲得到认可，目前欧洲主要国家铁路都已承诺采用欧洲铁路运输管理系统（ERTMS），它的功能包括：运营指令控制，确保列车在路网中的安全运营；运输管理控制，处理车辆和基础设施管理问题，保证对线路能力和车辆应用的优化配置。已确认的 ERTMS 应用范围主要包括：调度员与司机间的运营通信、自动列车控制、调车作业、远程遥控、紧急情况区域广播、车站和维修段的地区通信、旅客服务等。

德国铁路公司的售票系统是 KURS'90（"90 年代旅行、信息和客票预定、售票系统"）。该信息系统的特点是既面向管理者，又面向对旅客，是集营运管理和咨询、服务于一体的综合信息系统。德国高速铁路售票方式有多种，如车站窗口、自动售票机、售票网站等，旅客可最早提前两个月在任何一个自动售票机或售票窗口购买任何两个车站间的单程票、往返票和联程票。网络售票极为普遍，售票网站不仅提供时间、车次、站台号等主要信息，还增加了是否可以托运自行车、某节车厢设有残疾人厕所等细节供旅客参考，以便旅客选择合适的列车。

2. 法国 TGV 及其信息化

法国高铁线路总长度约为 2037 公里，值得注意的是法国国内各主要线路已经全部使用高铁列车。法国高速列车拥有量目前居欧洲第一、世界第二，由法国国家铁路公司直接掌握的高速列车数量达到近 500 节。TGV 综合调度系统就以对庞大规模的高铁进行整合调度为核心，依靠高铁与地面之间可靠的通信将列车、沿线设备和控制中心连接起来。车载设备包括 TVM300 或 TVM430 机车信号、故障监测和诊断装置、车载局域网等。沿线分布了接触网和针对风、雨、雪、桥隧落物等灾害事件的应急监测设备；控制中心主要包括行车调度、电力调度和中央维护监督三部分，通过网络传递信息。

目前，欧洲铁路研发使用的欧洲铁路运输管理系统，包括 ETCS（欧洲列车控制系统）、GSM-R（铁路专用全球移动通信系统）和 ETMS（欧洲运输管理系统）三个子系统。总体来说，ERTMS 系统有确保列车的运营安全和优化配置线路车辆两个主要功能。

3. 日本新干线及其信息化

日本国内新干线总里程已超过 2600 公里，其优势在于核心技术的独立性和完整系统性。从车轮、轨道、牵引电动机到电子模块芯片，日本很早就具备了与高铁相关的成套技术及独立生产能力。由于各项技术实现无缝连接，且有长期而扎实的应用经验，新干线被认为在安全性和稳定性上力拔头筹，过去 50 年无重大人身伤亡事故也被认为是新干线可靠性的有力佐证。系统 COMTRAC 以及 1995 年 11 月后陆续投入使用、历时五年研制成功的 COSMOS（COmputerized Safety Maintenance and Operation System of Sinkansen）系统是新干线安全的重要保证，包括运行图生成与变更、车辆与乘务员调度、列车运行控制、列车运行监视、旅客信息等运营管理功能，以及电力调度、车辆运用管理、接触网、线路状态检查、灾害（地震、风、冰、雨、雪、滑坡）监测等安全功能，将几乎所有与铁路运营有关的子系统都挂接在中央局域网上，使开放运营的铁路系统通过信息传输形成相对的闭环系统。这是现代控制技术与计算机技术、网络技术的有机结合，同时能进行列车运行自动预测和列车运行调整自动提案。如采用在铁路沿线和海岸线上设置风速和地震测试仪的措施，一旦有台风或地震灾情发生，可以及时发出减灾报警，迅速切断新干线的电网供电，迫使列车停止运行。正是由于采用新技术，新干线实现了大密度、大运量、高准确性的安全运行。目前 COSMOS 由以下八个子系统组成：①运输计划子系统；②运行管理子系统；③养护作业管理子系统；④动车组基地内作业管理子系统；⑤动车组管理子系统；⑥设备管理子系统；⑦信号通信设备及环境状态集中监控子系统；⑧电力系统控制子系统。

日本的客票系统也实现了信息化，新干线通过全日本铁路客票系统 MARS 501 进行售票，该系统自初代版本 MARS 1 于 1961 年诞生以来，为应对社会环境的变化和客运公司经营环境的变化，共经历了 8 次升级换代，提高了系统的处理能力，并能满足多样化的应用需求。在 JR 集团铁路客票发售过程中，除了短程车票用自动售票机发售外，其他的所有车票均可由 MARS 发售，该系统日均发售 160 万张车票，金额高达 70 亿日元。1980 年国铁的 MARS 系统与交通公司、日本旅行社等的售票系统实现联机，其终端机除了出售铁路客票外，还能预订旅馆、汽车票和轮船票，进一步实现售票窗口的综合化。此外，系统还可以向旅客提供文娱活动、旅店、宾馆等多种信息。MARS 系统在 JR 车站和全国各地旅行社设置售票窗口 8000 多个，可以销售普通票、定期票、团体票、特快票、加快票、卧铺票、指定座席票、折扣票、周游票、入场券、旅馆住宿券、飞机票、游览券和交通住宿联合票等。

日本国铁新干线车站也都装设客运服务信息系统，在车站设立的信息中心（PIC）接收新干线行车指挥自动化系统中的全部列车运行图基本信息，如列车车次、车种、发车时刻、中途停车以及列车出发或到达信息等。PIC 还能接收列车在站内活动的信息，追踪站内列车动态。PIC 可控制设在站台、检票口、广厅的发车预告牌和设在出站口的到达预告牌，也可控制播音设备，以此引导旅客乘降和换乘，同时通过车站的自动广播和控制发车指示牌等向旅客传送列车运行信息及晚点信息。

日本铁路技术研究所研制的新一代铁路智能运输系统 Cyber Rail（数字铁路系统）主要服务于旅客，通过强大的信息提供和分析决策功能实现铁路与其他运输方式无缝衔接，主要包括用户导航及多式联运信息提供、运输规划和调整、智能列车控制、铁路信息发布及交换四个部分。

五　本章小结

世界上已经有中国、西班牙、日本、德国、法国、瑞典、英国、意大利、俄罗斯、土耳其、韩国、比利时、荷兰、瑞士等 16 个国家和地区建成、运营高速铁路。本章在对各国特点各异的高铁运营进程做出简介的基础上，分别针对各国的高铁发展引发流动人口规模增加、对流动人口就业的影响及对城市空间人口流动分布的影响进行概述。可以看出，我国高铁不同于国外高铁，国外高铁基本都是在人均 GDP 很高、城市化达到某种水平时才出现，而我国恰恰相反。此外，我们也可以借鉴国外在整体城市功能布局方面的经验，法国里昂的成功案例启示我们，高铁站点的选址和建设需与城市的发展需求相契合，同时高铁也需要同其他交通网络相联系。不管高铁的速度有多快，其优势的发挥都离不开进入高铁网络的容易度。德国柏林的成功案例显示，铁路建设不能背离城市化和交通一体化的趋势，市中心铁路客运站的区位优势不应轻易放弃，大型化、综合化和立体化是根本出路，良好的功能分工和高度的交通可达性显著地降低了交通堵塞和过度集聚的风险。本章从组织机构的建立、流动人口的交通疏散、基础设施的建设、高铁定价和补贴、高铁信息化等方面入手，总结了西方高铁网络背景下流动人口社会管理的实践经验与现有成果，期望能为我国类似问题的应对提供一定的借鉴与参照。

第四章 我国大城市高铁枢纽站区"空间极化"及社会分层微观解析

——以上海虹桥站区域为例

一 空间极化及社会分层

极化，可以简单地理解为事物趋向极端的发展变化，可能是向高端发展变化或者向低端发展变化；也可能是事物在发展变化过程中发生分化，一部分向高端发展，一部分向低端发展，而处于中间层次的部分减少，出现两极分化。关于极化的含义，国外学者最先给出了解释，伊斯特班等人认为极化是区域经济发展呈现一种"中间阶层消失"或者"向两极周围聚集"的现象（Esteban & Ray，1994）。国内学者吕拉昌（2000）认为极化是指由于支柱产业迅速增长，引起其他活动都集中于这一产业的过程；也指经济活动在某一地理位置集中的同时，资源、技术、信息资金、配套产业也被吸引到这里而形成的产业集中和地理集中的过程。杨上广和丁金宏（2004a）将极化定义为事件或事物沿着某一方向持续发展并达到顶峰，它既表示事件或事物的动态过程，也表示其发展结果。如果事物在发展变化过程中出现极化，则会出现一些特点：不同极化层的成员趋异显著，同一层内部成员趋同显著。

极化的基本特征和过程在空间上具有全面的表现。空间极化指在一定空间范围内的区域发展不均衡，处于不同极化层的区域发展差异越来越大，而处于同一极化层的区域发展差异越来越小。空间极化是各种事物和要素在空间上的集聚，包括区域经济极化和社会极化，或者说空间极化是社会经济极化在地理空间上的投影。

20世纪50年代初法国经济学家F.佩罗克斯（Francois Perroux）提出

"增长极"（growth pole）的概念，最初被用于纯粹的产业领域，与地域没有关系（Francois，1955）。后来，瑞典经济学家缪尔达尔（G. Myrdal）从地区经济意义角度深化了增长极理论，提出了"循环因果累积理论"，他认为经济发展过程在空间上并不是同时产生和均匀扩散的，而是从一些条件较好的区域开始，一旦这些区域由于初始优势而比其他区域超前发展就会成为发达地区。他认为发达地区会产生两种效应，一种是发达地区对周围地区的阻碍作用和不利影响的回流效应，另一种是发达地区对周围地区经济发展的推动作用和有利影响的扩散效应（Myrdal，1957）。20 世纪60 年代，法国经济学家布代维尔（J. R. Boundville）系统地从空间角度阐述了增长极的概念，从理论角度将增长极概念从经济空间推广到地理空间。1966 年布代维尔在《区域经济规划问题》一书中指出，增长极的空间不仅包括经济变量之间的结构关系，也涵盖经济现象的地域结构或区域关系（Boudville，1966）。

国外学者在空间极化的理论研究上进展突出，特别是建立了多种极化测定的数学模型，为测量区域极化程度提供了理论基础。在实证方面，既有以美国、英国等发达国家为主要对象的研究，也有对中国等发展中国家的研究，但是对其他发展中国家很少涉及。美国经济发达，国内社会极化、社会隔离、种族歧视等社会问题也较突出，因此对美国的极化问题研究较早、较多。对欧洲的德国、英国、法国、俄罗斯等国家的极化研究也很多。研究者通常采用收入、消费支出等指标对城市与区域的极化进行深入研究。对发达国家极化的研究内容以社会极化为主，包括社会冲突、社会极化的后果等（赵映慧等，2010）。

改革开放后，特别是在全球化影响下，中国的极化问题越来越受到国内外学者的关注，他们基于收入、消费支出等指标利用极化指数模型对中国的区域极化进行研究，沿海与内陆、城镇与乡村、大城市与中小城市之间的差异与极化是研究的重点。顾朝林等学者较早开展对空间极化问题的研究，1997 年他们研究了北京市内部的社会空间极化与空间分异现象（顾朝林、克斯特洛德，1997）。随后，众多学者都主要采用一些数学模型对不同尺度区域的空间极化进行了定量研究。对城市的极化研究包括城市内部社会极化、空间重构与分异、开发区的极化效应等，如针对佛山市、上海市、西安市等地的研究（李凡，2004；杨上广、丁金宏，2004a；杨上广、丁金宏，2004b；王慧，2006）。

综合来看，国内学者对社会极化的研究其实很不足，研究较多的是区域经济极化，而且采用的指标多是人均地区生产总值，很少直接研究教育、文化、就业、住房、公共交通、医疗卫生、社会保险、社区养老等的极化问题。

社会学家则较关注社会分层、空间分异等问题。改革开放以来，伴随着工业化、现代化的快速发展，城市化作为改革开放的表现之一也快速扩展。城市化快速推进的过程不仅表现为城市规模的扩张（如通常所谓变大、变宽、变美），同时也是利益重构和社会阶层分化的过程。正如亨利·列斐伏尔（Henri Lefebvre）所说："空间是一种社会关系吗？当然是，不过它内含于财产关系（特别是土地拥有）之中，也关联于形塑这块土地的生产力。空间里弥漫着社会关系；它不仅被社会关系支持，也生产社会关系和被社会关系所生产。"（包亚明，2003）在我国社会转型时期，新一轮的城市化浪潮带来的空间重组背后是巨额的利益再分配，这个过程对城市社会阶层的分化和收入差距影响很大（邹小华，2007）。城市住房制度改革以后，学者们对体现在城市居住空间结构分异上的结果也较为关注，北京、上海、天津、西安等城市都出现了居住空间分异现象（孙斌栋、吴雅菲，2008），农民工居住分布区域差异明显（刘志平、张萌，2013）。此外，社会贫富差距加大，社会分层和消费分层出现，随之而来的是消费分层体系逐渐形成，由此导致城市商业空间出现了明显的分化趋势（管驰明、崔功豪，2006）。阶层之间的分异已经形成，并且正得到不断强化。这一特性在城市空间布局上的重要体现是城市贫富空间的分化及固化；同时，阶层间的流动变得困难，可能会带来严重的社会问题（周政旭，2009）。

然而，由交通带来的城市内部空间结构分化研究在我国却并未广泛展开。比如高铁通车后，学者们主要论证的是高铁带来的时空压缩给沿线城市造成的经济和产业极化现象（赵丹丹，2011），也有学者关注到高铁消费隐含的社会群体间差异（张杨波，2011）。但是进一步的问题还包括：高铁消费群体与其他社会群体间的差异会对开通高铁的城市造成什么影响？城市的规划和管理者为了利用高铁带来的时空便利，充满憧憬地规划了大体量的高铁站点区域建筑，这会对城市内部的空间结构演化带来什么影响？会产生城市内部的极化并加剧社会分层吗？如果因为交通带来城市内部生产、消费、居住空间的贫富极化，城市中会产生什么社会问题？这些问题都值得研究。

由于国内很多城市都为高铁新修建了专门的站点并做了专门的规划，

因此本章研究的空间极化问题主要集中在开通高铁的城市系统内部,将讨论高铁站点区域周边的社会经济极化问题及其带来的后果。在此仅以上海虹桥枢纽站为例进行论述。

二 上海虹桥商务区的规划

上海市依托虹桥枢纽便捷的交通运输和换乘优势,重点建设和发展了虹桥商务区。虹桥商务区位于上海中心城区西侧,紧邻江、浙、皖三省,地处长三角地区交通网络中心,是长三角城市群的核心;总占地面积86.6平方公里,涉及闵行、长宁、青浦、嘉定四个区,其中主功能区面积27平方公里;目前重点开发的为核心区4.7平方公里,包括1平方公里的国家会展中心项目;核心区开发规模约为地上500万平方米,地下280万平方米(上海虹桥商务区管理委员会,2013)。到2010年底,虹桥商务区内常住人口约为45万人。

虹桥商务区是上海"十二五"期间的重点发展区域,其开发建设是市委市政府立足全局、着眼长远的重大战略决策,目标是将其建设成为世界著名的商务区。它在等级上将与以陆家嘴为核心的东部中心并列,形成上海大虹桥和大浦东东西联动、两翼齐飞的战略格局。它将成为上海国际贸易中心的主要载体之一、上海现代服务的新亮点、上海总部经济的新载体、上海服务全国的新区域、上海经济发展中心的新引擎。到2020年,依托虹桥综合交通枢纽,虹桥商务区将建成上海现代服务业的集聚区,上海国际贸易中心建设的新平台,国内外企业总部和贸易机构的汇集地,服务长三角、服务长江流域、服务全国的高端商务中心,基于新一代信息技术的智慧虹桥,具有示范作用的低碳商务区。虹桥商务区也是世界商务区联盟的会员,国家财政部和商务部已明确将虹桥商务区确定为现代服务业综合试点区,市政府也已设立专项资金支持总部经济现代服务业等产业发展。

虹桥商务区提出要建"4.0版"的商务区。可以说,1970年以前的纽约和芝加哥是"1.0版",只有单一办公功能;"2.0版"以陆家嘴为代表,办公结合了交通设施;"3.0版"的代表是东京六本木,升级为复合的功能和均衡的环境,商务区内除了办公,也有了居住、绿地等;而虹桥的"4.0版"则要打造为复合式功能、绿化环境、立体交通和设施智能的"交响乐"式的商务区。

虹桥商务区的建设有六大理念：

（1）枢纽虹桥——虹桥综合交通枢纽涵盖了除水运之外的所有八种交通方式，设计日客流集散量可达 110 万～140 万人次，实现每年超过 4 亿人次集散。

（2）贸易虹桥——依托国家会展项目建设和高端会议展览业的现有发展成果，以发展国际贸易业务为核心，通过汇集高端贸易人才和关键要素资源，促进上海国际贸易中心平台建设，通过吸引国内外企业总部和贸易机构落户推进投资贸易便利化。

（3）智慧虹桥——根据未来智慧城市发展趋势，把物联网、云计算等最先进的信息技术应用于商务区的规划设计、基础设施建设、社区管理、企业运营、政府服务、生活配套等领域，努力打造数字化、网络化、智能化的智慧城市示范区。

（4）低碳虹桥——支持绿色建筑、绿色能源、绿色照明、绿色交通等低碳发展领域，打造能源节约型低碳实践区。区域集中供冷供热项目，一次能源利用效率可达 80%。核心区所有建筑达到国家绿色建筑标准，超过 50% 建筑达二星级以上标准，地标建筑达三星级标准，且采暖、通风、空气调节和照明总能耗减少 65%。

（5）商务社区——在商务区中借鉴社区的空间和人文的组织形式，突出宜人尺度，强化功能混合，增加交往空间，使企业与企业之间、人与企业之间、人与人之间、人与自然之间保持和谐友好，使社区内各城市功能板块联系紧密，做到功能完备、环境和谐，并使人产生充分的认同感和归属感，实现生态、形态、业态的和谐统一，成为宜人、宜商、宜居的商务区。

（6）城市综合体——借鉴成熟 CBD 的建设经验，强化商务区内功能的多元混合。针对传统商务区功能单一、配套缺乏等问题，虹桥商务区除了提供商务区办公功能以外，也能提供满足购物、休闲、文化、娱乐等多元需求的功能；能够实现 5 + 2、白 + 黑、晴 + 雨、365 天年中无休，未来将是充满活力的高端商务区。

根据规划，虹桥商务区主功能区的核心功能是综合交通枢纽和现代商务服务，形成面向长三角的商务中心，依托综合交通枢纽，发展总部办公、商业贸易、现代商务等。主功能区的拓展区主要承担虹桥商务区的生活配套、交通保障、产业延伸和环境支撑功能，发展医疗、教育、居住、研发、商务办公等，成为商务区功能的重要支撑。规划确定虹桥商务区常住人口为 53 万左右，提供就业岗位 64 万左右。相对应的建设开发量为：

青浦区控制在 800 万～1000 万平方米，闵行区控制在 1100 万～1300 万平方米，嘉定区控制在 600 万～800 万平方米。

目前正在开发建设的虹桥商务区核心区由中片区、北片区、南片区和一个主题活动会展区组成。其中，中片区占地 1.43 平方公里，规划地上总建筑面积约为 150 万平方米，地下约 100 万平方米，这些规划预计 2015 年之后全部竣工。中片区的建筑面积包括写字楼（57%）、商铺/商业物业（12%）、主题活动与会展（10%）、宾馆（6.5%）、文化娱乐设施（5.5%）以及其他功能（9%）。虹桥商务区的核心区是上海"多中心"中央商务区的重要组成部分，将建设成为上海市第一个低碳商务社区。

南、北片区作为虹桥商务区核心区发展的重要两翼，共 224 公顷，将重点发展面向国内外的总部办公、商业金融、贸易结算、信息服务等产业，同时还包括部分商业、文化、居住等配套功能。值得一提的是，南、北片区规划有 21.52 万平方米住宅建筑面积，住宅总套数为 2100 套。

根据规划，虹桥商务区将建设"五片、三轴、两廊"：

五片——徐泾南和华漕片区，提供高端的居住功能；徐泾北、闵北、江桥片区，发展延伸辐射产业。

三轴——三条交通和功能发展轴。包括东西向虹桥交通枢纽在内的交通和功能发展轴，以及主功能区南北向轨道交通走廊（金园路—核心区—七莘路）和拓展区南北向公共交通走廊（联友路—金丰路—诸光路）。

两廊——两条生态景观走廊，即苏州河景观休闲走廊和嘉闵高架生态绿化走廊。

另外，闵行、长宁、青浦和嘉定四区的定位分工也非常明确：青浦以大型会展和大社区为主，向外拓展贸易服务业、生态型总部办公、文化创意产业、金融教育培训业等；闵行为虹桥商务区提供中高档的居住配套、国际医疗、教育、文化、体育、生态型总部办公、商业商务和高新技术等产业；嘉定的定位为发展电子商务、生态休闲产业、体育和文化创意产业；长宁在主功能区、拓展区中仅有 1.02 平方公里，主要被布局为市政公用设施用地。

上海未来的发展方向必然是开发利用西郊腹地，虹桥交通枢纽的建设为这种开发提供了契机。可以预见，未来上海虹桥商务区的开发建设将会使这一地区不仅吸引交通目的的人流，更会凭借其高品质的生活与服务、办公功能云集等优势而吸引众多非交通目的的人流。在如此大规模的人流影响下，虹桥周边区域的城市形态及布局必然会发生相应的变化,从而促进整个区域城市建设规模升级。与上海站、上海南站相比,目前上海虹桥站已经明显表现出由高铁/动车巨大客流及其购买力带动的周边商业设施的兴盛。

从目前虹桥商务区的规划建设来看,虹桥商务区已具备城市新区的规模,超过了一般意义上的高铁站点周边开发程度。另一方面,虹桥商务区处于中心城向西部城郊过渡的接合部地区,也存在上海城市建设在经济发展最活跃、空间拓展最快速的最近十年时间里遗留下的一系列问题(如交通环境问题)。此外,虹桥商务区及其周边地区的建设行为,涉及管委会、各相关行政区和行政镇政府以及一些大型企业集团的利益,利益关系可谓错综复杂。

要在这样的基础上新建如此大规模、高定位的高端商务区,在世界范围内尚属首例。因此不同于以往,这一地区应该首先是上海转变发展方式的示范区,其次也是城市发展和管理需要首先创新的地区。参照国际经验,虹桥枢纽及邻近地区必须在总量上控制未来建设的规模,严格设置项目在交通方面的准入门槛。同时,制定合理开发时序,并推进年度交通影响评估和跟踪,及时对枢纽的城市功能开发中可能遇到的问题进行预警。

三 上海虹桥交通枢纽总体信息

高铁新站区的功能定位关系到高铁未来的空间发展,直接影响站区路网形态规划。虹桥枢纽工程建设是上海未来发展的重要战略机遇,它的重要性不仅在于其交通换乘功能,更在于是否能以交通枢纽建设为依托建成一个新的现代服务业集聚区。虹桥综合交通枢纽是上海功能性枢纽网络化的标志,它的功能定位是建成面向长三角的综合交通枢纽和区域商务中心。

表 4-1 上海虹桥枢纽基本信息

总占地面积	2626 平方公里	航站楼总建筑面积	27 平方公里
磁悬浮站总建筑面积	18.5 平方公里	高铁站总建筑面积	24 平方公里
东广场		西广场	
占地面积	15 平方公里	占地面积	9.2 平方公里
综合换乘广场	2.4 平方公里	综合换乘广场	1.6 平方公里
公交车站及出租车停靠位	3.5 平方公里	社会车辆及巴士停车位	1.2+1.2 平方公里
社会车辆及巴士停车位	1.7+1.7 平方公里		
地下或架空层空间	设地铁、公交、出租车综合换乘中心,设地下停车场		
广场周边换乘功能	无		

我们不妨把上海虹桥综合交通枢纽与法兰克福空铁中心、欧洲里尔
（Euralille）和香港九龙站进行比较：法兰克福空铁中心为航空与高速铁路
等多种交通方式联运的大型综合性交通枢纽站区，欧洲里尔属于开发建设
用地充裕、充分考虑站区开发与城市环境品质平衡发展的综合性站区，香
港九龙站属于开发建设用地紧张、高密度、高开发强度的立体化发展站区。
从占比可以看出，欧洲里尔和香港九龙站区的功能开发主要集中在商业开
发，其次是办公；上海虹桥综合交通枢纽和法兰克福空铁中心两个站区的
办公和酒店开发规模占开发总量的50%左右，其他商业和餐饮、娱乐、休
闲功能的开发量约为开发总量的10%，可见这种开发模式更倾向于商务、办
公等职能，较适用于高铁客运站一类站区的开发，尤其是航空、高速铁路、
轨道交通多种交通方式联运的大型综合交通枢纽站的站区开发（见图4-1）。

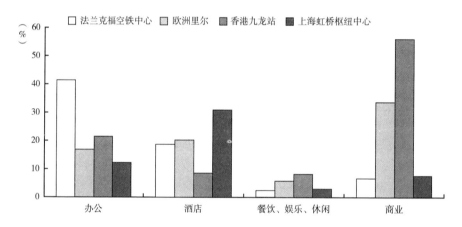

图 4 - 1   上海虹桥交通枢纽与其他高铁客运中心功能开发比较

资料来源：根据各站官方网站的数据计算整理。
http：//www. shhqcbd. gov. cn/；http：//www. losc. fr；http：//www. censtatd. gov. hk/。

四   上海站、上海南站、上海虹桥站周边的现状对比

高铁客运站作为高铁交通网络中的节点，其周边的可达性较强，这对周
边土地利用情况造成了很大影响，有比较明显的土地利用特征，主要分为以
高铁车站为核心的圈层式发展和以高铁交通为引导的廊道式发展两类。

以高铁车站为核心的圈层式发展方式建立在以交通可达性为吸引力的
基础之上。高铁作为核心辐射发展的方式，其土地利用曲线可追溯于冯·

杜能模型（Von Thunen model）中的由竞租产生的土地使用方式，不同的城市功能按照自身对交通可达性的需求或对某种城市功能的依附以及自身的承受能力，分别在距离高铁车站不同距离的位置上密集出现。目前国内外对高铁车站区土地利用模式的研究都以圈层式同心圆结构为主。这种模式往往围绕高铁站区为中心，在周边环形布置商业、餐饮娱乐业、商务办公以及住宅小区等。而廊道效应是由于交通廊道产生的各种自然、经济、社会综合效应，由此决定了影响交通用地价值的类型和强度。从可达性的角度来看，高铁站区对周边土地利用的巨大影响是毋庸置疑的。

舒茨（Schutz，1998）、波尔（Pol，2002）分析了可达性对高铁客运站周边区域的各种影响，将高铁客运站周边区域划分为三个可开发区域，提出了三个发展区结构模型。

第一圈层：一级发展区，是包括交通核心在内的服务区域，布置交通枢纽和具备商业、商务、贸易、办公等功能的城市公共设施，服务半径800米以内；第二圈层：二级发展区，是对第一圈层各种功能的拓展和补充，作为扩散影响区布置居住和公共服务用地混合功能设施，半径约1500米；第三圈层：三级发展区，为非直接关联区域，包括半径1500米以外区域，是布置对外服务功能以及主体功能配套的功能区（李蕾，2010）。随后，很多学者在圈层结构模型基础上对铁路场站与周边区域的关系进行了理论和实证研究，包括 Parissien Steven（1997）、R. K. Goel 和A. K. Dube（1999）、Andre Sorensen（2000）和 Bertolini（1999）等。

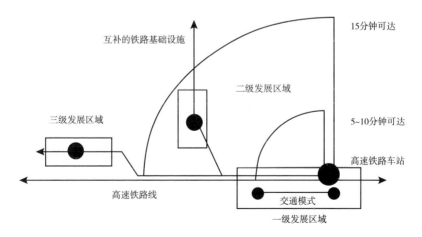

图 4 - 2　高铁站圈层结构发展模式图

资料来源：Schutz，1998；Pol，2002。

　　我国学者在这方面的研究要晚于国外发达国家学者。在借鉴国外相关理论的基础上，我国学者在研究中一般也将铁路客运站地区的空间形态以圈层状划分，比如张小星（2001）以广州火车站为背景，提出了以铁路客运站为核心的圈层结构模型，探讨其对城市发展的影响；武廷海（2002）提出大型基础设施建设带来可达性变化使得区域产业结构随之变迁，从而导致城市区域空间形态变化。此外，德国地理学家克里斯·泰勒提出了"中心地"理论，他认为：区域有中心，中心有等级，而区域聚集的结果是中心地的出现；服务是中心地的基本职能，服务业处在中心地的不同地段；中心地又分为高级中心地和低级中心地，高级中心地提供大量和高级的商品与服务，低级中心地提供少量和低级的商品与服务（朱文俊，2008）。中国城市规划设计研究院的郝之颖（2008）通过研究，又对圈层模式进行了总结，认为以高铁站房为核心、由里向外以圈层模式发散存在着三个区位，分别为核心区、影响区和外围区，核心区主要聚集着直接为高铁客运站提供服务和与高铁客运站联系紧密的产业，以大型商业、酒店、商务办公、金融、会展、娱乐业等服务业为主；核心区外围主要聚集与高铁相关的产业，如文化产业、高科技产业、物流业；最外围则逐步与城市混为一体，主要以居住为主。

　　笔者认为，某一区域上的物业类型和各类设施水平也能反映这一区域在城市中的空间能级和其对外界的吸引力，下文将从上海三大火车站周边的住宅、办公楼、商业设施三个方面来进行对比，在对比中找出上海虹桥综合交通枢纽的不足之处，以利于提出针对性的建议。

（一）高铁站区的圈层特征

　　高铁车站周边土地一般呈圈层结构，距离高铁车站越近的地区开发密度越高。一般来说，可以分为三个圈层，每个圈层都有各自不同的特点，其产业功能与用地空间布局也各有特色。值得注意的是商业在"三圈层"中的核心区和影响区均有涉及，与高铁站区枢纽作用的关联性也较高。

　　第一圈层：步行5~10分范围内，为高等级商务办公区，实施高密度开发，主要依托站区、广场、公交车站、地铁轨道交通等的综合交通优势为车站旅客提供各种配套服务。这个区域是车站发挥作用的最基本的功能区，服务主体是旅客，其活动特征和需求与车站关系最为紧密。空间规模以车站为圆心，在方圆1~1.5平方公里范围内开发，开发强度高，建筑密度大。

第二圈层：步行 15 分钟范围内，规模为 3～5 平方公里，为商务配套设施区，实施中密度开发。随着距离的扩大，旅客人群扩散密度降低，对车站配套服务的需求减少，与车站的关联程度也在逐步降低，该区的功能导向从为旅客服务为主转向兼顾城市居民，城市的各项功能组织也由外向型向内向型过渡。主要产业类型有商务、办公、居住、商业、贸易以及文化、教育等与高铁枢纽关联度稍低的功能配套类服务产业。

第三圈层：步行 30 分钟范围内，铁路旅客逐步融入城市的各个角落，车站地区旅客特有的各种活动特征与需求也随之变化，服务对象由旅客逐步完全过渡到居民，功能上与高铁站区没有直接关联。

表 4－2 高铁车站周边用地结构分析

	第一圈层	第二圈层	第三圈层
进出高铁车站的可达性	直接联系	间接联系	间接联系
	5～10 分	11～15 分	16～30 分
	步行	通过多种交通方式	通过多种交通方式
区位潜力	高等级贸易功能	高等级贸易功能的备选地区，依赖特殊区位的特殊功能	依赖特殊区位的特殊功能
主要影响	道路、用地布局、功能、地价、商业地产	功能、人口、投资、房地产、地价	无直接关联
关联的产业	餐饮、宾馆、商务、办公、信息、旅游等	商务、办公、信息、居住、文化	政府、工业、教育、居住
影响面积	1～1.5 平方公里	3～5 平方公里	整个市域，甚至周边相邻市镇地区，无明确分界线
边界界定	邻近地块，边界清晰	周边街区，边界弱化	不直接体现在用地功能上，边界开放
建设密度	非常高	高	依赖特殊功能
发展动力	非常高	高	适度
重点建设	建立与城市一体化的道路交通网络，合理布局车站地区伴生的用地功能，最大限度地为客流提供各种方便、快捷、舒适的服务，商业最为重要。	重点是根据各城市具体情况判断车站枢纽功能外延的位置和发展方向，发挥枢纽拉动效应，注重土地经济性功能的培育。在此圈层内以商业、办公、住宅为主。	重点是在更大范围内协调站场地区的交通组织，提高站场服务效率，保持站场地区与城市的整体布局和功能协调，以实现城市的区域地位提高、辐射能量扩大等战略目标。

资料来源：戴帅等，2011：153。

（二）高铁站区表象特征比较

高铁站区的开发程度会因城市规模差异有所不同，且不说像武昌、厦门等中等城市高铁车站周边开发程度与较大城市相比有所差异，即使在同一个大城市内部，车站周边的开发程度也会因城市发展、城市规划有所不同。

1. 三大火车站周边住宅价格对比

本章利用搜房网等，在上海三大火车站周边 5 公里范围内搜索新房及其单价。结果见表 4 - 3。

表 4 - 3　上海三大火车站周边 5 公里范围内新房价格

		上海火车站	上海南站	上海虹桥站
时间		2013 年 7 月		
3 公里以内 （含 3 公里）	样本数量（个）	16	3	2
	价格最低值	29000 元/平方米	36400 元/平方米	26000 元/平方米
	价格中位数	51000 元/平方米	40000 元/平方米	
	价格最高值	210000 元/平方米	68000 元/平方米	27000 元/平方米
3~4 公里 （含 4 公里）	样本数量（个）	10	4	6
	价格最低值	35300 元/平方米	40000 元/平方米	22000 元/平方米
	价格中位数	60000 元/平方米	55000 元/平方米	46500 元/平方米
	价格最高值	130000 元/平方米	80000 元/平方米	90000 元/平方米
4~5 公里 （含 5 公里）	样本数量（个）	10	6	3
	价格最低值	34000 元/平方米	26000 元/平方米	21000 元/平方米
	价格中位数	73500 元/平方米	40500 元/平方米	33000 元/平方米
	价格最高值	160000 元/平方米	80000 元/平方米	55000 元/平方米
时间		2014 年 11 月		
在售住宅楼（个）		4	1	9
每平方米均价（元）		45125	37000	36771
在售写字楼（个）		8	1	3
每平方米均价（元）		34500	38000	40253

资料来源：根据搜房网（http://map.fang.com/）资料整理，2013 年 7 月、2014 年 11 月。

通过对比可以发现，目前上海三大火车站周边地区中，上海站区域住宅单价最高，上海南站区域次之，上海虹桥站区域较低。这是因为上海站是三大站点中建成和使用时间最长的车站，周边开发较为成熟；上海南站2006年投入使用，周边开发已经有了一段时间；而虹桥站则是2010年才启用，周边正处在开发建设之中。所以说住宅价格虽与交通便利性有关，但也受周围配套设施是否齐全所影响。

　　通常由于周边噪声等问题，火车站附近范围内的居住生活会受到一定影响。虹桥站由于也靠近虹桥机场，对周边住宅影响更大。所以可以发现，三大火车站周围3公里范围内住宅价格反而不如3公里之外的价格高。上海南站和虹桥站周围3~4公里范围内住宅价格比3公里以内和4~5公里范围内的住宅价格更高。可以说，高铁/动车站点没有成为周边5公里范围内住宅价格的极点。

　　另外，三大火车站都距不同的城市中心或副中心一定距离，如上海站距离位于其南边的人民广场直线距离2.5公里，距离南京东路直线距离3.1公里；上海南站距离位于其北边的徐家汇商圈直线距离4.6公里；虹桥站距离位于其东边的古北社区（上海第一个大型高标准国际居住区）直线距离6.9公里。因此在三大火车站周边5公里范围内住宅价格的变化趋势实际上是不均衡的：上海站周边的住宅向东南离外滩越近价格上升幅度越大；上海南站周边住宅向北离徐家汇越近价格上升幅度越大；虹桥站周边自西向东住宅价格上升幅度逐渐增大，开发密度也逐渐增大。不过，由于市中心的人民广场、南京东路、外滩、徐家汇等地已经是房地产成熟地段，土地资源和新住宅的开发空间越来越有限，高铁/动车开通带动房价上升的作用会越来越萎缩（石忆邵、郭惠宁，2009）。反而是处于外环线之外的虹桥火车站周边，价格仍可能有上升空间。

2. 三大火车站周边写字楼租金对比

　　同样，我们可以利用搜房网等在三大火车站周边5公里范围内搜索各类写字楼及其日租金，结果见表4-4。

　　写字楼等级不同也会造成租金差异，甲级、乙级等不同等级的写字楼租金差异较大，但写字楼所处地理位置也影响其租金收益。通过对比发现，在火车站周边1公里范围内，虽然虹桥站周边写字楼供应量较少，但租金却很高；在1~3公里范围之内，虹桥站周边的写字楼租金与上海站、上海南站相差不多；在3公里之外的区域，虹桥站周边的写字楼租金较其他两站则便宜很多。

表 4 – 4　上海三大火车站周边 5 公里范围内写字楼租金

		上海火车站	上海南站	上海虹桥站
1 公里之内（含 1 公里）	样本数量（个）	20	4	1
	价格最低值	1.7 元/平方米·天	2 元/平方米·天	
	价格中位数	2.3 元/平方米·天	3 元/平方米·天	5 元/平方米·天
	价格最高值	6 元/平方米·天	4 元/平方米·天	
1 ~ 3 公里（含 3 公里）	样本数量（个）	18	14	1
	价格最低值	1.5 元/平方米·天	1.5 元/平方米·天	
	价格中位数	3.15 元/平方米·天	2.4 元/平方米·天	3 元/平方米·天
	价格最高值	10 元/平方米·天	4 元/平方米·天	
3 ~ 4 公里（含 4 公里）	样本数量（个）	10	11	2
	价格最低值	2 元/平方米·天	2.2 元/平方米·天	2 元/平方米·天
	价格中位数	4 元/平方米·天	3.5 元/平方米·天	
	价格最高值	11 元/平方米·天	5 元/平方米·天	3 元/平方米·天
4 ~ 5 公里（含 5 公里）	样本数量（个）	9	6	6
	价格最低值	1.8 元/平方米·天	1.8 元/平方米·天	1 元/平方米·天
	价格中位数	3 元/平方米·天	3.2 元/平方米·天	2 元/平方米·天
	价格最高值	8 元/平方米·天	4.5 元/平方米·天	3 元/平方米·天

资料来源：根据搜房网（http://map.fang.com/）资料整理，2013 年 7 月 25 日。

与住宅的情况类似，由于三大站点投入使用的时间不同，周边写字楼密度也各有不同。上海站区域交通方便，人流量大，但距离较近的写字楼（1 公里之内）租金反而不如距离较远的写字楼，上海南站周边也是 3 ~ 4 公里范围内写字楼租金最高，而虹桥站则是距离越远的写字楼租金越低。可以看出，上海站、上海南站紧邻区域对高端办公楼客户的吸引力已不是那么强。

3. 三大火车站周边商业对比

此处选取三大站点周边 2 公里范围内各类不同业种的商户数量进行对比（见表 4 – 5）。目前，上海火车站周边各类商业设施和服务配套齐全，虹桥机场/虹桥火车站周边的商业服务种类及数量仍有较大的提升空间。但是，上海站周边的大型品牌店并不多，只有太平洋百货一家，其他商场的商品结构较为纷杂，定位也不清。因此上海站周边还是传统的火车站发展模式，只是人来人往的过道，并未很好地利用火车站、地铁站、公交车站等各种交通设施带来的人流附加效应。当然，这也与上海火车站的来往人群消费能力有关——除高铁外上海站也发送大量普通列车，乘客的购买力可能不高。

表 4-5 上海三大火车站周边 2 公里范围内不同业种商户数量对比

单位：个

业 种	上海火车站	上海南站	虹桥机场/动物园	嘉定江桥
美食	350	172	63	3
购物	325	50	10	7
休闲娱乐(电影院、画廊、艺术馆、展览馆、茶馆、咖啡厅、公园、网吧、棋牌室等)	104	39	6	2
丽人(美容美发、足疗、美甲、瘦身、SPA 等)	131	48	20	1
婚嫁(婚纱摄影、婚庆公司、彩妆造型、婚戒首饰等)	73	17	——	1
旅游	162	56	19	4
夜生活(KTV、酒吧、会所、俱乐部、洗浴中心等)	91	11	9	1
体育健身	76	34	6	——
生活服务(邮局、洗衣店、搬家公司、快递、宠物、维修、医院、家政服务等)	86	27	15	2
酒店	6	4	2	——
汽车	44	19	6	3
教育培训(学校、培训机构、幼儿园等)	81	65	9	3
房地产	42	19	4	2
金融	77	18	7	4

注：只对靠近虹桥火车站的虹桥机场/动物园和嘉定江桥周边进行的数据收集。

资料来源：根据我易网搜集整理，www.5y1.com，2013 年 7 月。

　　另外，较好利用交通设施带来的巨大人流的例子是香港红磡火车站。红磡火车站是香港港铁东铁线及西铁线的终点站，同时也是来往香港与内地之间的城际客运铁路的总站。红磡火车站新大堂由英国建筑师霍朗明设计，于 1997 年落成，车站内部服务设施配套完善，各类品牌店铺环境优雅，类似一个大型购物商场。从红磡火车站可以换乘地铁前往港岛、九龙等繁华地带，交通非常便利。当然火车站周边地区本身也是香港的商业繁华地段，坐落有香港体育馆、香港历史博物馆、香港科学馆、新世界中心、希尔顿大厦、半岛中心、香港文化中心演艺大楼、香港洲际酒店等，还邻近著名的维多利亚港，其附近的星光大道、前九广铁路钟楼等都是游客喜欢前往的景点。对于乘火车到达香港红磡的游客和过路者，这里能为他们提供充分的逗留原因。相比而言，上海火车站和上海南站周边区域虽然与香港红磡站有地理位置上的差异，但占据了同样的功能区位，只是发展尚未达到特色突出和深入挖掘潜力的程度。

五 上海虹桥站周边的空间极化

上海虹桥站新建时间不长，目前的劣势却正预示着未来充分的后发优势和成长潜力。从上海虹桥商务区的规划可以看出，周边区域将会充分利用虹桥枢纽便利的交通换乘条件，开发大量与现代服务业、国际贸易业相关的办公建筑、商业会展等物业，这势必会吸引大量符合此类要求的产业和相应人群在此集中，并由此造成一定程度的空间极化现象。

（一） 虹桥站的交通功能集聚

根据虹桥商务区的规划，未来的虹桥枢纽除了高铁/动车站和两座机场航站楼外，与市内各区域相连最方便的是轨道交通，包括地铁 10 号线（东北方向）、2 号线（东西方向）、20 号线（南北方向），还将连接低速磁悬浮青浦线和高速磁悬浮沪杭线，此外虹桥商务区内还将接入轨交 23 号线（南北方向）、13 号线（东西方向）。虹桥枢纽与周边公路的连接使上海西区公路网络更加紧密，铁路客运站的东、西广场附近将分别设置公交站点，东、西广场和机场航站楼广场附近将分别设置出租车泊位；若要前往上海市郊及周边省市，可在铁路客站与机场之间的长途汽车客运站乘车，还将有 2000 个停车位提供给私家车和其他社会车辆。

虹桥枢纽内铁路、磁悬浮列车、航站楼等主体交通设施均采用立体、多层、单向循环的高架道路系统，通过北翟路、七莘路、扬虹路、义虹路等四个立交与枢纽外部的快速道路网络连接。枢纽的 9 米高架单向循环道路与枢纽主体建筑的高架层、地面层和地下层的车道以及主要停车设施相连。

枢纽的规划确定了"两纵三横"的轨道交通布局，站点集中设置在铁路站屋下和东、西广场，使轨道交通与铁路、磁悬浮列车、航站楼之间的主要客流的换乘距离控制在 200 米左右。在枢纽主体建筑的地面二层（即 9 米层）和地下一层还设置了人行公共通道，方便连接各类交通设施。在公共通道及周围区域设置了自动人行步道、交通信息屏、步行引导标志、旅客服务设施等，以人性化的步行空间为旅客带来方便（见图 4 - 3）。

古藤柏格把可达性作为城市空间系统发展的核心概念，他倾向于用可达性来解释城市结构及其成长发展，认为交通系统是影响城市发展方向的

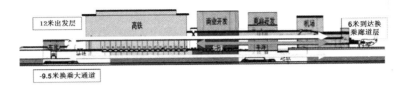

图 4 - 3　虹桥枢纽竖向布局

资料来源：现代集团、华东建筑设计研究院。

关键因素，它影响到城市的土地利用模式：如果交通运输条件不好，则土地利用倾向于较分散的模式；反之，如果交通运输条件好，则倾向于较集中的模式。因此，交通运输系统影响着城市土地利用的变化，前者的改变将会促进城市土地利用性质和结构的改变（袁博，2011）。正因为虹桥枢纽拥有如此集中的交通功能，人们的交流、汇聚都非常方便，从虹桥交通枢纽到达长三角地区最繁华城市以及到上海市中心人民广场都只需半小时左右，这使该交通枢纽及其周边成为最具发展潜力的区域，人流、信息和物资更倾向于在此集散。于是虹桥枢纽区域具备了上海城市内部空间极化的条件之一，但交通便利并不是唯一的充分条件，还需要有其他优质资源的集聚。

（二）虹桥站周边的产业和商业空间集聚

作为后世博阶段上海的经济亮点和上海西部结构重心与转换节点，"大虹桥"既是长三角产业廊道辐射的中枢区域，又是现代服务业聚集地和高新科技发展基地，更是涉外商贸发展重心区域。板块内汇集国际贸易业、物流产业、高新科技产业、展览展示业、酒店旅游业、文化娱乐业、购物休闲业、房地产业、奢侈品行业、餐饮业十大产业集群。虹桥商务区产业功能分布规划如下。

（1）航空物流

主功能区内的东片区，将以虹桥机场 T1 航站楼改造为核心，分阶段实施周边区域的综合改造，将东片区逐步建成现代航空服务业集聚区和示范区，推动虹桥机场成为领航国际交流、集聚航空资源配置功能的最佳商务型城市机场。

（2）国际医学中心

作为主功能区之外的拓展区，西虹桥商务区内建有上海新虹桥国际医学中心。目前上海新虹桥国际医学中心已基本完成一期的高端化、国际化医疗项目的引进。中心一期规划中的 245 亩土地用于建设 1 个医技中心、

2 个国际医院、4 个专科医院和 1 个能源中心，48 亩土地用于建设商业配套设施。一期引进的两家综合性国际医院分别是新加坡百汇医疗和新加坡莱佛士医院，特色专科医院有法国 Noalys 妇产医院、复旦万科儿科医院、韩国白家美莱整形医院等，力图打造国际高端一体化医疗服务集聚区。此外，一期规划中 170 亩土地用于建设复旦大学附属华山医院和肿瘤医院。

（3）企业集聚地

虹桥地区与长三角多个城市相连，随着近年来虹桥交通枢纽的逐步建设完善，这里已成为长三角最炙手可热的地区。目前正在开发建设的核心区一期（中区）的土地利用情况见表 4-6。

表 4-6　虹桥商务区核心区一期南北片区土地出让情况

地块编号	用地性质	用地面积（平方米）	建筑面积（平方米）	开发企业
南片区计划出让地块情况				
01	办公用地	19090	34362	全球商品博览汇有限公司
02	办公用地	8130	13008	上海宝创置业有限公司
03	商业用地	17008	35717	全球商品博览汇有限公司
04	商业金融文化办公	42670	62188	全球商品博览汇有限公司
05	办公用地	15820	25312	上海隆视投资
合计		102718	170587	
北片区计划出让地块情况				
01	商业办公用地	42550	136074	
02	办公用地	36033	66395	
03	办公用地	41741	142947	
04	办公居住用地	38990	102661	
05	办公用地	42683	14630	上海极富房地产开发有限公司
06	办公居住用地	49378	108938	上海极富房地产开发有限公司
07	商业办公用地	25583	76540	
08	商业办公居住用地	38620	84693	上海新长宁（集团）有限公司
09	商业文化办公用地（高档酒店）	82644	141986	新华联不动产股份有限公司 北京新华联长基商业地产有限公司
11	文化居住办公用地	99376	177885	上海万树置业有限公司
12	商业文化办公用地	45518	115331	上海协信远定房地产开发有限公司
13	商业文化办公用地	73695	139584	
14	交通设施用地	1632	1632	上海建设工程管理有限公司 中石化上海公司
合计		618443	1309296	

资料来源：上海虹桥商务区管理委员会，http：//www.shhqcbd.gov.cn/，2012 年 9 月。

截至 2012 年 9 月，虹桥商务区核心区中最核心地段、占地 1.4 平方公里的中片区土地已基本出让完毕，被定位为"著名企业集聚地"，是大虹桥商务区中最先启动的部分。自该区域 2010 年公开出让土地以来，吸引了包括瑞安房地产、万科、SOHO 中国、龙湖地产、万通等房企纷纷入驻。瑞安集团的"虹桥天地"项目，紧贴虹桥枢纽，距离高铁虹桥站约 185 米、虹桥机场 2 号航站楼约 925 米，占地约 6.2 万平方米，地上地下总建筑面积约 38 万平方米，集办公、购物、餐饮、娱乐和展览等功能于一体。其中，企业中心总建筑面积约 9.6 万平方米，引入独特的陈列室（showroom）设计概念，是突破传统的新一代办公空间。生活中心包括新天地购物商场和酒店，总建筑面积超过 17 万平方米，将延续上海新天地的理念打造西上海与长三角都市圈的中央购物休闲场所。

由于临近机场，虹桥商务区内建筑受到 48 米高度控制线的限制，因此这一区域不可能密集地建起摩天大楼。虹桥商务区高调提出"街坊小尺度"的理念：街坊尺度控制在 150～200 米左右，与之配合的是路网的高密度，步行道间隔在 90～150 米之间，消除"遥不可及"的距离感，让商务人士更倾向于把这里当作一个社区街坊，以便形成更多的交流互动平台。

虹桥绿谷项目是核心区一期规划中建筑面积最大的项目，总体量逾 53 万平方米。虹桥绿谷采用街区围合式布局，形成城市街道加庭院社区的双界面设计，外部城市界面以简练而富有张力的建筑立面与快捷的道路系统相呼应，内部庭院社区界面则以营造精致、舒缓的空间环境为主。其中东区内实现人车分流，以中心庭院作为办公园区的环境主体，结合独立的庭院绿化、平台绿化、屋顶花园打造清新宜人的办公环境，吸引楼上的办公族们走出办公室，像邻居一样共处、交流。"虹桥绿谷"东区项目是国内首创整体绿色三星总部街区，全部 7 幢小公楼均通过绿色建筑评审，大楼的采暖、通风、空气调节和照明总能耗减少六成以上。

虹桥商务区核心区的南北片区规划总建筑面积将达 166.69 万平方米左右，其中住宅建筑面积 21.52 万平方米，规划住宅总套数为 2100 套，另有 138.06 万平方米为商务办公建筑。南片区共约 80 公顷，以企业总部办公、现代商务服务等功能为主，滨河创意休闲功能为辅，打造高端总部商务办公区。北片区共约 144 公顷，为城市公共活动中心，以企业总部办公、商务贸易办公、现代商务服务、高端居住等功能为主。

根据房地产顾问公司戴德梁行的预计，到 2015 年，虹桥商务区核心区将拥有 261 万平方米的甲级写字楼，相当于该年度上海甲级写字楼预计总存量的 24%。这意味着大虹桥地区将成为除浦东新区以外上海最大的甲级写字楼集中片区。而按甲级写字楼人均 15 平方米的占用面积计算，可以估算出该地区的办公人数将达到 17.4 万人，且大部分人员将从事收入较高的专业服务业。

上海虹桥商务区是国家确定的现代服务业综合试点区域，将强力吸引和集聚国内外企业总部、贸易机构和经济组织，为国内外企业和机构提供商务服务、会展、现代物流以及相关的信息服务、专业服务、宾馆服务等。按照商务区"十二五"规划，核心区将引进国内外企业总部、功能性贸易机构和投资机构 50 家左右，其他各类配套企业 500 ~ 700 家。

（4）会展综合体

国家会展项目，又名中国博览会会展综合体项目，位于虹桥商务区核心区西侧，紧邻虹桥综合交通枢纽的徐泾地区，地铁 2 号线徐泾东站位于地块内。该项目总建筑面积 147 万平方米（其中地上建筑面积 127 万平方米，地下建筑面积 20 万平方米）；展览面积 50 万平方米（其中室内展览面积 40 万平方米，室外展览面积 10 万平方米），集展览、会议及办公、商业、酒店等多项功能于一体，是目前世界上规模最大的建筑单体和面积最大的会展综合体，能承担极端情况下最高 40 万观众分流管理，承担高达 5000 辆集装箱卡车的货运物流。

国家会展项目是国家商务部和上海市共同合作项目。项目的建成将有助于突破上海会展业发展的瓶颈，也会给世界展览格局带来深远的影响。

（5）创意产业园集中地

虹桥商务区拓展区北部的江桥镇，将打造为北虹商务新市镇，建设 5 个创意产业园（见表 4 - 7）。

（6）周边商业

在虹桥商务区主功能区的核心区内，邻近虹桥火车站的西侧共有虹桥丽宝广场、虹源盛世国际文化城、虹桥万科中心、虹桥万通新地中心、龙湖虹桥天街、虹桥天地、冠捷科技总部大厦、虹桥绿谷广场、虹桥三湘广场等 11 个城市综合体。这些城市综合体项目中除了商务办公、会议展览中心、酒店等功能之外，还有规模不小的商业购物广场。这些商业购物中心集中在一个区域，无论是对虹桥交通综合枢纽的来往乘客，还是对市区居民抑或是这些综合体内的企业办公人员，都有巨大的吸引力。

表4-7 虹桥商务区北部江桥镇的创意产业园规划情况

名 称	特 点
5i北虹桥中心	国内首座飞马街区,总建筑面积约15万平方米。聚集创新设计和自主品牌电子商务等创新服务型企业;重点打造5i虹街青年创意潮街区,采用全主题店集群模式,这里将成为上海乃至长三角青年社交文化地标,运用新科技及互联网技术实现虚拟社区与真实社区的交互。
西郊总部经济园	市级生产性服务业集聚区。规划面积877.12亩,已开发280亩,已建商务楼25.5万平方米,已入驻企业780家。目前,园区正在申报成为"张江科技园嘉定园区分区"。
时尚服饰创意园	位于万达广场南侧,占地152.06亩。绿地集团将建造21万平方米的绿地创意大厦,重点为服装企业提供时装设计、创意展示、时尚发布、模特秀场和商务办公的场所。
海归人才创业园	由两部分组成:一是东锦基地,结合"侨帮侨人才基地",为海外创业人才提供8000平方米的"零租金"创业基地;二是陇南基地,占地54.37亩,建设72493平方米的"青年人才公寓"。
康德莱医疗科技园	依托康德莱企业,规划打造集医疗器械研发、展示、销售、交易于一体的医疗科技新平台。

资料来源:上海虹桥商务区管理委员会,http://www.shhqcbd.gov.cn/,2012年9月。

虹桥机场吞吐量中60%是商务人士,因此其商业布局也随之倾向于发展高端品牌。2013年1月,虹桥机场2号航站楼的"奢侈品大道"正式启幕,其中的商铺统一外形、各自内饰,与爱马仕、阿玛尼等在内的10个高端品牌遥相呼应。机场也对周边地区的购买力起到带动作用。大虹桥枢纽辐射区成为继上海中心城区、浦东之后的第三个经济增长区域。"大虹桥"的规划让西上海更多板块迅速崛起,很多商业项目都瞄准了虹桥枢纽带来的长三角"1小时经济圈"。位于长宁区新虹桥商业中心的"LV大厦"尚嘉中心于2013年7月开业,它由两位国际商界巨头——港澳巨商何鸿燊和法国路威酩轩集团(LVMH)主席贝尔纳阿诺共同投资,位于虹桥地区仙霞路与遵义路交汇处。该中心拥有70多个零售品牌,可以说几乎涵盖了整个高端行业。一楼的27家国际品牌店铺中,隶属于LVMH集团的有Dior、FENDI等7家,与PRADA集团、开云集团和历峰集团等的旗下大牌毗邻。上海正欲双管齐下,同时促进奢侈品消费和吸引长三角客流,提振商业零售景气度,相关商业项目也已提上日程。新虹桥商业中心已初具雏形，或将成为上海商圈一个新亮点。长宁区商务部门已经确定了虹桥商圈的整体发展规划。在"十二五"期间，虹桥商圈的商业面积将突破70万平方米，拥有5000平方米以上大型商业载体16个。

亚洲规模最大的奔驰4S旗舰店——中升之星（建筑面积3.2万平方米）已经入驻嘉定江桥周边，另外奔驰商务、德国大众、奥迪等品牌也已达成入驻意向，4S店一条街的雏形已形成。同样，占地196亩、建筑面积32.7万平方米的北虹桥森茂汽车文化广场一期，致力建设沪上最大规模的汽车及衍生文化产品展销中心，打造品牌汽车的shopping mall。

此外，大虹桥板块内已经拥有如佘山高尔夫球场、吉盛伟邦国际家居中心、米格天地、奥特莱斯购物中心、万达广场等高层次生活配套设施，满足区域内国际住区居民的生活需求。已有的商业设施和新开发的大体量、高端商圈充分证明，未来这一区域有可能成为上海新的高端时尚消费空间，也是上海商业空间中极具吸纳力的新能核。

从虹桥枢纽地区的商务区以及周边区域的规划来看，这里可以办公、出行、购物、就医、观展、休憩、健身……城市中的一切便利都这样集中地呈现，让人无法不留连，未来极有可能汇集长三角的企业精英、时尚创意人才、潮流消费群体和观光度假人群，也极有可能成为上海城市生活的样板地。同时，产业和各种商业、服务业的空间集聚让虹桥枢纽地区更容易产生空间极化。

（三）虹桥站周边的居住空间分异

1. 别墅区

全面竣工后的虹桥交通枢纽和虹桥商务区，将对上海房地产市场产生一定的冲击。受影响最大的当属区域所在的上海西区。虹桥商务区外围开发区的住宅总建筑面积大约为1543万平方米。目前，外围开发区已经有不少现房，其中15%为别墅区。

其实，与虹桥交通枢纽临近的青浦区一向是上海别墅开发密度最大的区。根据租售情报网的查询结果，截至2013年7月31日，上海各区县的别墅楼盘数量（包括新建和二手楼盘）见表4-8。而最近销售的别墅价格在300万~13000万元/套之间。

表 4 - 8 上海各区县别墅楼盘数量

区域	浦东	青浦		闵行	宝山	嘉定	金山
数量(个)	87	64(其中徐泾26)		54	27	26	24
区域	奉贤	长宁	崇明	杨浦	普陀	徐汇	闸北
数量(个)	22	21	15	7	3	1	1

来源：根据租售情报网搜集整理，www. myliving. cn, 2013 年 7 月 31 日。

青浦区地处上海西部，绿色水都、生态宜居是青浦的名片。青浦是上海市内唯一一个拥有 5 个国家 AAAA 级景区的旅游区，拥有久负盛名的水乡朱家角、上海最大的淡水湖泊淀山湖、佘山风景区、上海最大生态休闲区东方绿舟等旅游资源，水碧天蓝，少有工业污染，空气、环境良好，是游客喜欢去的目的地之一，可以说是"都市田园"。2008 年，青浦新城获得"迪拜国际改善居住环境最佳范例奖"，此前的 2006 年曾荣获"中国人居环境范例奖"。相应的，这里也成为重视居住品质的别墅开发商及购买者理想中的宝地。众多别墅项目在此集中，使得有条件购买

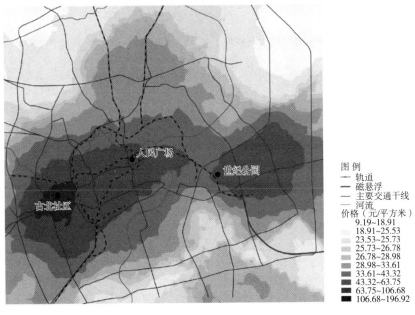

图 4 - 4 上海住宅租赁价格空间分布格局

资料来源：孙斌栋、吴雅菲，2008：5。

别墅的居住者可以"近水楼台"地将这里优质的自然环境揽入自家"后花园"。

2. 上海的居住空间分异

根据孙斌栋、吴雅菲（2008）对上海住宅租赁价格的研究，上海市住宅租赁价格已呈现出规律性的空间分异特征：①东西向沿着长宁区—徐汇区—静安区—卢湾区—黄浦区—浦东陆家嘴以及花木—世纪公园形成两个住宅租赁价格高值扇形区，这种分布与城市用地功能布局密切相关，在这两个扇形区域内分布着虹桥机场、虹桥经济技术开发区、古北社区、南京路和淮海路商业街、人民广场、外滩、陆家嘴金融贸易区、花木行政文化中心、世纪公园等主要城市空间。②形成长宁古北和世纪公园两个中心，并围绕着这两个中心向外呈现住宅租赁价格圈层式递减的态势。西面古北国际社区为境外人士的聚集地，邻近虹桥经济技术开发区；东面世纪公园中心则得益于优越的生态环境和浦东的大量外商企业。③租赁价格趋势为东西向两端高中间低，南北向中间高两端低，东西向价格差异小于南北向差异。④内外环线之间区域住宅租赁价格等级更迭快，中心城核心区和外环线附近区域则表现得较为均质。⑤交通的导向作用较为明显，如地铁 1 号线、2 号线及 3 号线北段都提升了所在区域的住宅租赁价格。

可以说，这是住房制度改革以后通过市场机制形成的上海市居住空间分异。从 2013 年上海分区房价地图（图 4-5）来看，这种居住空间分异并未改变。然而，虹桥综合交通枢纽的选址恰恰位于图 4-5 中西侧的住宅价格制高点附近；再加上虹桥枢纽便捷的地铁换乘条件，此处的空间优势可能被继续强化，继而形成上海居住空间中的"强势极核"。

在虹桥商务区的规划中，徐泾南和华漕片区提供高端的居住功能，其他片区多数是开发高端商业办公楼和中高端住宅。在虹桥枢纽的西侧是青浦徐泾地区的高端别墅区，东侧是古北板块的高端国际社区，除去商务区内建设一定量的人才公寓或租赁型公寓，可以想见未来虹桥商务区内及周边所提供的住宅的品质和价格将会不低。

3. 房价上升空间

2009 年 9 月大虹桥规划出台之后，距离虹桥商务核心区最近的天山与徐泾东两大板块的二手房价曾出现普涨，天山板块二手公寓均价达到了20402 元/平方米，首次突破了 20000 元/平方米；2013 年 8 月天山板块二手房均价为 30663 元/平方米。

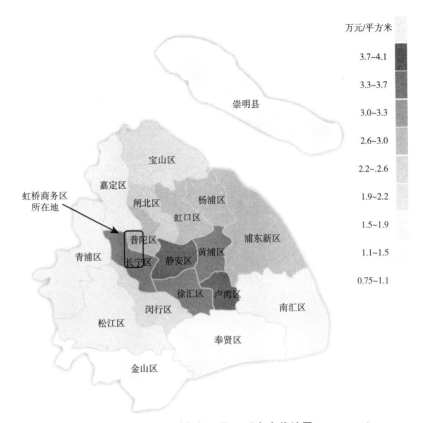

图 4 – 5　上海各区县二手房房价地图

资料来源：根据房价网资料整理绘制，http：//sh. fangjia. com/，2013 年 8 月。

　　根据房价网的数据，虹桥枢纽建成使用后，邻近虹桥交通枢纽的 12 个板块的二手房价格都有所上涨，只有长宁古北和虹桥、闵行华漕、青浦徐泾在 2012 年有所下跌（见图 4 – 6、4 – 7、4 – 8、4 – 9、4 – 10、4 – 11、4 – 12、4 – 13、4 – 14、4 – 15、4 – 16、4 – 17），当然这不乏宏观调控因素影响，不过在 2013 年这些板块二手房价格又都稍有上扬。在 2013 年 7 月的成交均价中，最高的是长宁古北板块，为 33668 元/平方米；最低的是闵行七宝板块，为 16552 元/平方米。低于 20000 元/平方米均价的除了闵行七宝，还有青浦徐泾和嘉定江桥。在所有邻近虹桥枢纽的板块价格都有上涨的时候，这些低于 20000 元/平方米均价的板块更具有后发优势，会成为促成人口导入的性价比选择之一。

　　值得一提的是，整个大虹桥板块内商务办公和住宅建设用地的比例并不平衡，以虹桥商务区为例，住宅用地仅占 6%，这样的比例决定了住宅

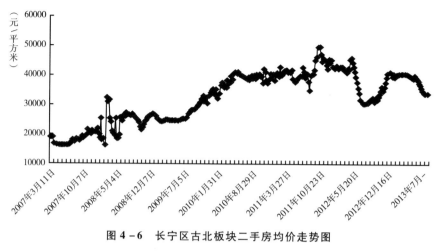

图 4 - 6　长宁区古北板块二手房均价走势图

资料来源：房价网，http：//sh. fangjia. com/，2013 年 8 月。

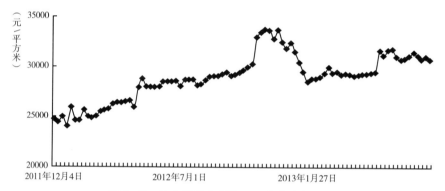

图 4 - 7　长宁区天山板块二手房均价走势图

资料来源：房价网，http：//sh. fangjia. com/，2013 年 8 月。

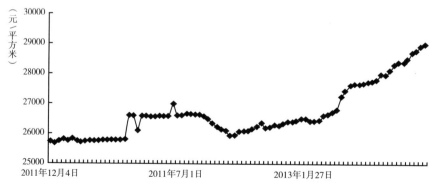

图 4 - 8　长宁区仙霞板块二手房均价走势图

资料来源：房价网，http：//sh. fangjia. com/，2013 年 8 月。

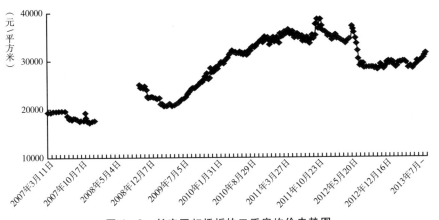

图 4-9 长宁区虹桥板块二手房均价走势图

资料来源：房价网，http：//sh. fangjia. com/，2013 年 8 月。

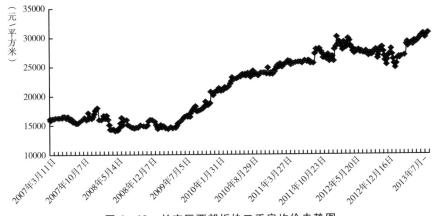

图 4-10 长宁区西郊板块二手房均价走势图

资料来源：房价网，http：//sh. fangjia. com/，2013 年 8 月。

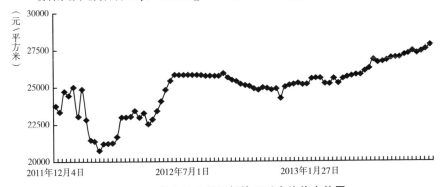

图 4-11 长宁区北新泾板块二手房均价走势图

资料来源：房价网，http：//sh. fangjia. com/，2013 年 8 月。

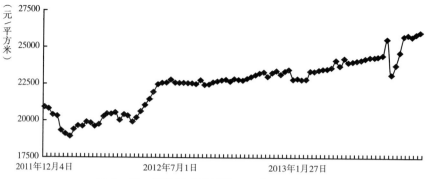

图 4 - 12 闵行区龙柏板块二手房均价走势图

资料来源：房价网，http：//sh. fangjia. com/，2013 年 8 月。

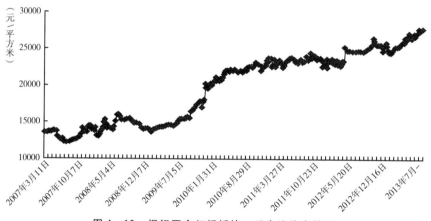

图 4 - 13 闵行区金虹桥板块二手房均价走势图

资料来源：房价网，http：//sh. fangjia. com/，2013 年 8 月。

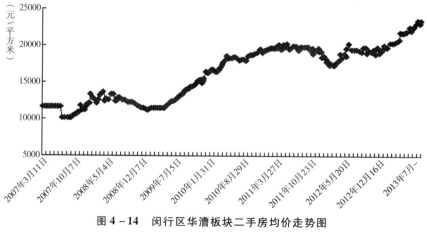

图 4 - 14 闵行区华漕板块二手房均价走势图

资料来源：房价网，http：//sh. fangjia. com/，2013 年 8 月。

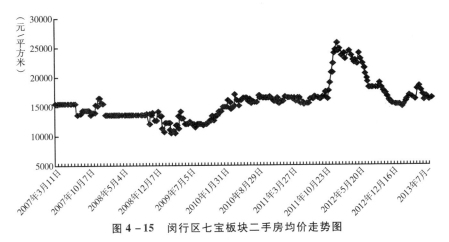

图 4 - 15　闵行区七宝板块二手房均价走势图

资料来源：房价网，http：//sh. fangjia. com/，2013 年 8 月。

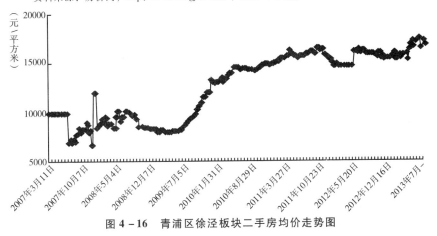

图 4 - 16　青浦区徐泾板块二手房均价走势图

资料来源：房价网，http：//sh. fangjia. com/，2013 年 8 月。

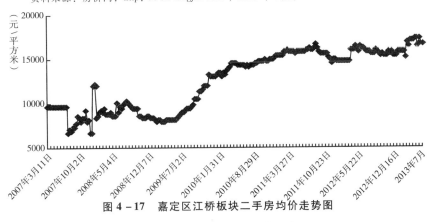

图 4 - 17　嘉定区江桥板块二手房均价走势图

资料来源：房价网，http：//sh. fangjia. com/，2013 年 8 月。

用地的稀缺价值。未来虹桥区域巨大的人口导入和强大的交通枢纽优势决定了该区域庞大的住宅需求，激发了住宅用地的升值潜力。事实上，房企高溢价拿地，大虹桥地区楼板价被进一步推动。据统计，虹桥商务区2010 年平均楼板价为 12491 元/平方米，2013 年时达到了 15293 元/平方米，上涨幅度达到 22%。继续上扬的房价空间和越来越成熟的配套建设，在未来会促成这一区域极化成为精致、高端的城市居住空间。

六　上海财富空间极化探讨

由于上海市已不再公开发布各个区县的 GDP 数据，笔者选用上海各个区县的财政收入为指标（财政收入与 GDP 的正相关性非常强），研究上海地域空间内的财富极化问题。研究数据来源为 2006 至 2012 年的《上海统计年鉴》。2011 年卢湾区并入黄浦区，2009 年南汇区并入浦东新区，因此笔者研究时也将所有卢湾区数据并入黄浦区，所有南汇区数据并入浦东新区。

为避免各区县基数不同所带来的偏差，我们引入相对发展速度的概念（*Nich*）衡量发展速度。相对发展速度可以把握区域财政收入增长速度的差异，对分析区域经济发展的空间格局和走向至关重要（王洋等，2011）。相对发展速度的计算公式为：

$$Nich = \left(\frac{x_{2i}}{p_{2i}} - \frac{x_{1i}}{p_{1i}} \right) \bigg/ \left(\frac{x_2}{p_2} - \frac{x_1}{p_1} \right)$$

式中：x_{2i} 和 x_{1i} 分别代表第 i 个区县在时间 2 和时间 1 的财政收入；p_{2i} 和 p_{1i} 分别代表第 i 个区县在时间 2 和时间 1 的常住人口数；x_2 和 x_1 分别代表上海市在时间 2 和时间 1 的财政收入；p_2 和 p_1 分别代表上海市在时间 2 和时间 1 的常住人口总数。*Nich* 值越大，相对发展速度越快。

表 4 - 9 为上海 2005 年和 2011 年各区县的财政收入和常住人口以及相对发展速度。

使用 SPSS17.0 的聚类分析功能，对上海 17 个区县进行分类，将各区县的 *Nich* 值分为低、中下、中上、高、超高 5 个水平，相应的区县被分作 5 类，结果是：

- 相对发展速度超高水平：静安区；
- 相对发展速度高水平：黄浦区；

表 4 – 9 上海各区县 2005 ~ 2011 年的 *Nich* 值

	财政收入（亿元）		常住人口（万人）		相对发展速度（*Nich*）
	2005	2011	2005	2011	
浦东新区	155.31	500.26	279.19	517.5	0.8313
黄浦区	62.26	130.97	78.01	68.04	1.7208
徐汇区	43.9	100.06	98.59	109.5	0.7155
长宁区	36.16	88.51	67.18	69	1.1370
静安区	30.85	74.77	25.65	24.36	2.8507
普陀区	45.02	61.60	110.6	129.72	0.1036
闸北区	30.52	60.01	75.81	83.8	0.4789
虹口区	30.01	53.81	78.26	85.16	0.3793
杨浦区	35.55	64.51	120.32	132.43	0.2928
宝山区	63.6	85.52	130.54	193.5	– 0.0691
闵行区	61.96	139.07	170.76	248.4	0.3009
嘉定区	57.82	107.09	94.28	150.62	0.1492
金山区	29.3	47.01	59.21	75.87	0.1905
松江区	59.21	85.86	88.58	165	– 0.2262
青浦区	51.87	67.31	73.75	111.76	– 0.1543
奉贤区	31.16	52.85	73.44	110.3	0.0838
崇明县	18.19	34.84	65.68	72.5	0.3110
全　市	842.69	1754.05	1689.85	2347.46	0.535041

资料来源：陆歆弘依据上海统计局 2005、2011 年数据计算整理。见陆歆弘，2013。

- 相对发展速度中上水平：长宁区、浦东新区、徐汇区；
- 相对发展速度中下水平：闸北区、虹口区、杨浦区、闵行区、金山区、崇明县；
- 相对发展速度低水平：普陀区、宝山区、嘉定区、松江区、青浦区、奉贤区。

可以看到，上海市中心区域的静安和黄浦区财政收入相对增长速度超过上海市财政收入增长速度，此外长宁区也同样超越上海市的财政收入增长速度。未来的经济发展快速空间仍集中在这些区域。如图 4 – 18 所示，具备"区域发展极"特征的空间基本上属于上海的市中心区域，说明上海的经济发展和财富积聚仍然是传统的城市核心区域领先模式，并未呈分散多中心发展。

根据 SPSS 的聚类分析结果，将上海市 17 个区县分成两组，即：静安

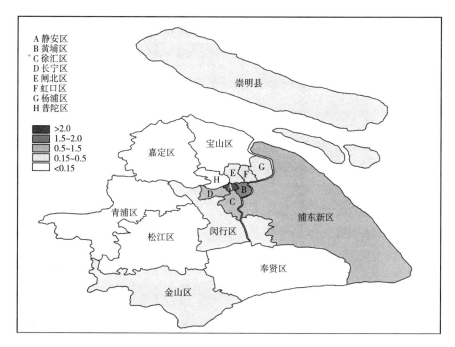

图 4-18　上海各区县 2005~2001 年 *Nich* 值空间分布图

资料来源：陆歆弘，2013。

区、黄浦区、长宁区、浦东新区、徐汇区为相对发展较快的一组；闸北区、虹口区、杨浦区、闵行区、金山区、崇明县、普陀区、宝山区、嘉定区、松江区、青浦区、奉贤区为相对发展较慢的一组。笔者利用泰尔指数及其可分解特性来测定上海各区县的财政收入（财富）极化程度。泰尔指数的公式为：

$$T = \sum_{i=1}^{n} x_i \log \frac{x_i}{p_i} + \sum_{i=1}^{n} x_i \sum_{j=1}^{m} x_{ij} \log \frac{x_{ij}}{p_{ij}} = 组间差异 + 组内差异$$

式中，T 表示泰尔指数；p_i 是第 i 组的人口在所研究总体（上海市）的人口中的比重；x_i 是第 i 组的财政收入在所研究总体的财政收入中的比重；x_{ij}、p_{ij} 是第 i 大组中第 j 小组在该大组中的财政收入比重和人口比重。

如果某地区的收入差异绝对均等，即 $p_i = x_i$，则 $\log \frac{x_i}{p_i} = 0$，此时泰尔指数 $=0$；如果收入份额很大而人口份额很小，则说明整个区域的收入主要集中在较少的人口手中，经济差异很大，泰尔指数趋于 1。也就是说，泰尔指数的取值范围在 0~1，泰尔指数越大，则表明地区经济差异越大

（鲍辉，2010）。利用泰尔指数的可分解性，我们得以观察到上海各区县财富差异是由于组间差异还是组内差异造成的。将上海 17 个区县分为二组后，2005～2011 年的泰尔指数变化趋势如图 4－19 所示。可以看到，上海财政收入差异主要是组间差异造成的，其主要原因是静安等 5 个区与闸北等 12 个区之间的财政收入差距大。但是，从 2010 年开始，组内差异开始增加，组间差异的影响有所下降，说明静安、黄埔、长宁、浦东、徐汇 5 个区的领先发展优势有向外扩散的趋势，闸北、虹口、闵行等 12 个区县中也出现了强力发展从而有所突破的区域。

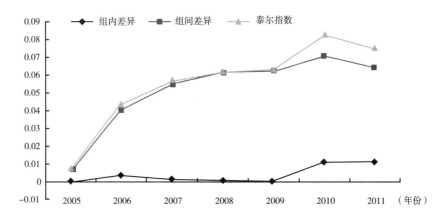

图 4－19　2005～2011 年上海财政收入极化度测定

资料来源：陆歆弘，2013。

在虹桥商务区中，虹桥机场位于长宁区，虹桥火车站等新建的交通基础设施位于邻近长宁区的闵行区。未来虹桥商务区的办公、会展、商业等设施将建设完成，之后这一区域有可能接受长宁区的辐射效应，经济得以快速发展，成为新的财富极化地。

七　本章小结

本章试图阐述高铁带动周边区域的发展形势，并讨论高铁消费群体与其他社会群体间的差异是否会对开通高铁的城市空间布局产生影响的问题。本章主要研究开通高铁的城市系统，对高铁站点区域周边的社会经济极化问题及其带来的后果进行分析，以上海虹桥站为研究对象，将其与上海另外两个站即上海站、上海南站在站点建设、规划以及站点周边住宅价格、写字楼租金、商业发展等方面进行对比。初步的结论是，由于虹桥枢纽的作用，虹桥站周边地区在规划开发与现代服务业、国际贸易业相关的办公建筑、商业会展等物业的力度上会超过上海其他两站的周边地区，也势必会吸引大量符合此类要求的产业和人群在此集中，使商业机会增加，从而带动价格上涨，并由此带来一定程度的空间极化现象。在考虑虹桥站周边交通功能、产业和商业空间集聚的基础上，我们结合规划及财富空间分析得出：在虹桥商务区中，虹桥机场位于长宁区，虹桥火车站等新建的交通基础设施位于邻近长宁区的闵行区；而随着未来虹桥商务区的办公、会展、商业等设施建设完成，这一区域有可能接受长宁区的辐射效应，成为新的财富极化地。未来虹桥枢纽极有可能汇集长三角的企业精英、时尚创意人才、潮流消费群体和观光度假人群，也极有可能成为上海的城市生活样板地。产业和各种商业、服务业的空间集聚让虹桥枢纽地区的空间越发可能发生极化现象。

第五章 我国高铁网络对城市群产业、就业、人口重构的宏观解析

——以长三角城市群及首位城市上海为例

　　传统的世界城市体系是一种以"中心地"等级构架为主的体系，在全球经济中处于战略地位的全球城市表现出明显的中心化特征，具体表现为与国内或周边地区相隔断。然而在世界城市体系发生根本性变革的情况下，越来越多的全球化城市涌现出来，在全球信息化与发达的交通网络的推动下，这一现象正在改变全球城市与国内及周边其他城市之间的关系。全球城市通过频繁的资本、信息和人力资源流动，与周边形成密切的内在联系，形成以区域内全球化城市的相互联结为基础的全球城市区域。在全球城市区域中，不仅核心大城市地位重要，二级大中城市也发展为高度全球化的城市，彼此间形成高度集聚的全球化导向的产业群。

　　本章试图指出，高铁时代以城市群为整体参与竞争时应当着眼全球。这是因为，单个城市发展空间有限，其发展需要依托高铁等交通网络以及信息网络。北京、上海、广州引领京津冀、长三角、珠三角网络参与全球竞争，其地位和价值显然将会被提升到新的战略高度。因此，发展规划应适应高铁网络带来的变化，将城市化发展重点转向城市群的整体崛起，而城市群整体崛起的目标不应局限在内部产业结构、人口制度等方面的"局部优化"，而是要率先从打造全球城市区域的角度进行"整体谋划"和"顶层设计"，通盘考虑城市群中每个城市的功能定位和转型目标。

　　当前，我国城市群范围愈来愈大，国际性经济圈、各级城市群构成了我国区域经济的主要框架。目前我国有3个国际性经济圈，分别为长三角经济圈、珠三角经济圈和环渤海经济圈；有7个国家级城市群，分别为沈阳－大连城市带、中原城市群、成渝城市群、大武汉城市群、海西城市群、山东半岛城市群和关中－天水城市群；此外还有很多省级城市群，例

如长株潭城市群等。区域经济已由以往的内部经济圈资源整合转向跨经济圈之间交流与合作。在区域经济一体化与区域间经济竞争越来越剧烈的趋势下，区域经济之间只有实现资源、产业、市场等的互补，借力发展，才能实现整个区域的共同发展。促使区域经济"内循环"畅通的首要条件，莫过于区域经济间快速交通畅通的通道，高速铁路的出现保证了快速与便捷的区域间经济联系，例如武广高速铁路以"王"字形沿线贯穿珠三角经济圈、长株潭城市群和武汉城市圈，大大压缩了区域内的时空距离。高速铁路将使中国区域出现更多的"一、三、五、八"经济圈，它如同"跨经济圈"的黏合剂，将进一步促进大尺度国际性经济圈和大城市群的融合。

一　高铁产业带界定、构成要素及空间系统演变

（一）高铁产业带界定

历史上，城市首先产生于交通便利、人口聚集的地方；城市发展的同时也开始与周围的聚集点产生联系，这种联系最初一般较为简单，周围地区为城市提供必需的生活物品，城市为周围地区提供手工品以及其他服务；随着经济社会的发展，城市进一步扩张，并与更远的同等或者更大规模的城市发生交流，人流、物流、信息流等各和要素资源在大城市之间流动，空间相互作用使得城市在区域中逐步形成自己的等级并完成定位；若交通条件改善，城市与其他城市之间必然会产生更多的经济增长点，各种经济增长点规模和功能各不一样，城市与它们之间的联系途径也更为复杂。

在我国，比较有代表性的关于经济增长的理论为陆大道（1995）的点轴空间结构系统理论，该理论以增长极理论和生长轴理论为基础，分析了重点开发轴线的选择与产业带的建立等问题。张国伍、任树芬（1993）在参考国内外有关论述的基础上，首次提出了交通经济带的概念，并主张将铁路建设与沿线城市经济开发相结合。武伟、宋迎昌（1997）以京九铁路为例，在广泛调查的基础上对京九铁路沿线经济带的形成和规划发展做了具体论述，对铁路运输通道与沿线城市的形成机制和空间开发模式进行了研究。韩增林等（2000）认为交通经济带是以综合运输通道为发展主轴，以轴上或其紧密吸引域内的大中城镇为依托，建立在沿线经济部门

技术联系和生产协作基础上，由产业、人口、资源、信息、城镇、客货流等集聚而成的幅带状空间地域综合体。费洪平（1994）认为交通干线、以第二、三产业为主的产业体系、城镇群是交通经济带的三个基本要素。其中，交通干线是交通经济带形成发育的前提条件；大中城市及城镇群是交通经济带的依托，是其发展的客观要求及增长极核；产业集聚、扩散及其结构的演进、升级是交通经济带得以维持的重要因素，是推进其发展的动力。张文尝等（2002）提出，从城市群核心城市向卫星城延伸的铁路放射线，可以有效地将核心城市地区的各种经济活动引向卫星城地区，并能促进铁路沿线土地的开发，而铁路经济带这类放射线一般都是沿着重要的交通走廊布置，走廊两侧已经形成了相对高密度的居民区和工厂；铁路线路等级和运行速度的提升与聚集和辐射效应增强，最终导致城市群在空间上呈现出沿线网扩展的轴状或组团状结构。

参考上述研究，本书将高铁产业带定义为：以高铁作为主要的交通运输通道和发展轴线，依托高铁大流量、高速度、强辐射等特点，吸引各种资源在高速铁路两侧集聚并不断向外扩延，从而形成一条沿高速铁路走向、产业群体相对集中、经济发展高于当地平均水平的带状区域。

（二）高铁产业带构成要素

高铁产业带是一个由若干要素构成的复杂而特殊的带状区域经济系统，不同要素在这个系统中的作用也存在差异。从产业带的内涵来看，高铁产业带应该包括以下几个要素：高速铁路通道、沿线地区的地理位置和自然条件、沿线地区的经济发展状况等。

1. 自然资源禀赋是物质基础

自然资源是一定地区内人类及其活动赖以存在的重要基础，也是社会生产的原料、燃料来源及产业布局的场所和必要条件。地区自然资源的种类、数量、质量、分布、开发利用条件及地域组合状况直接决定了区域开发的时序、经济发展的状况以及该地区在全国地域分工中的地位和定位。

2. 高铁通道是基本前提

高铁通道的走向决定了高铁产业带空间分布的范围和方向，它的运力决定了高铁产业带内部联系和对外联系的能力。通道内主要线路的空间组合状况将决定高铁产业带内部主要增长中心、城镇级别大小和分布格局，以及各种经济联系的走向，最终将决定高铁产业带的空间结构和组织格局。因此高铁只有与配套的基础设施及其他不同的交通工具互相组合，其能力才能得以最大程度发挥，经济活动的集聚与扩散才能得以实现，产业带才能得以真正形成。

3. 沿线经济发展状况是经济基础

高铁产业带的形成和发展离不开实实在在的大规模旅客流动。而旅客乘车不是最终目的，而是通过乘坐高铁快速实现其空间位置的改变，最终满足其上下班、探亲访友、出差、旅游和其他需求。因此，旅客运输需求是一种由人们的社会经济活动需求派生出来的需求，完成空间位移只是使其实现真正目的的一个必不可少的环节。所以，相对派生的客运需求，社会经济活动才是本源需求，也就是说高铁产业带能否良性发展取决于沿线地区经济发展状况。例如，日本东海道新干线通过的是日本著名的京滨、阪神和中京三大经济发达工业地带，而新干线的开通使得工业集聚程度不断提高，形成了世界著名的工业和经济集聚地带；但后来在东海道新干线基础上向西延伸的高铁线路并没有带来相关产业的发展的和集聚，其症结在于通过的地区经济发达程度较低，不能形成有效的产业和人口集聚。

高铁车站是高铁产业带的重要节点，高铁产业带也是依托高铁车站的节点城市不断延伸而形成的。因此，产业带的范围与高铁网络节点的经济发达程度有明显的正相关关系。另外，高铁周边经济发达程度也对产业带的形成具有明显影响，周边城市经济越发达就越能通过高铁承接中心城市的辐射形成高铁产业带。

4. 中心城市和城市群是网络支撑点

历史上，由于地域差异的存在，主要经济活动总是首先在产业带内交通便利、地理位置良好、自然条件优越、资源丰富的区位上产生并发展，进而形成人口和产业活动的点状集聚地——城市。城市的空间分布特征如数量、分布密度、相互间距离、离散程度和均匀程度等构成了高铁经济带空间支撑点的分布特征。随着人口和经济活动内聚力的不断增强，沿线城市成为支配整个区域经济活动的主导力量，如京、津、济、宁、沪等城市及相应的城镇群，集中了京沪经济地带的大部分经济活动，代表了京沪经济带的发展方向和水平。反之，如果沿线没有相应的城市群，那么高铁对区域经济的带动作用就只能表现为点对点的模式，即只会在中心城市产生集聚，而对周边城市的扩散效应由于受到距离衰减规律的制约故不会催生产业带。

5. 相关产业的关联是动力

产业沿高铁分布能够获得高铁带来的成本优势和知识溢出，产业集聚所带来的范围经济和集群内的知识溢出等也是促进产业集聚的重要因素。因此，如果高铁集聚的产业关联度越大，集聚效应就越明显，产业带的范围就越广；反之，如果产业间彼此分散，相互之间在原料、产品和劳动力方面没有太大的关联，仅仅是因为高铁带来的成本优势而形成的集聚，那么产业带的范围就会相对较窄。

（三）高铁产业带空间系统演变

高铁产业带是遵循点轴空间结构系统理论的模式发展起来的。"点"指高铁的节点，从国内外高铁的发展经验来看，点主要是中心城市；"轴"指高铁运输通道，也包括在与中心城市高铁站点相联络的其他运输通道。高铁对区域经济的影响过程就是依托经济中心、以高铁为轴线、通过经济中心连带辐射效应不断发展的过程。

按照梯度转移理论，每个国家或地区都处在一定的经济发展梯度上，一种新行业、新产品、新技术都会随着更新替代由高梯度地区逐渐向低梯度地区转移。但每个地区经济发展所处的梯度不是不变的，随着区域经济的发展，中心城市将对周边地区产生极化效应、扩展效应和回程效应。极化效应会使生产要素进一步向高梯度区域集中，扩展效应会促使高梯度区域生产要素向低梯度地区扩散，而回程效应的作用则会使低梯度区域的生产要素向高梯度区域回流。何种效应的发挥作用，取决于中心城市自身的经济发展强度，也取决于中心城市与周边地区的联系渠道。当高铁开通后，高铁的节点也就是经济中心，将对周边生产要素城市产生强大的吸引力，可以实现跨越式发展。而随着集聚机理的持续作用，各个经济中心的实力不断地得到充实提高，并扩大各自的空间范围，原来的点逐渐扩散成片。以大中城市为重要先导力量，通过技术创新和经济中心实力积累，城市的产业结构的调整不断加快、水平不断提高。经济的进一步发展将推动作为高铁产业带的面结构不断扩散演化。以京沪高铁为例，它的修建可以为长三角产业转移提供更大的空间，使长三角的经济腹地更为广阔，从而为进一步带动沿线经济发展、区域经济提速、优化区域经济格局注入强大的动力。

魏后凯认为,高铁的快速发展会改变城市发展的空间格局,这种改变主要表现在让资源在城市间的扩散与集聚同时存在。一方面,在一些交通簇拥的节点城市,高铁建设有利于各要素集聚,并能促进城市的发展;同时由于高铁缩短了时空距离,大城市的要素也会向其他中小城镇扩散。这是因为,高铁发展并不意味着各种要素只向少数大城市流动。[①] 例如,过去铁路为了提速,封掉了1000多个小站,城际轨道把铁路又还给了中小城市,让它们也可以享受轨道交通文明,让城市生活方式进入农村。未来,城市有没有高铁出站口,是一个很重要的因素。没有的话,可能会对城市造成不利的影响。集中与扩散是同时存在的,从大的方面上看会有利于已建成高铁站的城市,特别是交通簇拥的城市,这就能促成一些大城市群形成。因此,高铁对区域经济的影响过程也依托于中心城市不断辐射的过程,其主要作用机理是中心城市经济快速发展对周边地区产生的辐射效应。

二　长三角城市群高铁带

(一)　长三角城市群发展阶段

随着长三角区域发展规划上升为国家级战略,该区域的战略定位正式确定为亚太地区重要的国际门户、全球重要的现代服务业和先进制造业中心、具有较强国际竞争力的世界级城市群。

同时,作为中国重要的城市群,长三角以占全国12.4%的国土面积、8.4%的人口,在2011年创造了20.1%的国内生产总值、10.2%的财政收入和37.8%的出口总额。在全国经济实力最强的35个城市中,长三角有10个;全国综合实力百强县有一半都位于长三角。可以说,长三角是我国人口较为集中、经济最为密集的发达城市群。

根据《中国城市竞争力报告 NO.2——定位:让中国城市共赢》中对城市群阶段的划分标准,长三角城市群处于发育的第三阶段,正迈向第四阶段,即城市群稳定发展向成熟发展的转变阶段。

---

① 《高铁刷新中国城市格局》,《中国新闻周刊》,http://news.inewsweek.cn/detail-827.html,2014年8月21日。

表5-1　城市群阶段划分标准及长三角城市群发展阶段

	类别	萌芽阶段	快速发展阶段	稳定发展阶段	成熟发展阶段	长三角城市群
中心城市	集聚程度	有集聚	集聚与扩散较明显	集聚与扩散趋于平衡	集聚与扩散趋于动态平衡	集聚与扩散趋于平衡
	人口	200万以下	300万~800万	800万~1500万	1500万以上	1500万以上（其中上海已达2300万）
	GDP比重	低	不高	较高	很高	较高（例如，上海GDP占全国比重3.9%）
城市群	人口	500万	500万~2500万	2500万~7000万	7000万~1亿	7000万~1亿（长三角22个城市已达1.4亿）
	城镇化率	25%以下	25%~60%	60%~80%	80%~90%	60%~80%
规模指标	GDP	1000亿元	2000亿~3万亿元	3万亿~5万亿元	8万亿元以上	8万亿元以上（长三角22个城市已达10.4万亿元）
	GDP规模比重	30%~50%	50%~70%	80%~90%	90%以上	30%~50%（长三角22个城市占全国20.1%）
	城镇体系	不完善	趋于完善	较为完善	完善	较为完善
城镇体系	土地产出率（元/平方公里）	较低	一般	较高	很高	较高
	人口密度（人/平方公里）	300以下	300~800	600~800	800以上	300以下（长三角22个城市人口密度117人/平方公里）
	城乡发展	二元结构突出	二元结构较突出	城乡差异缩小	城乡一体化	城乡差异缩小
	分工情况	很不完善	不完善	较为完善	完善	较为完善
分工体系	首位城市功能	综合	综合，趋于管理	管理	管理职能	管理

注：其中长三角城市群情况由作者整理。

资料来源：倪鹏飞，2004。

　　根据世界银行的发展报告，人均GDP 3000美元左右被认为是现代化的门槛，这也正是经济发展的一个新转折点，经过这个转折点后经济将进入起飞阶段，同时经济社会结构将加速转型。长三角城市群2003年人均GDP超过3000美元，2008年超过6000美元，2011年超过7800美元，其中11个城市超过10000美元，尤其是无锡、苏州、上海、南京、杭州人均GDP相对较高，明显高于世界银行提出的标准。根据美国经济学家钱纳里提出的划分经济发展阶段的标准，长三角22个城市也已经进入发达

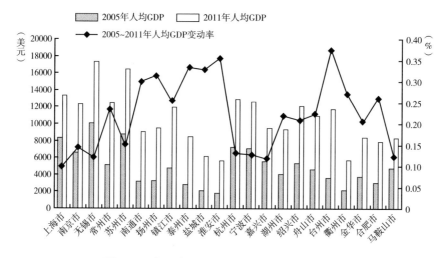

图 5 - 1 长三角 22 个城市人均 GDP 及变化率

资料来源：上海市统计局编《上海市统计年鉴》（2005～2011年）；浙江省统计局编《浙江省统计年鉴》（2005～2011年）；江苏省统计局编《江苏省统计年鉴》（2005～2011年）；安徽省统计局编《安徽省统计年鉴》（2005～2011年）。

经济初级阶段。

长三角城市群已经达到欧美国家小康标准，也与我国得到广泛引用的英格尔斯现代化指标体系差距并不大（见表 5 - 2）。据 2014 年的《城市竞争力蓝皮书：中国城市竞争力报告 No. 12》指出，长三角地区已经在原有基础上浮现出一个更大范围的世界超级经济区，并将带动中国区域经济格局发生巨大变化。2020 年，这一在综合经济、交通体系、市场体系、产业体系等领域实现全面一体化的世界超级经济区将出现在北至陇海线，南抵浙南山区，西至京九线，东临黄海、东海的广袤空间里，包括沪、苏、浙、皖的 40 个地级及以上城市。

表 5 - 2 长三角城市群与现代化的差距

	人均 GDP（美元）	农业占GDP 比重	服务业占GDP 比重	平均寿命	人口自然增长率（‰）
英格尔斯现代化指标	3000 以上	12%～15%	大于45%	70 岁以上	小于 10
长三角城市群现状	7800	4%	50.5%	70 岁以上	2.9

注：长三角城市群现状（2011 年）由作者整理。

资料来源：《现代化指标的国际述评》，中国网，http：//www. china. com. cn/chinese/zhuanti/265500. htm，2003 年 1 月 21 日。

长三角城市群首位城市上海作为全球城市节点的作用逐渐增强。从空间上看，上海对内开放已经形成一圈三带、多维并进的格局。所谓"三带"，分别指起始于上海的长江黄金水道经济支撑带、新丝绸之路经济带和以上海为轴心的沿海经济带，是未来上海对外开放的增长极；所谓"一圈"即指长三角都市圈，是上海内向开放的核心区域。2013 年，长三角四省市以交通为先导，在包括能源、信息、科技、信用、涉外服务、社保、人力资源、城市、金融、产业转移、环保、工商等 12 个合作领域内分头推进，特别是上海—昆山跨省地铁的连通极大地推进了同城化进程。20 世纪 90 年代长三角各地的基础设施建设主要集中在开发区的"七平一通"和高等级公路建设等方面；进入 21 世纪后，基础设施建设呈现大型化趋势，即港口、机场、地铁、高速公路、跨江跨海大桥等现代化大型交通运输设施成为建设的重点，尤其是长三角区域高速铁路网的铺建。

（二）"四纵四横"桥接长三角城市群，激发大网络效应

我国"四纵四横"高铁骨架建设贯彻国家总体发展战略，统筹考虑经济布局及人口和资源分布，体现了主体功能区规划，明确了促进区域协调均衡发展的方向，加强了各大经济区之间的联系。梅特卡夫法则认为，网络效应的大小与网络的规模有关，网络的价值取决于连接到该网络的用户数量，在其他条件不变的情况下，连接到一个较大的网络要优于连接到一个较小的网络。我国许多经济发展相对落后地区（包括革命老区、民族地区、边疆地区等）的共性特点是交通不便，限制了它们与外部世界的联系，资源和产品无法在全国范围内与其他地区形成正常的交换和交流。这些经济落后地区一旦接入以高铁为核心的铁路运输网，必将快速融入国民经济发展的整体体系。随着路网布局逐步完善、路网覆盖面不断扩大，中西部欠发达地区的"造血"功能将大大增强。高速铁路对弥合地区间社会经济发展的非均衡性发挥着极为重要的作用，并能推动经济落后地区的经济发展和社会进步。

1. "京沪高铁"——京津冀城市群、山东半岛城市群和长江三角洲城市群之间的黄金通道

全长 1318 公里的京沪高铁已成为"陆地航班"和"城市公交"，高峰时每天开行列车 210 趟，旅客可以随到随走。它串起沿线京、津、冀、鲁、皖、苏、沪 7 省市，辐射全国 1/4 的人口。从外出旅行到购房置产，从车站周边辐射城市整体布局，从同城效应到区域共赢，京沪高铁对沿线

表5-3 四纵四横与城市群发展

	客运专线	沿线城市群	全长（公里）	总人口（亿人）	总面积（万平方公里）	总GDP（万亿元）
四纵	北京—上海	京津冀城市群、山东半岛城市群、徐州城市群、长三角城市群	约1318	1.2258	16.5655	5.5453
	北京—石家庄—武汉—广州—深圳	京津冀城市群、中原城市群、武汉城市群、长株潭城市群、珠三角城市群	约2260	1.6382	30.3661	5.1861
	北京—沈阳—哈尔滨(大连)	京津冀城市群、辽中南城市群、长春城市群、哈尔滨城市群	约1600	0.8606	28.0765	3.3226
	上海—杭州—宁波—福州—厦门—深圳	长三角城市群、海峡西岸城市群、珠三角城市群	约1600	0.9107	14.1682	4.2674
四横	徐州—郑州—西安—宝鸡—兰州	徐州城市群、中原城市群、关中城市群	约1400	0.7728	17.0854	1.2411
	杭州—南昌—长沙—昆明	长三角城市群、长株潭城市群	约2080	0.9270	28.1567	1.9323
	青岛—济南—石家庄—太原	山东半岛城市群、京津冀城市群	约770	0.5069	8.7674	1.5978
	南京—合肥—武汉—宜昌—利川—重庆—成都	长三角城市群、皖江城市带、武汉城市群、成渝城市群	约1600	1.0867	23.9179	1.6971
三系统	环渤海地区	京津冀城市群、山东半岛城市群、辽中南城市群		2.3592	51.3703	7.7565
	长三角地区	徐州城市群、南京扬州城市群、苏锡常城市群、杭嘉湖城市群		1.4685	20.9303	6.5498
	珠三角地区	广佛都市群、深港都市圈、珠澳都市圈		0.9544	17.7084	3.5696

资料来源：表中四纵四横数据为2007年高铁经停站点城市的加总数据，见《中国城市统计年鉴》（2008年）。三系统数据中环渤海城市群和长三角城市群以省数据为主，珠三角城市群包含广东省全境，见《中国统计年鉴》（2009年）。

城市、黄河三角洲、半岛蓝色经济区乃至环渤海、长江三角洲区域的协调可持续发展发挥着明显的带动作用。"京沪高铁城市旅游联盟"在泉城济南落地，北京、上海、天津、南京、济南、沧州、蚌埠7市签署了《泉城宣言》，将沿线城市间"资源共享，互利共赢"推向高潮，沿线城市围绕高铁车站对城市结构和布局进行全面调整和规划。上海虹桥综合枢纽和商务区是上海经济发展的又一个新引擎。以徐州东站为依托建起一座新城，使徐州的战略区位优势更加突出。济南借助京沪高铁开通运营的契机，在高铁车站所在的槐荫区打造西部新城。

京沪高铁已成为环渤海和长江三角洲两大经济圈之间一条安全可靠、服务优良、客流稳定、综合效应显著的黄金通道。在京沪高铁带来的人流、物流、资金流、信息流的冲击下，两大经济圈融合步伐将大大加快，势必带动新一轮区域经济大发展。

2. "京广高铁"——紧密连接环渤海经济圈、中原城市群、武汉城市圈、长株潭城市群、珠三角经济圈、长三角城市群

京广高铁是目前世界上运营里程最长的高速铁路，北起北京，经石家庄、郑州、武汉、长沙，南至广州，穿越京、冀、豫、鄂、湘、粤六省市，北京至广州最短运营时间控制在8小时以内，比原来最快普速列车节省12小时30分钟。京广高铁全线贯通后，将北京、石家庄、郑州、武汉、广州等主要城市连接起来。建成通车的线路有北京至上海高铁，北京至天津城际铁路，京秦、秦沈客专与哈大高铁，石家庄至太原高铁，郑州至西安高铁，武汉至合肥至南京高铁，南京至上海至杭州高铁，武汉至宜昌高铁，广州至深圳高铁，广州至珠海城际铁路，向东南可进一步经杭州与宁波、温州、福州至厦门高铁相连。京广高铁的全线贯通，使我国高速铁路基本连成网。极大缩短城市间的时空距离，不仅能创造经济效益，更具社会效益，对于加强我国东中西部人员、物资、信息交流，促进区域间经济社会协调发展均有十分重要的意义。京广高铁连接多个经济圈，途经28个城市，全程近2300公里，辐射数亿人群，为我国经济社会发展和人民生产生活改善注入强劲动力。

京广高铁直接带动居民的旅游热情。已有许多旅游公司设计出串联起沿线旅游景点的"高铁团"。而对于旅游资源丰富的河北来说，京广高铁有力催生了旅游市场的繁荣。高铁线路使郑州同文化产业、科研教育发达的京津地区、珠三角地区紧密地连接起来，加速了人才的流动，形成区域优势互补，促使河南文化产业开始"加速跑"。而长沙市相关统计数据显示，武广高铁开通后，参观长沙马王堆博物馆、岳麓书院、橘子洲等景点的游客都有显著增加，直接拉动了当地旅游文化产业发展。

京广高铁加速了产业升级转移步伐。高铁的建设还拉近了沿海发达地区和中部地区的经济交流距离，使沿海产业加速向中部转移，促进了区域经济结构的调整和优化。京广高铁把众多经济圈、城市群等经济区紧密联系在一起，有效减少时间成本，给人员流动带来极大便利。近年来，珠三角地区劳动密集型产业向内地转移，湖南、湖北率先成为承接珠三角产业转移的"桥头堡"，使珠三角地区"腾笼换鸟"的转型升级的进程更加迅速。早在武广高铁开通运营之前，广州与武汉两市就已研究制定了以武广高铁为契机促进产业转移的政策措施。武广高铁沿线分布有湖北、湖南、广东3省的20多个城市，其强大的经济辐射作用将直接促使沿海产业加速向内地进发，促进"3小时经济圈"的经济融合和发展，有望带动形成一个千亿元产业区。在以郴州、衡阳为代表的湘南地区，承接产业转移正在成为这里最热的"热词"，湖北部分地区还专门开辟了"广东工业园区"。

京广高铁为河北跨越式发展增添了动力。京广高铁的开通，使得河北地区劳动力、土地和各类生活成本的比较优势变得更加突出，京冀两地的优势互补、信息互通、资源共享将进一步加强。高铁带来的交通便利在一定程度上将促进京津冀及其他沿线地区教育、医疗资源的优化整合，放大优质教育、医疗资源的扩散效应。京广高铁也为沿线旅游业发展带来无限商机，同时为沿线文化产业聚集创造了条件。高铁沿线城市之间时空距离的大幅缩短，为不同地区居民的文化沟通提供了更多便利。京广高铁开通后，保定、石家庄、邢台、邯郸等地为充分利用地近北京的优势，都开始以高铁车站为中心规划出全新的商贸、物流、金融中心和当地特色文化展示综合体，为更好地承接北京产业转移、服务首都、拉动旅游做好准备。

3. "京沈—哈大高铁"——直接连接环渤海经济圈、辽宁沿海经济圈、吉林中部城市群、哈大齐工业走廊的快速通道，间接连接长三角城市群

（1）哈大高铁：哈大高铁沿线城市联盟成立后，联盟成员可以充分利用资源互补优势，整合包装旅游产品，编排旅游线路，构建包含哈大高铁沿线自然生态游、城市风情游、冰雪温泉游、美丽乡村游等多类别的旅游产品体系，方便各地游客乘坐高铁游中国。借助高速铁路提供的便利，从北疆的黑土地到浩渺的渤海边，只需要4个小时就跑完全程。哈大高铁的开通运行，对推动东北区域协调发展、促进东北老工业基地振兴发挥着越来越大的作用。

哈大高铁不仅拉近了东北主要城市之间的时空距离，更架起北京、上海、天津等中心城市与东北之间的"高架桥"。哈大高铁南端与建设中的丹大铁路和烟大轮渡相通，中部与长图、长白、沈山、沈丹、沈吉线及秦沈客运专线衔接，北端连接滨绥、哈佳铁路，使以沈阳、大连、长春、哈尔滨4座城市为中心的新"1小时交通圈"成形，进而连接京津沪地区。哈大高铁不仅是一条省际大通道，更是一条推动经济发展的快速轨道。随着东北老工业基地的振兴，东北优质煤炭、石油、粮食、木材等资源和能源将源源不断运往全国各地。原有的大连至哈尔滨铁路线既承担旅客运输又负责货物运输，早已不堪重负，哈大高铁的开通将释放5000万吨至6000万吨的运能用于货物运输，极大地加快了能源等各类物资流通的速度，将东北经济引入发展的快车道。

（2）盘营高铁：盘营高铁开通前，若要坐动车组列车从大连去北京，需经由哈大高铁绕行到沈阳后再通过既有京哈铁路到北京，运行的路程就像"弓背"。盘营高铁开通后，大连到北京乘坐动车组列车不必再绕行沈阳，进入盘营高铁直接通至既有京哈铁路，运行的路程就像"弓弦"，有效缩短了时空距离。

（3）长吉城际高铁：长吉城际高铁建成通车后，能够将以长春、吉林为中心的一些城市连接起来，对于增强长春、吉林两座中心城市的辐射带动作用和产业扩散能力、提升吉林省在全国的经济竞争能力具有重大意义。

4. "东南沿海高铁"——连接长三角城市群、海峡西岸经济区、珠三角城市群的快速通道

厦深、福厦、温福、甬台温、杭甬等铁路相连后构成我国《中长期铁路网规划》中"四纵四横"快速铁路网规划中的重要"一纵"——东南沿海铁路。东南沿海铁路通道的建成，加快了"长、珠、海"地带间人员、物资、信息、资金交流，为三大经济区发展"同频共振"提供助力。

（1）厦深高铁：这条被喻为"特区之虹"的快速铁路，不仅将厦门、汕头、深圳三个经济特区连成一线，还通过与福厦、温福、杭甬等铁路相连，打通我国东南沿海铁路"大动脉"，成为贯穿长三角、海峡西岸、珠三角三大经济区的一条"黄金走廊"。厦深铁路的通车，结束了闽粤两省的漳浦、云霄、诏安、饶平、普宁、陆丰、汕尾、惠东等8个县市不通铁路的历史，大大缩短了闽粤两省间的时空距离。厦深铁路通车，对于加快

海峡西岸、长三角、珠三角三个经济区的人员、物资、信息、资金交流、完善区域综合运输体系，促进区域经济社会快速、可持续发展具有重要意义。这条铁路"大动脉"打通后，深圳至上海的最快旅行时间将由之前的 18 小时缩短至 11 小时 51 分。厦深高铁成为连接长三角、海峡西岸和珠三角的铁路"黄金走廊"，对于突破交通"瓶颈"、完善路网结构、提高综合运输能力、促进东南沿海经济社会发展具有非凡意义。

（2）福厦高铁：福厦高铁使福州、厦门之间铁路运行时间从原来中转绕行所需的 11 小时缩短到目前的 1.5 小时，省内相邻设区市之间形成"1 小时交通圈"，各设区市到省会福州形成"2 小时交通圈"，使"同城效应"日趋凸显。福厦高铁等一系列高速铁路的相继建成，将大大缩短海峡西岸经济区与长三角、珠三角之间的时空距离，并有利于对接"两岸三通"，为海峡两岸同胞交流往来带来极大便利。福厦高铁通车，使福建沿海基本上形成"2 小时经济圈"，再对接 80 分钟到台北的空中直航以及便捷的"小三通"，让台商和台胞几个小时就可跑遍八闽大地，对促进海峡西岸的经济发展、推动祖国统一都具有十分重要的意义。

（3）温福高铁：温福铁路建成后，福州到上海的行车时间可缩短近 9 小时，福州到温州也只需 2 小时。温福、福厦、龙厦等快速铁路建成后，福建省的 5 个经济中心城市——福州、莆田、泉州、厦门和漳州将直接融入沿海交通网络，彻底化解困扰福建铁路多年的技术与速度瓶颈，在"十二五"期间推动福建形成较为完善的"二纵五横"快速铁路网络。

（4）甬台温高铁：甬台温铁路承担浙江东部地区、沪苏南地区与福建、粤东地区的客货交流，对于形成沿海铁路快速通道，加强东南沿海经济发达地区内部的联系和交流，促进长江三角洲经济区、珠江三角洲经济区和闽台经济区的协同发展，维持沿线经济持续快速发展均有重要作用，对加强国防建设也具有重大意义。

甬台温铁路建设使宁波成为区域性的铁路枢纽，改写了宁波一直作为铁路末端的历史，也填补了奉化、宁海等县市无铁路的空白，使宁波与长三角、珠三角乃至全中国的客货交流运输更便捷、经济；城市辐射能力增强，范围扩大，进一步强化宁波作为长三角南翼和浙东中心城市的地位。宁波作为一个国际港口城市，公路、水路、民航基础设施建设突飞猛进，但铁路"短腿"的制约仍较为明显。甬台温铁路的建设，将有力促进作为上海国际航运中心的宁波－舟山港的一体化发展，与一环五射的高速公路主骨架网络相连，形成区域发展的主动脉，并将带动出口的增长和国际性产业集群及沿海城市群的发展。同时，甬台温铁路作为重要的基础设施，为宁波的生产性服务业、消费性服务业和文化旅游业发展提供必要的"物质网络"支撑。该项目建成后，宁波对外交通运输的主通道能力将得到增强，公、铁、水、空多方式的联运网络得到拓展，客货交流运输更为通畅，必将对宁波现代物流、旅游等服务业发展起到有力的推动作用。

（5）杭甬高铁：杭甬高铁建成后将与沪杭、沪宁、宁杭等线路构成长三角城际铁路的"金三角"，形成沪、杭、宁、甬等城市间"1至2小时交通圈"，充当连接宁波、绍兴、台州等长三角南翼城市与沪杭宁等中心城市的通道，对促进长三角城市圈经济一体化具有推动作用。杭甬高铁向北通过沪杭高铁、宁杭高铁，可连接京沪、沪宁和合宁高铁，向南通过甬台温、福厦高铁直达台州、温州、福州、厦门等东南沿海城市，大大缩短居民的城市间出行时间，使同城效应得以显现。从绍兴到南京和上海的时间都将缩短到1个多小时，高铁让绍兴与沪宁间形成"1小时都市圈"。同时，绍兴到杭州、宁波的行车时间将缩短至半小时以内，杭州至温州的时间将缩短至2个多小时，到厦门将缩短至5个小时左右，杭州至深圳的时间将由现在的16个小时缩短至8个小时左右，杭州到青岛的时间也只需约6小时。南京、上海、杭州通过沪宁、沪杭、杭宁高铁连成高铁环，长三角真正实现了"1小时交通圈"。

5."徐州—郑州—兰州高铁"——连接长三角城市群、山东城市群、中原城市群、关中–天水经济区的快速通道

徐兰高速铁路是我国中长期铁路规划中"四纵四横"客运专线的"一横"，它由郑徐高铁、郑西高铁、西宝高铁、宝兰高铁四段组成，全长约1400公里。徐兰高铁全线贯通后，从郑州到兰州只需5个多小时。

（1）郑徐高铁：郑州到徐州高铁线建成通车后将与京沪高铁共用徐州东站，从上海往徐州方向发出的高铁、动车将在这里实现中转，从南京经徐州转道郑州将比现有动车组节省一半时间。随着郑徐客运专线和宝兰客运专线的建成，徐州至兰州客运专线也将全线贯通，届时将大大缩短中西部地区与东部沿海地区的时空距离。中原经济区、关中–天水经济区与泛长三角经济区的联系将得到极大的加强。未来该线路还将通过徐连客运专线东延至连云港。

（2）郑西高铁：郑州至西安高速铁路客运专线通车运营，使郑州和西安间的旅行时间由过去的6~8小时缩短至2小时内。

（3）西宝高铁：西宝客运专线地处国家"关中－天水经济区"的发展主轴，也位于陕西省"一线两带"经济发展区主轴上。作为横穿陕西关中地区的"金腰带"，西安至宝鸡客运专线工程建成后，将有力提高关中地区交通基础设施水平，进一步密切沿线各城市间的经济联系，为陕西"一线两带"经济建设提供可靠的运输保障。西宝客运专线上西安至宝鸡客运专线的建成，可实现陇海铁路客货分线运行，客运输送能力将达到单向每年1.19亿人次以上，货运输送能力将达到每年1亿吨以上，能够完全满足当前及今后一个时期发展需要，对于扩大东西铁路通道能力、完善西部路网结构具有重要意义。西宝客运专线建成后，还兼有城际铁路功能，与郑西、徐郑客专以及在建的宝鸡至兰州客运专线相连，形成陇海客运专线，对支持地方经济发展，推进西安、宝鸡城市群的形成，加强陆桥通道运输能力，提高运输质量具有重要的意义和作用；也将从根本上解决既有通道运输紧张的状况，对扩大东西通道能力、完善路网结构、强化路网主骨架建设、实现铁路跨越式发展均具有重要的意义和作用。宝鸡南站是宝鸡的地标性建筑，其开工建设和最终建成进一步改善宝鸡的交通条件，完善城市服务功能，增强城市的辐射力和影响力，对于提升宝鸡城市形象、加快城市发展速度、加强对外交流和促进经济发展等方面发挥十分重要的作用。

（4）宝兰高铁：宝兰客运专线的通车将大大缩短西北与中、东部地区的时空距离，实现区域内客货分线运输，解决西北地区陆桥通道的运输能力问题。宝鸡至兰州客运专线东端与西安至宝鸡客运专线相接，向东可直达中原及华北、华东地区，向西可连通青海、新疆，并通过兰州枢纽与包兰铁路、兰渝铁路衔接，是全国铁路网主骨架的重要组成部分，也是横贯西北地区与中东部地区的客运主通道，主要承担西北地区（新疆、西藏、甘肃、青海）对外直通客流，兼顾通道沿线大中城市间的城际快速客流，是一条具备超大运力的客运专线。这条线路的开通使兰州至宝鸡的时间缩短为2.3小时，兰州至西安仅需3小时，兰州至北京在8小时内。高铁开通之前，从陕西宝鸡到甘肃天水需要3小时左右，而开通专线后两地之间运行仅需1小时。宝兰铁路客运专线有利于提高陇海－兰新铁路运输通道客货运能，加快国家确定的关中－天水经济圈、陇海－兰新经济带的经济社会发展，有利于西北和华东地区之间的经济商贸往来；有利于推动西部欠发达地区并入经济快速轨道，提高沿线广大人民群众的生产生活水平；更有利于充分发挥兰州新区作为国家向西开放的战略平台和在甘肃战略布局中的中心带动作用，发挥甘肃连接欧亚大陆桥的战略通道优势，进一步提升甘肃对外开放的形象和水平。高铁建成后，将使这一地区既有铁路与客运专线的最大输送能力达到客运单向 6000 万人次、货运 10000 万吨，客运列车行车速度将从 77 公里/小时提高到 200 公里/小时以上，大大缩短西北地区与中东部地区的旅行时间，对提高陆桥通道运输能力和运输质量，实现东、中、西部区域经济的协调发展，确保西部大开发的顺利实施，加强城乡一体化，促进沿线旅游业，带动相关产业发展具有重要意义和作用。

6. "沪昆高铁"——连接长三角城市群、鄱阳湖生态经济区、洞庭湖生态经济区、贵安新区、滇中城市群的快速通道

（1）沪杭高铁：该线路既是沪昆高铁最早建成运营的一段，也是长三角高铁"铁三角"的重要一边，还是沿海高速铁路的组成部分。沪杭高铁率先开通运营后，杭州与上海的同城效应越来越明显，特别是沪杭高铁列车运行时刻的公交化，使得双城生活成为一种新选择，杭州的宜居与上海的宜商得到了高速连接。

（2）杭长高铁：杭南长（杭州—南昌—长沙）客运专线东起杭州东站，经过南昌西站，西达长沙南站，全长 927 公里。线路横贯浙江、江西、湖南三省，途经杭州、南昌、长沙 3 个省会城市，是一条以承担区域间长途旅客为主、城际旅客为辅同时兼顾与南北方向高速铁路之间转换客流的东西向客运专线。

（3）长昆高铁：长昆客运专线系沪昆客运专线西段，途经湖南、贵州和云南境内。

7. "沪汉蓉高铁"——沿江综合交通体系的重要一级，支撑长江经济带战略

东起上海、西至成都的沪汉蓉高速铁路，全长 2000 余公里，是一条与长江黄金水道并行的沿江快速铁路大通道，它的建成将加快中国沿江经济融合，促进沿江经济协调发展。连接中国东、中、西部地区的长江流域，是中国经济最为发达的地区之一，在中国经济发展中处于东出西进、辐射南北、带动周边的"脊梁"位置，涉及人口近 5 亿，GDP 总量约占全国的 40%，战略地位举足轻重。首条沿江快速铁路大通道的建成，形成了水路、公路、铁路复合交通轴，三种交通运输方式功能互为补充、渐趋合理，将有效促进沿江经济带的快速融合发展。沿江城市布局将进一步优化，产业结构进一步改善。高速铁路改变了当前沿长江经济带的断裂状态，使其连成一个整体，沿江经济融合步伐将因高铁建设而大大加快。

8. 青岛—石家庄—太原客运专线——"高铁"跨越太行山，交通圈变为经济圈

（1）石太铁路客运专线：该专线开通后，从太原到石家庄只需1小时，比现在减少近4小时。这将大大分流既有石太铁路客运压力，每年为其腾出3000万吨的运力，拓宽晋煤外运通道。石太铁路客运专线是连接中国西部和华北的一条快捷运输通道，其开通意味着我国西、中、东部的一些中心城市将与北京形成一条运行频率接近公交的城际铁路线。大运力的铁路运输将给山西的农副产品、旅游资源等带来更大的市场空间，2小时的交通圈将变为经济圈。

（2）石济客运专线：该专线将使石家庄成为客运专线的"十字路口"，形成石济1小时交通圈。这条沟通京广客运专线和京沪高速铁路的客运大通道，将大大增强石家庄的铁路枢纽地位，石家庄到北京、太原、郑州、济南等大城市的时间都将控制在1小时左右，"1小时时空"离石家庄越来越近。济南新东站确定的规划原则旨在吸引城市客源，方便客流集散，提高铁路客运效益，带动省会东部城区建设发展。新东站片区规划范围约30平方公里，将在此打造以交通枢纽功能为主的城市综合体。

（3）胶济客运专线：该客运专线在2008年北京奥运会开幕前建成运营，旧有线路改为货运专线，使山东省经济的"黄金通道"胶济铁路真正实现客货分线，进一步释放运输能力，形成区域内1小时交通圈，构筑半岛地区城际客运网络，满足山东省东部地区快速增长的客货运需求。时速200公里的动车组从青岛出站后通过娄山站就可以全速运行，因此到济南的时间可以从原来的3个半小时缩短到2小时以内，从青岛去北京也仅需4小时；由青岛市始发的大多数列车都经过胶济铁路，始发列车节省1小时左右。

（三）长三角、珠三角、京津冀城市群与各省域城际高铁

我国的城市群是人口、城市分布密集的区域，也是区域经济较发达的区域。随着经济快速发展，各城市群之间及城市群内部的经济文化交流与合作的需求越来越强烈，这势必对铁路产生大流量、高频率的运输需求。再加上城市群集聚着一些较发达的城市，其居民收入水平较高，对高铁票价的敏感性相对较低，因此客运市场的需求价格弹性相对较低，呈现出客运市场大、客流相对稳定的特点，为建设高速铁路提供了良好的市场基础。目前，高铁开通的直辖市、省会城市等的高铁旅客发送量在全国铁路旅客发送量中占比较大。2014年7月1日，高铁、动车首度成为客运"绝对主力"，开行数量首次占到旅客列车总数的50%以上，在一些节假日期间高铁运送旅客数量更是不断创出新高，"普铁时代"逐渐变为"高铁时代"。高速铁路网的大规模建设与运营实现了人流、物流、资金流、信息流和技术流的高效流动，推动了城市群的发展。

我国在环渤海城市群、长江三角洲城市群、珠江三角洲城市群、长株潭城市群、成渝城市群以及中原城市群、武汉城市圈、关中城镇群、海峡西岸城镇群等经济发达和人口稠密地区建设城际客运系统，覆盖区域内主要城镇。

1. "沪宁、沪杭、杭宁、杭甬高铁"支撑世界第六大城市群——长三角城市群

国务院《长江三角洲地区区域规划》明确了长三角地区发展的战略定位，要求把长三角打造成为亚太地区重要的国际门户、全球重要的现代服务业和先进制造业中心、具有较强国际竞争力的世界级城市群。现代化的交通运输体系是实现发展规划目标的关键，而长三角地区原有的铁路、公路甚至水路的运输能力已趋于饱和，比如沪杭线路以客车为主，货运列车的安排已经基本饱和，沿线企业的货物运输需求完全得不到满足，严重制约了经济发展，迫切需要提升运输能力，解决办法就是在沪杭间建设一条快速客运通道。沪杭（最快45分钟）、沪宁（最快73分钟）、宁杭（最快70分钟）高铁在上海市、江苏省和浙江省之间形成一条更加快捷的铁路运输通道，从根本上缓解沪宁杭交通走廊运输紧张的状况，实现各主要城市之间的"同城效应"，长三角将形成以上海、南京、杭州为中心的1～2小时交通圈，到长三角各个城市坐火车就像乘公交一样快捷。

（1）沪宁高铁：沪宁高速铁路将上海与南京之间的城市连点成线，全长307公里，承担短途客运，释放老沪宁线路的货运能力，它也是中国最繁忙线路之一。沪宁高铁促使沿线城市上海、南京以及苏州、无锡、常州、镇江等城市间建成一条工业化长廊，辐射范围从市区延伸到县、镇、工业园区、旅游景区，加快了长三角地区城镇化进程，能够有效助推长三角现代化的建设。这条便利快捷的铁路运输通道，不仅为两省市经济发展、人员往来和优势互补提供了更加便捷的条件，而且将与京沪高速铁路、宁杭城际铁路以及沪杭客运专线等在长三角地区构建起一个现代化的快速客运网，形成 1 小时交通圈、经济圈，推动长三角地区经济一体化发展。沪宁城际高速铁路的开通运营标志着长三角 1 小时都市圈的构建取得重大突破，对于提高长三角地区综合竞争力、在更高水平上实现又好又快发展具有重要战略意义。

（2）沪杭高铁：沪杭高铁既是长三角地区现代化的快速客运网，也是沪昆高速铁路的重要组成部分。沪杭线全长 202 公里，全线设 9 座车站。沪杭客运通道实行"公交化"运营，规划年输送旅客为单向 8000 万人次。这种高强度、高密度的"公交化"运营方式，对于形成区域快速客运网络、加快实现客货分线运输、有效缓解运输紧张状况、促进长三角经济社会发展具有十分重要的意义。长三角地区是我国目前经济发展速度最快、经济总量规模最大、最具发展潜力的经济板块，经济联动效应明显，人员流动频繁，商务、旅游、探亲人数逐年递增。沪杭铁路不仅与京沪高速铁路、沪汉蓉高速铁路、杭长高速铁路和沿海高速铁路紧密衔接，也与杭甬、沪宁、宁杭等城际铁路连接，共同组成覆盖长三角地区并向其他区域辐射的快速客运网，不仅对上海、浙江的发展有促进作用，更对其他区域经济社会发展具有十分重要的意义。

高铁"公交化"运营使沪杭两地从距离上实现"同城化"，但真正的"同城化"需要两地在交通、旅游、医疗、社保、教育、邮政、信息、人才、市场等领域实施一体化建设，包括：沪杭交通一体化，推进沪杭高铁、申嘉湖杭高速公路、杭州东站综合交通枢纽等重大项目，加强杭州萧山国际机场与上海浦东、虹桥国际机场的合作，进一步缩短沪杭两地的时空距离，公交卡异地使用也成为可能；沪杭旅游一体化，合作开拓旅游市场，打造旅游信息共享平台，使沪杭两地互为重要旅游目的地和客源地；沪杭医疗一体化，加快沪杭两地医疗卫生重大课题联合攻关和医疗卫生人才联合培训，建立两地医疗卫生机构的检验、检查结果互认制度，加快两地医保互通，确保在异地生活、工作的人能及时就诊；沪杭社保一体化，力争社保卡"全国通用"在沪杭两地作为试点先行；沪杭信息一体化，共同建设沪杭公共信息平台，加快建设互联互通、资源共享的现代金融、电子商务和电子政务信息系统；沪杭人才一体化，建立区域人才信息网络互通与共建共享机制；沪杭市场一体化，逐步形成覆盖两地的产权交易网络，加快建立沪杭商品市场网络体系，建立沪杭两地统一的支付系统，实现票据交换业务同城化，推进两地产学研合作和科技交流，建立技术研发合作及信息和交易网络。

（3）宁杭高铁：宁杭高铁与沪宁高铁、沪杭高铁共同构成沪宁杭"铁三角"高速铁路客运通道。它的开通打破了长三角城市群内宁杭沿线城市联系不紧密的僵局，从杭州到南京将不用再绕行上海，总距离将缩短约 210 公里，时间可缩短 1 小时左右，结束了上海至宜兴、湖州、溧阳等地没有客运铁路的历史，打通了黄金三角最后的脉络，形成黄金三角循环有效的连通，完善国内快速路网格局。随着运输成本的降低，宁杭高铁沿线原本薄弱的经济地带将得到深度开发。随着 1 小时左右生活圈的建立，同城化效应将能促进长三角进一步一体化，增强长三角核心城市对苏北和皖江城市带的辐射力。

（4）杭甬高铁：杭甬高铁是《中长期铁路网规划》中的"长三角"城际客运系统的重要组成部分，全长 149.8 公里。该线路开通后，杭州到宁波约 40 分钟，行程比原来要缩短一半以上。杭甬高铁向北通过沪杭高铁、宁杭高铁，可连接京沪、沪宁和合宁高铁，直达上海、南京及其他沿线各城市；向南通过甬台温、温福、温厦高铁直达台州、温州、福州、厦门等东南沿海城市；待厦深铁路建成通车后，可全线贯通东南沿海铁路，上海通过高铁可直达深圳。

就规模而言，长三角仅仅是世界第六大城市群，但变身"高铁三角"后有望成为区域内交通全球"最快"的城市群，成为城市化品质提升的新样板，长三角同城时代就此开启。所谓同城时代，通俗地说就是交通 1~2 小时圈。在仅有沪宁、沪杭高铁的时代，从杭州到南京最快需要 3 个多小时；新开通宁杭线后，旅程时间缩短一半，由此产生的经济效益难以估量。先期开通的沪宁、沪杭线，串起的是长三角的"财富重镇"。有资料显示，整个江苏省的财富六成以上产自沪宁铁路沿线。新开通的宁杭线，从走向来看，连接的是整个长三角的"西部腹地"，有利于产业均衡布局，能够挖掘长三角西部的经济新增长点。长三角的高铁网络直接与中国经济的另一个增长极珠三角紧密相连。随着高铁三角时代到来，长三角城市群的交通硬件系统甚至能在某些方面赶超了世界其他五大城市群；在软件层面，则有望通过人流的加速流通，带动观念的变革，打破隐性的行政壁垒，在体制机制创新层面构建新的"高铁三角"，真正实现与世界级城市群齐头并进。

2. "京津、京广、津秦"高铁网络，推动京津冀一体化

（1）京唐城际高铁：京唐高速铁路建成后，从唐山乘火车到北京只需半个小时，唐山将真正加入首都半小时经济圈。

（2）津秦高铁：津秦高铁的开通加快了河北沿线地区工业化、城市化进程，进一步强化了河北省与天津、东北的联系，推进了京津冀地区一体化发展和环渤海地区的经济崛起，加速环渤海区域交通"一体化"形成。津秦高铁投入运营后，通过天津—唐山—秦皇岛之间的快捷交通，可以增进津、唐、秦之间的人流、物流、商流和信息流的全面密切交流；向北连接京哈线、哈大高铁，向西连接京津城际铁路，向南连接京沪高铁，将东北、华北、华东、中南地区的快速客运通道连接成网，缩短了东北与"关内"广大地区的时空距离。"同城"是区域经济一体化的一种具体实现形式，"高铁1小时交通圈"必将为环渤海地区经济一体化发展带来新的穿透力。京沪高铁的开通，实现了沧州与天津、北京的"半小时""1小时"交通圈。津秦高铁的开通分别将唐山、秦皇岛到天津的时间缩短至40分钟和1小时11分，河北省的环渤海1小时交通圈梦想正在变为现实。目前在沿海地区的产业发展中存在梯度差异，但各方资源具有互补性。津秦高铁的开通运营促进了环京津冀产业带的形成，使得河北沿海地区劳动力、土地资源和发展区域产业链的比较优势变得更加突出，也使得京、津部分产业向河北沿海地区快速转移成为可能。唐山位于环渤海开放的前沿，具有吸纳国际资本、承接海外产业的突出区位优势，尤其是港区开发潜力大、发展国际经济条件优越，已经逐渐成为国际制造产业向河北转移的主要目的地。

高铁沿线的卢龙、滦县、迁安等县（市），为了充分利用地近京津的优势，都在围绕高铁做文章、发展高铁经济。卢龙位于京津中间地带，县城离津秦高铁中间站只有几公里，可以利用高铁资源通过招商主动对接、服务天津。秦皇岛是我国第二批低碳试点城市之一，津秦高铁的开通为秦皇岛打造低碳城市提供了强有力的支撑。高铁开通能带动铁路沿线房地产业、交通运输业，特别是旅游业的发展。津秦高铁沿线城市广布，人口密集，有天津市区、滨海新区、唐山（曹妃甸）以及北戴河、秦皇岛等旅游城市和知名景区，沿线旅游资源丰富，出行的便利增加了游客对这些城市和景区的向往。高铁时代构筑了旅游业发展的新格局，高铁旅游正在成为一种全新的生活方式，河北省可以整合高铁沿线的旅游资源，突出河北地方特色，开发与天津滨海新区互补、互吸、互惠的旅游产品，实现错位发展。河北滨海旅游通道与天津实现对接，以旅游促进高速交通的利用率，以高铁带动区域旅游的一体化，与天津开展同城旅游规划，实现同城休闲，打休闲牌、生态牌、乡情牌，合力打造具备多种旅游产品、多元个性服务、多样旅游线路的津秦唐生态旅游圈。

3. 广深港高铁、广珠城轨等高铁线路构成珠三角城市群快速客运框架

（1）广深港高铁：广深港高铁广深段全长 104.5 公里，连接广州、东莞、深圳及香港，在广州设广州南站和庆盛站，东莞设虎门白沙站，深圳设光明、深圳北站和福田站，最终抵达香港的西九龙总站。广深港高速铁路是一条部分通车的在建高铁，是中国"四纵四横"客运专线中京广高速铁路客运专线（京广高铁）至深圳、香港的延伸线，也是珠三角城际快速轨道交通网的骨干部分。广深铁路已经于 2011 年 12 月开通运营，广州南站到深圳北站只需 36 ~ 43 分钟，尽管时间缩短，但也有评论认为这条线路是全国高铁同等线路中票价最贵的。例如，广深线路中从樟木头到深圳距离 44 公里，二等座需要 40 元，相当于每公里 0.91 元；而沪杭线路中苏州到无锡的距离为 42 公里，却只需要 13 元，每公里约为 0.31元。也就是说，广深高铁的每公里票价约是苏州到无锡高铁票价的 3 倍。广深高铁也曾出现多次打折，但只涉及商务座和一等座。

深港高铁是香港首条高速铁路，目前处于建设阶段，这条铁路将接驳兴建中的国家高速铁路网络，包括京广铁路客运专线和杭福深客运专线，往上海只需 8 小时，至北京亦只需 10 小时，比现在可节约大约一半时间，将加快香港与珠三角地区的经济社会交流互动，同时也有利于香港、珠三角向内地城市辐射带动经济发展。

（2）广珠城轨：又称广珠城际铁路，以北面的广州南站为起点，途经佛山市顺德区、中山市，南至珠海市拱北口岸的珠海站，整条线路总长177.3 公里。广珠城轨的开通，影响着城市布局以及公共交通线网、商业网点的分布，更大的意义在于对珠江西岸的"珠、中、江经济圈"的交通一体化进程实现了历史突破性。2015 年广珠城轨将直通横琴，江门市区到澳门只需 1 小时，这将大大方便澳门与广东的经济社会互动交流，拉动两地旅游经济。

在珠三角城轨"同城化"规划中，未来的珠三角地区将以广州、深圳、珠海为中心，形成"三环八射"路线图。一环是广佛环线，扩大广州白云机场、广州南站等重要客流集散点辐射范围，加强广州和佛山间的联系；二环由穗莞深、中山—南沙—虎门、广佛珠三条城际线组成的环珠江口的中环线构成；三环是穗莞深、深圳—珠海、广佛珠三条城际线组成的环珠江口的大环线。八条放射线分别是广佛肇、广州—清远、广州—惠州、东莞—惠州、深圳—惠州、珠海—斗山、江门—恩平、肇庆经高明至南沙等城际线。

4. 在省会城市和地级市之间搭建省域高铁网络，并与"四纵四横"融会贯通

（1）杭长高铁：这是中国"四纵四横"客运网主骨架之一——沪昆高铁的一部分，线路全长 933 公里，2014 年 12 月开通，贯穿浙江、江西、湖南三省。杭长高铁不仅使浙江省内杭州、金华和衢州三市的同城化效应得以突显，也会带动环杭州湾产业带和金衢丽产业带的建设，促进沿线城镇化、工业化进程。杭长高铁不仅影响浙江，江西、湖南两省也都希望借助高铁获得快速发展的机会。江西南昌借助高铁"1 小时经济圈"扩容，将在上饶、宜春、新余、鹰潭上等城市设高铁站点，扩大发展空间，在更大范围内合理配置资源。不仅如此，南昌、九江、抚州与宜春都希望借助高铁加快推进四市合作进程，着力打造"一圈两化"（省会 1 小时经济圈与昌九一体化、昌抚一体化）的发展格局。在经济全球化、区域一体化的背景下，中心城市仅凭"单打独斗"和"孤军奋战"已很难在日趋激烈的市场竞争中与其他城市群相抗衡。所以南昌只有依托高铁 1 小时经济圈，加速中心城市生产要素的积聚，让江西省赣东、赣西经济板块"两翼齐飞"的态势更加明显，使这两个地区成为江西省经济的新增长极。

高铁不仅拉动中心城市的发展，更大意义在于给予中小城市发展的机会，如江西西大门萍乡因高铁成为一座"机遇之城"。高铁开通后，萍乡到湖南株洲只要 30 多分钟，到株洲乘武广高铁去广东只要 90 多分钟，因此萍乡成了江西对接珠三角的桥头堡；萍乡到长沙只要 20 分钟。以萍乡为中心，以 2 个半小时路程为半径，可以通达中国 7 个比较发达的经济体。另一个城市上饶也因高铁获得发展机会，它的区域性交通枢纽的区位优势非常显著，处于长三角经济区、海西经济区、鄱阳湖生态经济区三区交会处，京福和杭长两条高速铁路也相交于此，是国内少数几个拥有高铁"十字架"线路的设站城市。两条高铁将为上饶带来机遇，有利于上饶承接东南沿海的产业转移。

杭长高铁对江西省整个交通运输业有巨大改善，促进了经济的发展，体现在招商引资、旅游、人才流动、物流等几个方面。首先，加快招商引资。相比浙江、湖南，江西企业的用地、用工、资源成本低，但招商引资非常困难，主要原因在于物流成本高，高铁的开通无疑会增加运输能力，加快物流进度，降低物流的时间成本和经济成本。

其次，加快旅游经济。高铁开通将改变整个江西省的旅游格局，南昌市民到昆明、桂林等地旅游将实现常态化，借道昆明出境旅游也变得更加容易。

再次，增加新服务业。例如，上饶市玉山县找到了一条将电子商务与高铁对接的商机，玉山衔接内地与沿海，拥有堪比江、浙、沪的快递时效性，兼有内地仓储的低成本优势，区位条件优势使得大量电商愿意将仓储物流实体转入玉山。从玉山发货到全国各地，平均每天要发1万多单，因场地成本、快递服务收费低廉，仅物流这一项就为企业节省了一大笔开支，这也造就了玉山物流、快递业的迅猛发展。同时，新的服务业为玉山创造了一条人才输送生命线，企业可以将客服、研发、设计、品牌运营人员留在玉山，总部设在上海，这样可使公司以更低的成本融入上海大都市圈。

最后，加快人才及劳动力流动。高铁缩短了南昌到达长三角、珠三角的距离，这将有利于吸引大量人才、客商进入江西进行资本投资和知识投资。这也有利于劳动力快速流动，如杭长高铁江山站已成为浙闽赣三省边界游客和农民工集散地。据统计，该站2015年春运30天发客量达10多万人次，比去年同期涨幅达50%。由于江山周边地区直达长三角地区的列车不多，因此江山火车站始发车多、车票好买、上车不挤，来此乘坐高铁成了周边省份如福建、江西以及浙江常山、开化的农民工外出长三角地区打工的最佳选择。

（2）武汉高铁枢纽："十"字成形，"米"字铺展。俯瞰荆楚大地，"四纵三横"铁路构架正"连段为线，织线成网"，使湖北铁路版图更加丰满。焦柳线、京广线、武广高铁、京九线四条铁路线竖列中国。合武客专、汉宜客专、宜万铁路组成的沪汉蓉快速客运通道，武九、武康二线组成的沪汉蓉货运通道，长荆、麻武线组成的客货运通道，三大通道横贯东西。2009年12月26日，我国第一条高铁——武广高铁开通，用一个大大的字母"G"将武汉拉入了高铁时代。不到3年时间，与武广高铁无缝对接的郑武高铁开通，让武汉无可争议地成为全国高铁枢纽。打开交通地图可以看到，以武汉为圆心的高速铁路网正以1小时到4.5小时的到达时间为半径向外扩散。京广（深）高铁与已建成的沪汉蓉客运专线在武汉交叉，已初步形成一个以武汉为中心的大"十"字形高速铁路网，即从武汉出发，1小时可到达湖北各主要城市，2小时可到达郑州、合肥、长沙等中部城市，4～7小时可到达北京、上海、广州、重庆等国内主要大城市。未来，京广（深）、沪汉蓉、西安至福州等三大客运通道将在武汉交会，六条放射状高速铁路形成"米"字形，并将尽快建成武汉至孝感、咸宁、黄石、黄冈等地的城际铁路。由此可见，武汉高铁枢纽地位似乎有不可撼动之势。但从高铁规划来看，预计在2018年前后，渝黔铁路、沪昆高铁上海到贵阳段将全面贯通，将形成新的铁路运输"十字架"，届时很可能出现从重庆经长沙到上海比经武汉更快的局面。长沙的区位优势也很明显，它不仅是自广东北上的重要门户，而且是云南、广西、贵州通向东北方向的重要通道，若未来借力渝黔铁路、沪昆高铁的优势，不再经过武汉而是经过长沙向四川、重庆东进，势必会影响到武汉的铁路交通枢纽地位。但武汉优势不仅仅局限在铁路，武汉市委书记阮成发提出，武汉除了发展铁路以外，在水运方面还要建设长江中游航运中心，连接长江上下游，打通中国近海和西太平洋近洋港口通道。总之，无论在铁路建设还是在水运建设上，武汉都要打破行政壁垒，让生产要素在全流域自由流动，这对城市、城市群建设至关重要。

（3）2000公里高铁覆盖贵州所有地州市：2014年12月26日贵广高铁建成通车，从贵阳到广州由以往20小时缩短为4小时，在开通的短短几个月里，"一票难求""爆棚"现象不断，仅2015年春节黄金周7天（2月18至24日），贵州共接待游客1189.54万人次，同比增长21.3%，实现旅游总收入同比增长24.2%。高铁给贵州带来的效益使贵州更有信心甩开大步迈入"高铁时代"。贵州计划未来5年将每年建成一条高速铁路。按照国家和贵州省"十二五"铁路建设规划，将打造"一个中心、四纵两横"的铁路网建设，2020年高速铁路达到2000公里，覆盖全省所有地、州。所谓一个中心，即以贵阳为中心的铁路客货综合枢纽。四纵包括成贵、贵广高铁（475公里），渝黔高铁、黔桂二线铁路（450公里），内昆铁路（贵州境内450公里），泸州—望谟铁路（480公里）。两横包括沪昆高铁（贵州境内560公里），昭通至黔江铁路（贵州境内480公里）。到那时，从贵阳6小时可达北京、上海；3小时可达重庆、成都、广州、昆明、长沙；与毕节、遵义、安顺、凯里、都匀、铜仁等地区将实现1小时交通圈。这对于资源互通、加快沿线产业转移与城市群集聚、促进黔桂粤三省区经济社会发展、深化贵州与泛珠三角区域合作具有重要意义。

三 高铁网络建设对长三角城市群的作用

高铁产业带究竟会给上海带来怎样的影响？这是我们必须追问的问题。上海有大量外来人口来源于周边城市，要解答这个问题就有必要参照与上海紧邻的周边城市的情况。根据 2011 年实有人口数据统计，来沪人口来源地遍及全国 30 多个省、市、自治区，主要集中于华东及中部地区，其中来自安徽、江苏、河南、四川 4 省的外来人口占来沪人口总量的60.7%，尤其安徽、江苏两省居多，分别占来沪人口总量的 27.4% 和16.3%；此外，河南、四川、江西和浙江 4 省的来沪人口占比也均在 5%以上（见图 5 - 2）。

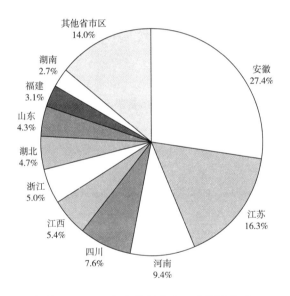

图 5 - 2 2011 年上海外来人口来源地构成

资料来源：上海市统计局编《上海市统计年鉴》（2011 年）

上海外来人口的主要来自周边城市，高铁的开通更会带动周边的人口流动。因此，我们首先需要分析长三角高铁带现状及长三角高铁网络的意义作用，以沪宁高铁为例，利用引力模型分析城市间高铁交通作用下城市间的联系。即使有外在推力的作用，城市间的联系仍需要内在动力，故我们需要从人口行政布局和人口就业布局两方面了解长三角城市群的人口结构和就业结构，在此基础上分析长三角城市群内部的资源分配格局，判断长三角地区人口经济空间布局是否匹配；并讨论在高铁作为外在推力的情况下，城市间地区差距缩小的内在动力来自哪里的问题，进一步用人口产业行业空间布局的状态去诠释长三角城市群内部结构变化导致的流动人口结构的改变。

（一）长三角高铁带现状

根据 2010 年修编完成的《长三角城际轨道交通网规划》，长三角的城际轨道交通网的覆盖区域将扩大至上海、江苏、浙江和安徽三省一市，规划面积将近 35 万平方公里，影响人口接近 2 亿，铁路网密度将由目前的每百平方 1.5 公里增加到 3.07 公里。

长三角地区的铁路旅客运量在 2005～2010 年的 6 年间整体上呈现上升的趋势。6 年间铁路旅客运量增长量最大的城市是上海市，增长 1781.69 万人次，其次是宁波市（增长 1399 万人次）和金华市（增长 1069.12 万人次）。6 年间年均增长率最高的城市是金华市，年均增长率为 61%，其次是盐城市（59.6%）。

空间分析显示，2010 年铁路旅客运量最高的城市是上海市，共计 6094.69 万人次，其次是杭州市（2741 万人次）和南京市（2427.85 万人次）。

上海已成为长三角高铁城际网络乃至全国高铁网络中的关键性节点。

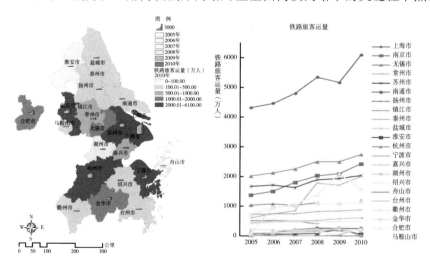

图 5-3   长三角铁路旅客运量

资料来源：国家统计局城市社会经济调查司编《中国城市统计年鉴》（2005～2010 年）。

随着 2010 年沪宁、沪杭城际高速铁路建成运营，加上已经运营的沪宁、沪杭铁路和沪通、沪镇等准高速铁路，以上海为起点的 2 小时出行圈已覆盖长三角绝大多数地区。其中运程最长的京沪高速铁路进一步拉近了上海与京津冀都市圈的时空距离，也将进一步完善上海与周边城镇的铁路网络联系。上海规划铁路为"五个方向、九条通道"，指沪宁、沪杭、沪乍（甬）、沪通和沪镇（江南）五个方向：沪宁方向包括京沪高速铁路、沪宁城际铁路，改造既有沪宁铁路，沪通、沪镇铁路在安亭接轨后建设安亭—黄渡三、四线；沪杭方向包括沪杭铁路客运，改造既有沪杭铁路，规划预留沪杭城际轨道交通；沪乍（甬）方向、沪通方向和沪镇方向分别是沪乍（甬）铁路、沪通铁路和沪镇（江南）铁路。长三角区域主要城市都处于 1 小时交通圈之内。长三角高铁大动脉在缩短人们时空距离的同时，也让长三角地区的"同城效应"更加明显。这不仅增强了长江三角洲核心区域对外围区域的交通辐射能力，也将进一步放大长三角各城市间的要素流动，使长三角城市群跨越原有城市空间范围和行政辖区等方面的限制，将高新技术产业、现代服务业、制造业等特色产业紧密串联在一起，并对该区域民生消费、生活及出行等各方面都产生积极影响。

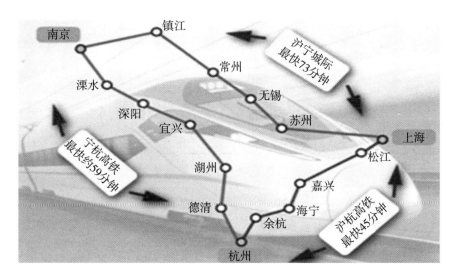

图 5 - 4　长三角高铁网络

资料来源：胡欣欣、姚建莉、王海平，2013。

在新的国际经济竞争格局和规则体系下，世界级城市群竞争力的决定因素不再是人口和城市规模等物质性基础，而是城市间经济单位的网络连通性的强弱。虽然长三角城市群的半径逐渐扩大，但城市间点到点的距离却在快速缩短。作为现代化的大众交通工具，高速铁路促进了城市间的经济联系，不仅加快了工业化和城镇化进程，也在推动区域和城乡协调发展、促进产业结构升级等方面起到重要作用，长三角一体化将因此迎来全新的格局，区域经济一体化趋势也将更加明显。

不妨做一个对比，以经典案例法国里尔高铁站"欧洲里尔"工程第一阶段开发规模为衡量指标，开发总建筑面积超过其开发规模（总建筑面积212710平方米）即被认为高铁枢纽能给站区周边开发带来显著发展机遇。那么，从各高铁站的车站站房建筑面积来看，上海虹桥站、南京站和北京南站都超过"欧洲里尔"工程第一阶段开发规模（见表5-4）。

表5-4 高铁车站现状一览表

铁路客站名称	车站等级	车站站房建筑面积（平方米）	车站客流量（万人）	车站集聚度	车站日均停靠客运列车数（列）
上海站	特等站	59000	3648	2.830	283
上海南站	特等站	181000	1057	1.386	100
上海虹桥站	特等站	230000	9245	3.938	260
杭州站	一等站	50000	1462	3.641	288
昆山站	一等站	15000	584	9.165	107
无锡站	特等站	12500	956	4.276	369
苏州站	一等站	24300	1018	4.612	316
南京站	特等站	310000	547	0.493	180
合肥站	一等站	33182	561	3.200	286
北京南站	特等站	310000	547	0.493	180
广州站	特等站	15000	1838	3.186	267
广州东站	特等站	114197	1180	1.938	276

注：车站集聚度 = 车站客流量/市辖区城市人口；上海虹桥站的数据为2014年数据。
资料来源：林辰辉，2011。

（二）长三角城市群网络体系与区域空间重组

长三角以中央的规划定位为依据，以市场不断完善下的要素自由流动与空间配置为支撑，以高铁为代表的城际轨道交通网络建设为载体，使长三角逐渐具备网络城市体系的条件与雏形。

1. 上海、杭州、南京核心枢纽城市服务网络体系

区域的核心城市既要对内辐射区域腹地，也要对外连接全球网络，从而可以通过两种网络升级城市功能：一是国际外向型网络，主要基于跨国公司空间组织网络的形成，并依托基础设施（信息通信设施、航空港和海港等）建设；二是区域内向型网络，主要基于跨国企业在华总部与其在华分支机构、本土企业之间或企业内部的网络联系，依托设施包括城际轨道交通、高速公路和内河航运等。长三角城市群内的上海、杭州、南京三个核心城市可以在高铁带动下形成"金三角"，使内向型网络得到进一步巩固和发展。

　　长三角内部过去一直沿用以上海为核心的圈层梯度"雁型分工"模式与各地区加入国际产业分工体系，承接国际产业转移，形成产业链集群，通过分工模式相结合，共同带动长三角区域发展。而交通基础设施不断完善的推力不仅没有削弱上海作为长三角大都市圈核心的地位，反而使其地位得到强化，这在高铁开通后表现尤为突出。上海的地位与作用主要体现有三：一是率先承接国际资本、技术和产业转移，形成对长三角的带动作用；二是通过强化"四个中心"以及要素市场的功能，进一步发挥其对长三角区域的辐射与带动作用；三是向长三角产业集群进行资本、技术和产业转移，与之对接提供产业辐射与服务，与其他省市共同打造区域主导产业和支柱产业。

　　长三角城市群中南京、杭州等次核心城市，在不断完善交通基础设施的背景下，其区域核心地位也显著提升。南京作为长三角城市群西端的中心城市，依托京沪高铁、宁杭高铁、沪汉蓉城际、宁安城际等铁路客运和城际轨道，成为长三角与湘鄂赣、成渝都市圈衔接的前沿地带，也是连接南方与北方、东部与中西部的重要节点。杭州则依托沪杭高铁提升城市集聚力、辐射力和带动力，杭州与上海的近距离、公交化运营优势将使这两个城市从单向融合变为双向互动，形成新的资源、市场对话机制，通过行业层面、企业层面的分工错位发展，使产业布局趋于合理化。同时可以以杭州市区为重心，以德清、安吉、海宁、桐乡、绍兴、诸暨等县（市）为纽带，联结湖州、嘉兴、绍兴三市形成杭州都市圈。总之，南京、杭州作为长三角的"金三角"中两个重要城市，正在从多方面积、极快速融入沪宁杭"1小时都市圈"，强化与上海的"同城效应"；另一方面，南京都市圈、杭州都市圈的区域服务中心作用也得以加强。

2. 城际轨道交通走廊引导下的区域空间重组

　　城际轨道交通的比较优势在人口稠密、经济发达的城市群中越来越显著。与此同时，合理的线网布局不但能使城际轨道交通成为城镇群城际交通的骨干，也能适应和引导城市群的发展，促进城市群网络的均衡分布。

　　从宏观角度来看，不同国家和地区的发展轨迹都是沿着非均衡的发展路径向前推进的：在城市化发展初期，区域内部的发展差距虽然很小，但区域整体发展水平较低；随着城市化的快速发展，区域的中心城市作为增长极快速崛起，虽然使区域内部经济差距扩大，但也使区域整体发展水平快速提升，这一阶段可以看作是非均衡发展时期；当城市化发展到高级阶段时，随着铁路交通基础设施网络的快速铺设，城乡一体化、产业一体、空间一体化趋势逐步形成，这也意味着区域经济协调发展得以实现（如图 5-5）。

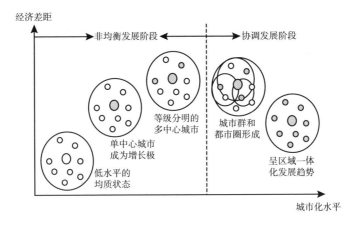

图 5-5　城市群一体化发展模式

资料来源：葛宝琴，2010：162。

目前的长三角正在从只有一个增长极的区域转换为拥有多个增长极的区域，《长三角城镇体系规划》、《长三角地区区域规划》以及《长三角城际轨道交通网规划》等一系列政策文件在这个过程中也起到助推作用，因此强化沪宁、沪杭、杭甬等城镇发展主轴的同时也要加强宁杭城镇发展轴、长江北沿城镇发展轴等新兴城镇走廊的快速发展，在城市群网络空间不断得到完善的同时，加速经济社会一体化进程。

目前长三角依托高铁网络形成黄金三角城市带，但一段时间以来，与长三角城市群中的沪宁、沪杭两条城市带相比，宁杭城市带发展滞后，而交通不完善是其中的一个重要原因。宁杭高铁开通较晚，这直接影响了两地物流、客流和产业的发展。宁杭高铁的开通不仅补上了黄金三角城市带的一个金边，使其与沪宁、沪杭高铁共同构成长三角的高铁网络，同时也助推宁杭城市带成为发展潜力最大的一个城市带。宁杭城市带的总体城市发展战略和目标，是建立以 2 个超特大城市为主导、9 个大中城市为主体、80 个左右小城市为基础，大中小城市协调发展，总人口超过 2500 万的现代化城市带。为实现此目标，需要依托南京、杭州两市科技优势，打造高新技术产业带，重点发展电子信息与软件业、生物医药业、新材料业等领域；依托区域生产技术优势，利用好国际制造业加速向长三角转移的重大机遇，重点发展纺织业、服装业、机械制造业、医疗设备制造业、环保设备制造业、能源和节能设备制造业、机电一体化设备制造业、食品加工设备制造业等行业；充分利用优良的区域自然条件，建设一批集生产、生态观光、休闲等多功能于一体的农业生产基地和示范园区，建立和完善科研、种养、加工、储运、销售"一条龙"服务的农副业生产经营体系，构建都市型特色农业产业带。同时，城市带中的 80 个左右小城市上接大中城市、下联广阔农村，覆盖整个宁杭线区域，是宁杭城市带发展的坚实基础。因此，为发展都市型特色农业产业带和旅游产业带，需要加快小城市发展，理顺和整合沿线大中小城镇密集区的发展次序与空间，形成大中小城市协调发展的新型城镇产业密集带。

（三）高铁"同城化"加速长三角城市群之间的融合

高铁打破了地域和时空界限，通过人流、资金流、物流、信息流、技术流的快速流动，使得各类资源和要素得以有效整合。长三角区域通过京沪、杭长、沪汉蓉、沪深等高速铁路与区域外相连，区域内的沪宁、沪杭、宁杭高速铁路已经建成通车，杭甬、杭黄、金温等城际铁路也已开始兴建。2013 年，中国首条跨省地铁——上海地铁 11 号线花桥段正式开通运营，从苏州昆山花桥搭乘地铁只需 1 小时即可到达上海市中心。长三角区域从"高铁同城"时代步入"地铁同城"时代。"地铁同城"打破了原来大规模交通的局限，促进了生活生产一体化，它不仅与高铁网络一起拉近了城市之间、城乡之间的时空距离，更激发了上海对长三角区域其他城市的辐射效应。同时，"不是上海，就在上海"的"同城效应"为从事商务、商贸、会展、物流、外包等行业的人士提供了相当稳定和便捷的交通条件，也使得各个城市间的行政边界趋于模糊，城市的基础设施和服务功能越来越多地被其他城市分享，人流、物流、信息流和商务流越来越能突破传统的行政区域界限在更广的城市群区域内流动和配置。同城效应进一步加强沿线城市和地区间的经济联系，大大促进了长三角世界级城市群的快速崛起。

（四）高铁建设提高长三角区域经济规模和竞争力

交通格局的大幅升级是提升城市群区域经济规模和竞争力的一个重要支撑点。纵观发达国家高铁发展历程，城市化进程快、人口密集度高、经济发达的地区往往是高铁建设之地，高铁网络能加快区域内城市间的有机联系，引发城市经济社会变革和重新定位，从而提升整个城市群的竞争力。

以 1982 年开通的日本东北新干线为例，其开通以后沿线城市的企业数增加了 45%、人口增加了 30%，大大超过日本其他地区企业增长率（15%）和人口增长率（10%）。而有新干线车站或高速路的地区，人均收入的增加值也明显高于所在区域的平均增加值。与人均收入增加值的区域平均水平相比，只有新干线车站的区域高出 2.6%，只有高速路的区域高出 6.4%，既有新干线车站又有高速路的区域则高出 9.5%，而不靠近上述两种交通区位的区域人均收入增加值则比平均水平低 2.7%。

专栏 5 - 1　日本高铁造就"太平洋工业带"

日本新干线最重要的影响之一就是促成了"太平洋工业带"的形成，主要体现在以下几个方面。

1. 促进了欠发达地区经济的增长

静冈、冈山、广岛位于日本关东经济圈、中部经济圈、近畿经济圈和北九州经济圈之间，经济发展程度较低，随着东海道和山阳新干线的相继建成，这些地区同主要经济圈的联系得到加强，逐步建立了新的工业地带，从而形成了所谓"太平洋工业带"，促使日本经济高速增长和国民收入的大幅增加。

2. 促进了欠发达地区产业结构的调整

1975 年新干线从大阪进一步延伸到九州后，冈山、广岛、大分乃至福冈、熊本等沿线地带的工业布局迅速发生变化，汽车、机电、家用电器等的加工产业和集成电路等尖端产业逐步取代了传统的钢铁、石化等产业，促进了日本产业结构的调整。

3. 促进了区域经济的均衡发展

最早建设的东海道新干线连接关东、中部和近畿经济圈，其中以关东经济圈的规划最大。从 1970 年的数据来看，关东经济圈 GDP 占到日本全国的 37.5%，近畿经济圈占到 22.7%，中部经济圈占到 11.5%。根据日本学者的研究成果，东海道新干线建成后促进全国经济增长 0.23%，其中对关东、中部和近畿的拉动率分别为 -0.18%、4.02% 和 1.01%。可以看到，东海道新干线对各个区域的影响有很大不同，之所以对关东经济圈的影响为负，是因为当时关东经济圈的经济已经趋于饱和，新干线使得更多的产业向发展程度相对较低的中部经济圈转移。

高铁网络的建设和完善对于长三角区域整体经济的发展具有极强的带动作用。高铁将加快区域产业优势互补，形成产业链，从而推动区域经济一体化进程，使各城市之间联系更加紧密，有利于进一步促进长三角的经济效益增长，并提升区域竞争力。提升整体竞争力需要区域内各城市均衡发展、协同合作。然而，长三角城市群体量庞大，不同城市间经济差距较大。高铁网络"公交化"加快了各要素流动，缩小了差距，使得区域之间的分工更加明显。对上海而言，高铁对上海带来的效应表现在使上海对外连接更加高效、快速、畅通，也使得上海整个产业实现对外互动与联动。一方面，制造业将进一步向高铁沿线商务成本较低的城市有序转移；另一方面，一批需要贴近客户、对外联系的民营大中型企业会选择在上海设立总部，使上海成为企业市场开拓的桥头堡和与客户联系的窗口。

（五）加速以高铁影响范围为度量的经济圈与生活圈的形成

随着人口和经济活动内聚力的不断增强，高铁成为沿线城镇支配整个区域经济活动的主导力量。京沪沿线的京、津、济、宁、沪等城市及相应的城镇群，集中了京沪经济带的大部分经济活动，代表了京沪经济带的发展方向和水平。

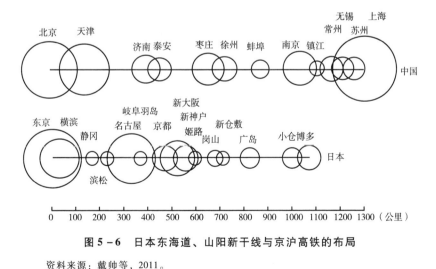

图 5 - 6　日本东海道、山阳新干线与京沪高铁的布局

资料来源：戴帅等，2011。

京沪高铁可以利用便利的交通条件，发挥北京、上海等城市现代服务业和知识经济发达的优势，带动南京、济南、徐州、苏州、无锡等沿线城市现代服务业和知识经济发展，在京沪高铁沿线的高铁新城、沿线城市等层面形成世界级知识经济集聚区。京沪高铁进一步促进沿线知识经济与沿线省市先进制造业、现代农业的融合互动，带动沿线省市经济社会发展，逐步打造京沪高铁沿线经济区。

京沪高铁沿线地区中，北京平均每千人中有科技人员 44 人，远远高于 8 人的全国平均水平，拥有众多堪称国内外一流水平的科研机构，产出的科研成果占全国的 30% 左右。这也使得京沪高铁带能够发挥其知识经济带的功能。因此，将沿线 7 省市各有特色的人才区位优势同服务业基础优势、先进制造业发展优势和市场潜力优势有机地结合起来，就能促进知识密集型服务业创新及其与先进制造业、现代农业的融合互动。

可以说，高铁时代带来一个新的经济学概念："N 小时经济圈"，如京津冀"1 小时经济圈"、沪宁杭"1 小时经济圈"、成渝"1 小时经济圈"和长株潭"1 小时经济圈"等，这一概念体现了城市群和区域经济的一体化发展趋势。从国际经验来看，1 ~ 2 小时的到达时间是高速铁路竞争的核心，高速铁路的建设也促进了 2 小时经济圈的形成和发展。日本建设的第一条高速铁路线（东京—大阪）和法国建设的第一条 TGV（巴黎—里昂）距离均在 500 公里左右，单程时间约 2 小时。2 小时经济圈的核心竞争距离使高速铁路沿线城市的联系更加紧密，使得大巴黎扩大成为巴黎－里昂组合都市区，东京都市圈扩大成为东京－大阪大都市连绵带。目前，上海至江浙省会南京、杭州以及苏锡常、平嘉湖均是 1 小时，至长三角大多数主要城市将是 2 小时。

对于经济圈中的首位城市而言，高速铁路能促进其经济规模的整体增长，巩固其在城市群中的核心地位。但就特定的产业而言，高铁为沿线的中小城市都提供了新的挑战和发展机会，能够明显改善相对落后地区的外部可达性，增强其经济潜力和区位因素，从而使其在城市等级中获得更高的地位。如昆山借助高铁公交化出行模式，18 分钟可到达上海，促使昆山民营企业以每个工作日 10 家的数量增加，全球 500 强企业中有 43 家落户昆山。离上海较远的定远县是京沪高铁在安徽境内停靠的唯一一个县级站，它以 2 小时到上海的距离优势吸引较多人口和投资集聚。在京沪高铁沿线的众多小城市站点中，曲阜站的高铁效应相当显著。高铁开通后，曲阜到济南仅需 30 分钟。与高铁开通前相比，曲阜酒店业新增床位 30%，全市酒店入住率提高了 5% 以上，尤其创造了五星级酒店业巨擘香格里拉酒店首次落户县级城市的纪录。

　　高铁时代也带来"一日活动圈"的概念。长三角"一日活动圈"以上海、南京、杭州等核心大城市为中心，依托城际轨道交通向外辐射，承担中心城市、城市组团、部分次核心城市之间的通勤、教育、购物、休闲、娱乐等日常出行活动为主的短途客流需求，客流频繁，具有明显的潮汐现象和向心特点。"一日活动圈"最明显的影响是，传统的居住－就业等日常活动的组织逐渐突破城市界限在"区域"尺度展开，即所谓的职住分离。通勤高铁会构成高铁需求的重要组成部分。受大城市的生活成本居高不下、就业观念的改变、就业稳定性的下降等因素影响，加之在经历喧嚣的都市生活之后，许多人又在追求简单、安静、自然的生活，大城市在"宜居"方面的吸引力越来越小，因此大城市周边空气清新、生活成本相对较低、交通完善的区域成为人们购房的首选。以京津高铁通勤族为例，他们选择高铁通勤的主要原因是北京房价或房租费高，高铁的速达性又让他们在努力打拼的同时能天天陪伴家人。

　　高铁通勤在我国还是一种全新的生活方式，但在已有高铁的其他国家已经司空见惯。比如，东京城市圈的轨道交通密度和长度都居世界大城市首位，其主要轨道交通工具有 JR 线、地铁、轻轨、高架电车、单轨电车等。30 家轨道交通公司经营着该地区总长 2000 多轨道线路，构成了一个巨大的轨道交通网络。日本东京都半径 40 公里圈内每天到市中心的通勤人数从 1965 年的 139.4 万人跃升到 1990 年的 361 万人，25 年增加了近 1.6 倍。在早高峰时段，高达 91% 通勤、通学者利用轨道交通方式进入东京中心区，导致通勤时间、地段比较集中，从而对交通造成巨大压力。日本一般上午 7 点到 9 点是通勤时间段，而在首都圈内上午 7 点半到 8 点是 30%～40% 公司职员的通勤时间段；首都圈以外的下班高峰时间段为 17 点～18 点，随后会逐步减少，但 18 点以后首都圈内下班人数并没有减少，即使在 20 点还有 15% 的人员陆续回到居住地神奈川县、埼玉县、千叶县（见图 5－7）。轨道交通在城市圈通勤中的作用可见一斑。

　　长三角城市圈也正得益于高铁网络，使得人们在城市间通勤、就业得以实现。如有的人居住在上海，但工作在苏州、昆山、无锡等地；有的人工作在上海，但居住在周边的苏州、昆山、无锡等地；还有的人工作在更远一点的合肥、南昌、蚌埠等地，但周末在上海、杭州、南京等大城市生活。跨城就业的常态化和"通勤一族"的出现将不断冲击劳动就业的行政性政策边界，这种全新的"职住分离"的通勤模式将对现行

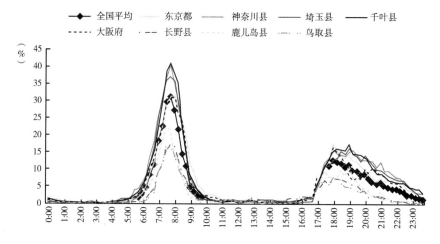

图 5－7　2006 年日本不同居住地正规就业者平日通勤时间段

资料来源：八田诚，2006。

的以城市为界的就业、居住、医疗、福利等制度政策带来新的挑战，同时也将带来改革创新和区域一体化发展的新要求，推动长三角由经济一体化向经济社会一体化的转变。为此，首先有必要实行新的人口管理制度——积分制，绕过户籍限制，在多种贡献评价基础上给予外来人口相应的福利待遇，从而削弱户籍制度的非公平性，构筑真正能够让居民自由迁徙、自由选择的无障碍大都市圈。其次，还应加快各城市之间社会医疗、退休金、住房公积金等保障制度的相互衔接，为创造统一的劳动力市场和人才市场提供制度支撑，以利于人才自由流动，通过完善的交通使知识快速向周边城市传播。

（六）产业布局的同城化加速产业结构的重构及专业分工

产业布局的"同城化"是指两个城市之间的产业发展和布局突破行政区域界限，更加直接地相互影响，尤其是通过企业总部的主导与连接作用促使布局在两个城市空间的产业项目紧密地结合起来，共享两个城市的资源优势。随着交通网络和信息网络的不断进步，跨城式的产业布局已在长三角地区形成趋势，正成为城市间产业分工的主要形式。

城市间的资金流、人才流、信息流、货物流、商务流日趋畅通，这将促进产业转移，并大大促进服务业特别是生产型服务业的大发展。当下长三角制造业比重较高、服务业比重较低的状态始终没有消除，服务业增加值占 GDP 增加的比重一直在 40%～50% 左右徘徊，大幅落后于国际大都市 70%～80% 的水平；总量差距更是巨大，如纽约都市圈中首位城市纽约 2005 年的服务业增加值是同年长三角首位城市上海的 90 倍之多。长三角服务业发展滞后是因为，虽然我国的制造业已经实现全球化，但服务业还仅仅局限在本地化的水平。由于经济的差距、地区的分割和经济密度不均等方面的原因，服务业始终局限于满足本地化的消费。而高铁时代的来临则意味着市场将逐步全球化。比如，高铁可以使原来相对分割的市场更加容易转化为一体化的市场，从而形成巨大的经济容量和市场规模。在此背景下，生产要素尤其是高级人才要素的流动也会更加容易和频繁，从而激发创新活力，抵消产业结构的差距。

产业布局的同城化导致经济中心城市的集聚，同时辐射功能也在逐渐加强，总部与商务又是城市集聚功能和辐射带动功能的载体。在提升长三角整个区域国际竞争力的过程中，上海将担当起发展国际总部的历史使命，吸引国外跨国公司在上海设置总部，同时培育国内企业在上海设立国际总部，从而发挥走向国际平台的功能。在企业总部的主导下，长三角地区产业布局走向了同城时代，将为上海提供更好的发展总部和商务的机会。同时，随着交通网络的大规模铺开，经济圈中心的大城市周围将会出现更多的副中心城市为其分担压力，而这些副中心城市也将借此找到新的经济增长点。长三角地区的一些城市竞相打出了与上海同城化的牌子，苏州城北的相城区正借助京沪高铁苏州站选址之机，规划建设含金融、商务、住宅为一体的高铁新城。同处京沪线上的浙江嘉兴也不甘落后，其下辖几个县均开始打出"高铁经济"牌，如桐乡市着力将高铁片区打造成为桐乡经济开发区的延伸区。而沪杭高铁最后一站嘉善南站的建立，促使交通方式完成了步行—水路—公路—高速公路—沪杭高铁的演变，交通时间也经历了 4 天—2 天—2 小时—1 小时—16 分钟的巨大变迁。嘉善因与上海之间的快捷交通而出现"13579"的现象，即 10% 嘉善人口在上海工作、生活，30% 以上的工业品为上海企业配套或通过上海进入其他地区，50% 的农产品销往上海大市场，70% 的游客来自上海，90% 的外资和县外民间资本受上海的影响而流入嘉善——"融入上海"，打造宜居城市、吸引人口居住在该县目前"加快经济社会发展五大战略"中居首位。

越来越多的产业项目和新项目投资在"同城化"条件下由核心城市上海转向周边城市，甚至更远一点的安徽皖江地区。从长期看，这种产业转移方式可以充分利用有限的土地资源和人才资源，集中发展高附加值的高端产业和新兴产业，有利于核心城市优化产业结构；但从短期看，由于高附加值的产业和新兴产业尚未成形或还没形成一定的规模，产业转移或投资的效益不能马上显现，可能会导致投资或兴建的信心下降，人流、物流、资金流、知识流的流速缓慢，容易出现所谓的"产业空心化"现象。

　　高铁运输方式的出现，直接导致商品、要素流动成本变化，并进一步导致区域经济比较优势的变化，对产业和要素资源的空间布局有重大影响，从而优化资源配置和产业布局，重构城市和区域间的产业分工模式。目前长三角各个城市呈现以上海为龙头、各个城市联动协作发展的趋势。上海具有较强的人才和研发优势，集聚了先进制造业、现代服务业、国际金融业、航运业，也集聚了如研发设计、传媒创业、咨询评估等高端服务业，上海作为中心城市的服务半径也将进一步扩大。苏州、无锡等城市工业发达，应加速发展具有各自区域特色新型工业。同时，苏北等周边城市应利用高铁带来的区域人流、物流的便利，加速引进和承接上海等地的产业转移。而杭州将充分发挥科技优势和历史文化、山水旅游资源，建设高新技术产业基地、国际重要的旅游休闲中心、全国文化创意中心、电子商务中心和区域性金融服务中心。由于第三产业的生产要素与产品较之第二产业有更大的流动性，因此在产业活动发展上，高速铁路的影响主要表现在第三产业，尤其对强调快速运输、资讯传递与流通的商业、服务业的影响最为显著，对第一、第二产业的影响则相对较小。

　　从国际经验看，法国 TGV 的引进使得部分厂商和服务业的资讯、服务人员、管理人员等生产要素的利用效率提高，而生产成本得以降低，产品的销售区域随之扩大，厂商的竞争力相应提高。在 TGV 的发展经验中，有 72% 的第三产业公司业务人员经常利用高铁往来于里尔和巴黎之间，其中以关乎公司核心决策的研究、顾问服务、管理技术服务等活动出行为主。另外，井口圭一郎（2005）在对东海道新干线线路的研究指出，有新干线车站的城市在零售部门、工业部门、建筑部门以及批发部门的增长比例比没有车站的城市高出 16% ～34% 。

　　高铁对于产业升级的带动作用突出表现在咨询、商务、商业及旅游业的快速发展上。对于咨询业，高速铁路节约了其时间成本，既加快信息的获取速度也拓展了信息涉及的范围，大大提升了工作效率。对于商业，高铁客运所带来的密集人流和高消费人群会为商业、饮食业提供巨大的市场，并吸引众多的商业公司在高铁车站周边进行投资。此外，高铁对商务办公行业也具有很强的推动作用，高速铁路最具竞争力的运行距离是 300 ～

600 公里，最适合商务办公人士的出行，为第三产业中服务类产业的发展提供了优越的基础条件。对于旅游业，高铁具有全域性、普适性、惠民性的特质，将对沿线城市和地区的旅游业产生极为深远的影响。上海、南京、杭州、合肥等主要城市间的铁路沿线集聚了长三角丰富的旅游资源。通过高铁串联，这些旅游资源可以得到有效整合、实现优势互补。区域旅游一体化增强了对游客的整体吸引力，同时增加其他旅游产品，利用沪汉蓉、京沪等高铁拉近长三角与京津冀、环渤海、华中、西南等地的时空距离，从而发掘新的旅游经济增长点。

总之，高铁网络引发区域经济比较优势的变化，能够优化资源配置和产业布局，重构城市间、区域间的产业分工和产业互补。这是高铁网络同城化效应的产业空间响应，强化了区域的同城资源配置功能，有助于形成更具竞争优势的产业高地。

（七）高铁网络助推全国现代服务业网络形成

高铁能把一种超现代的生活方式引入中西部地区，使地方特色和现代化、安全的生活方式相统一，并能助力于东部的现代服务业人群去西部传播知识和信息及开展现代服务业，进而驱动区域经济发展，形成服务业网络。这是高铁建设的战略意义。高铁是大国崛起的脊梁，具有高速、舒适、节能、环保等特性，有利于保护沿途环境，实现现代化与自然的和谐。

通过高速铁路快捷方便的运输服务，地区产业和人口得以向交通干线集聚，由此高速铁路沿线成为城市化发展之"轴"，再以区域经济设施、社会设施的集中优势对周围地区产生集聚效应，使信息、技术、产品、资金、人员等向附近区域进行扩散、沿高铁线路分布，形成社会经济文化联系密切的城市"带"和产业集群。如武广高铁开通后，武汉至长沙的时间由 4 小时缩短为 1.3 小时，长沙至广州由 8 小时缩短为 2.43 小时，分别仅相当于武汉城市群内武汉至咸宁和珠三角城市群内广州至韶关的公路时间，与巴黎至里尔、东京至大阪高铁的时间也大体相当。在时间距离缩短情况下，由高铁连接的两个地区相关产业之间的协同聚合倍增作用也会大大增强，珠三角的产业辐射和产业分工范围进一步扩大，流通成本也会随之降低。我国城市群内高铁运营时间普遍缩短到了 1~2 小时，使相邻城市的产业分工和集聚模式发生重组，产业结构也相应发生改变。一方面，在大运量交通的支撑下，城市群内市场基本融为一体。另一方面，城市内部结构逐步重组，城市轨道网络与高速铁路枢纽相衔接，使城市逐渐建立新的"轴—辐"式交通结构，沿着与高铁枢纽相连的城市轨道站点形成新的节点，促进大城市多中心结构的形成；与之相适应，城市群内不同产业之间的关系，以及产业结构自身也将发生重要变化，推动新兴产业的崛起和发展。随着高铁新线不断投入运营，我国城市空间结构将会重组变化，城市间联系会更加紧密，中心城市的"辐射范围"也会越来越大。

广深高铁和武广高铁的开通，使"泛珠三角"最重要的几座城市——长沙、广州、深圳、香港、澳门有机连接，使之变成同一个"大社区"，使深港澳与湘鄂地区人员、信息、资金流动更加频繁，经济联系也更加密切，能够促进跨区域"同城效应"，进一步改变高铁沿线经济格局。目前沪宁城际铁路、广深高铁、武广高铁均是世界最繁忙的客货运输通道之一，铁路利用基本达到饱和。与现有沪宁线平行，沪宁城际铁路、京沪高速铁路将在江苏的版图上并驾齐驱，但三条线路的功能有所不同：沪宁城际高铁专门运输客流；京沪高铁主要承担大区间的运输、沿线地区对外的中长距离客流和通过本地区的长途客流，同时兼顾部分沿线地区大城市之间点到点的客流；原有沪宁铁路则以货物运输为主，兼顾少量中长途普客客流。三条铁路的分工合作，将使沿线城市密集的人才、信息、技术资源和部分城市功能更加便捷地向长三角地区扩散，进一步释放中心城市优势资源的辐射效应，带动周边地区共同发展。

宁杭高铁的正式开通也宣告了长三角地区高铁网络初步形成，尤其能够带动周边中小城市发展。山清水秀的溧阳处于沪宁杭三个城市的几何中心，宁杭高铁的开通不仅结束了溧阳手无寸"铁"的历史，更为重要的是使溧阳正式进入了沪宁杭黄金三角区"1小时经济圈"，溧阳与三大城市具备了同城效应。今后，人才、技术、物流、信息等经济发展要素也将随着黄金三角的闭合而形成一个资源"环流"，这种多向的交流会带动整个黄金三角地区产业结构的重组和经济的高速发展。处于转型发展期的溧阳迎来了新一轮的发展机遇，"紧跟苏锡常，同步现代化"的溧阳梦必将随着宁杭高铁的开通进一步提档加速，而78万溧阳人"朝听栖霞晨鼓，夜眠西子湖畔"的梦想也终于成为现实。

（八）长三角高铁引力案例分析——沪宁高铁

高速铁路明显地改变了城市间的物流、人流和信息流的密度，而这种城市间交流的密度实际上反映了城市之间相互作用的大小。因此，可以通过计算高速铁路开通前后相邻城市间相互作用大小的变化来分析高速铁路对沿线城市体系发展的影响。

目前分析城市空间相互作用的数学模型较多使用引力模型。引力模型也称重力模型，是研究各种地理事物间相互作用的最简单也是最重要的数学模型。赖利（Reilly，1931）通过对贸易区、市场边界和服务区的考察后提出：一个城市从其周围某个城镇吸引到的零售顾客数量与该城市的人口规模成正比、与两地间的距离成反比。因此他采用牛顿引力公式来描述城市间的空间相互作用。引力模型的应用使人们解决了经济地理事物间相互作用分析的一些问题。然而人们在实践中也发现，应用该模型的计算结果往往与实际情况有明显出入。因此研究者都对赖利提出的引力模型进行了改进，其中汉纳斯和金斯利（Haynes and Kingsley，1997）提出的调整后的引力模型，得到广泛的应用：

$$I_{ij} = K \frac{p_i^{\lambda} p_j^{a}}{r_{ij}^{\beta}}$$

式中，K 为介质常数；α、β 为弹性指数，用于调整人口规模因子对引力的影响；p_i、p_j 一般表示为城市 i 和 j 的人口规模，根据实际情况也可用其他反映城市规模实力的指标；r_{ij} 是城市 i 和 j 之间的距离，一般以公里为单位；λ 为距离摩擦系数。但随着各种现代化交通工具的发展，传统的距离概念正受到了挑战，空间距离本身不一定能准确反映空间距离产生的成本。因此也可以用交通运输的时间成本或货币成本等来衡量两地之间的距离。β 为测量距离摩擦作用的指数。在距离因子上加上 β，是表明距离与相互作用量是否成比例地变化。

以沪宁高速铁路为例，我们可以应用引力模型计算沿线城市上海、苏州、无锡、镇江、南京城市间由于高速铁路的开通而引起空间引力值的改变。由于此处主要考查沪宁高铁对城市间引力影响的相对关系，故取值不影响判断，这里取 k、α、λ 均为 1。指标 p 采用反映各个城市的国内生产总值（GDP）和人口数量的综合指标，其中 GDP 和人口数量在指标中的权重各占 50%。以常州市的 GDP 和人口数量分别作为基数 1，得出 p 指标值。

由于高速铁路的开通，与空间距离相比，时间距离的改变更为明显，所以采用时间距离作为 r_{ij} 的指标来计算高速铁路开通前后的城市间引力的变化。

表 5 – 5　2012 年沪宁高铁沿线城市的 p 值

	非农人口	GDP	p 值
上海	11.48	5.09	16.57
苏州	1.42	3.08	4.50
无锡	1.51	1.90	3.40
常州	1.00	1.00	2.00
镇江	0.64	0.67	1.30
南京	3.41	1.82	5.23

资料来源：根据中华人民共和国统计局编《中国统计年鉴》（2012 年）中数据整理。

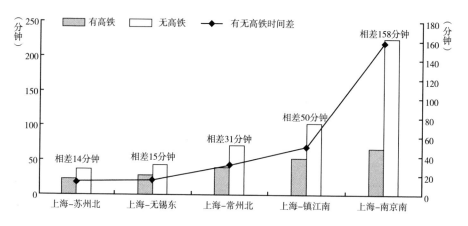

图 5 – 8　沪宁铁路有无高铁时间差

资料来源：根据中华人民共和国统计局编《中国统计年鉴》（2012 年）中数据整理。

由于 r_{ij} 已取交通时间，β 值则可取 1. 利用以下公式计算出沪宁高速铁路开通后沿线各城市间引力系数：

$$I_{ij} = \frac{p_i p_j}{r_{ij}}$$

表 5 – 6　2012 年沪宁铁路无高铁沿线城市引力系数比较

	上海	苏州北	无锡东	常州北	镇江南	南京南
上　海	—	201.5	70.5	17.3	6.7	14.6
苏州北			153.2	22.0	3.7	9.0
无锡东				35.8	7.5	10.5
常州北					13.7	16.1
镇江南						31.0

资料来源：根据中华人民共和国统计局编《中国统计年鉴》（2012 年）中数据整理。

表 5 - 7　2012 年沪宁铁路有高铁沿线城市引力系数比较

	上海	苏州北	无锡东	常州北	镇江南	南京南
上　海	—	324.2	110.6	36.4	15.0	27.6
苏州北			153.2	28.1	8.7	20.3
无锡东				40.0	9.4	19.6
常州北					14.5	20.9
镇江南						35.9

资料来源：根据中华人民共和国统计局编《中国统计年鉴》（2012 年）中数据整理。

从以上沪宁高铁为案例分析可以看出，苏州在高铁开通前本身就具有吸引力，而相对于原有的铁路系统，高铁的开通使苏州的吸引力进一步释放，高达 324.2，这与上海和苏州两个城市相距最近、时间成本最低有关系。引力系数越大，说明城市之间交流密度越大、空间相互作用越强。上海对各城市引力系数的增大，说明其与各城市空间相互作用的增强，这对加强上海与沿线城市间的联系、开展分工与合作、实现优势互补、提升区域的经济总体水平和城市化水平具有重要意义。另外，值得注意的是高铁的吸引力来自于两端变化，也就是说对于一条交通基础设施的修建来说，得益最大的是线路两端，而中间节点时间改变最小——苏州与上海离得最近，吸引力系数最高，而铁路另一端的南京对上海的吸引力系数不高，但对相近的城市镇江的吸引力系数较高。这说明空间结构变化是区域发展的最终结果，在区域发展过程中，时空收敛是空间结构变化的一种催化剂。时空收敛或时空离散的出现将促使一系列的相关因素发生变化，从而促使区域发展的变化产生。无论是时空收敛还是时空离散效应，在某个时间段内的最终结果均是造成了区域内空间扩散。也就是说空间集聚只是这个过程中的一个环节，发展的最终结果是空间扩散，其扩散方式遵循点—线—面—网络的发展模式，这也是由区域空间的时空变化效应决定的。不管是区域扩散或者是区域集聚，其最终结果是造成了区域相互作用的进一步增强，从而使区域发展进入一个更高的平台，为区域发展提供了动力，促进了区域发展的良性循环。

我们可以根据 2014 年的《城市竞争力蓝皮书：中国城市竞争力报告 No. 12》中以加权最短出行时间衡量长三角的区域可达性水平。结果显示，1990 ～ 2020 年长三角可达性水平将不断提升，交通一体化水平全面改善，且区域内部的可达性水平更加均衡，外围城市的可达性迅速提升，长三角的整体空间格局由极化向均衡化发展。

四 长三角城市群人口行政布局、就业及产业行业空间布局

随着交通网络基础设施和区域合作进一步的深入与优化发展，长江三角洲集聚人口和经济的能力持续增强，但其内部各城市集聚人口和经济的能力有着较大的差别，经济比较发达的城市会由于社会生产力的提高而促进人口集聚，人口集聚又带动经济发展，使得各种资源涌向大城市，促进其更快的发展；但另一方面，如果劳动力过多地向一个地区集中却没有得到充分利用的话，势必导致劳动力边际效益递减，阻碍经济的发展。因此，一个区域或国家在任何经济发展阶段，都存在着一个经济上的人口数量"最大效益点"，当劳动力超过或者少于这个数量时都会降低经济收益。

人口与经济的相互关系在区域发展研究中已经有了一定的研究基础，且一些研究也开始从空间角度讨论人口与经济的相互关系，虽有部分研究将人口与经济分布相结合，但以人口与经济空间分布关系及演变方面研究较少。笔者试图通过研究长江三角洲 2005～2011 年经济与人口分布变化，分别以户籍人口口径和常住人口口径测算长三角 22 个城市到底能流入人口的数量和应该流出人口的数量的变化，再深入从产业、行业的角度分析长三角 22 个城市人口与经济的关系，探讨未来长江三角洲人口和经济的空间变动趋势。

（一）长三角 22 个城市人口行政布局

1. 人口稳定增长

长三角 22 个城市的总人口在全国人口中所占比重比较稳定，2005～2011 年徘徊在 8.31% 和 8.36% 之间，近两年长三角地区在全国所占人口比例有所下降且处于平稳发展态势，人口行政布局即户籍人口尤其出现了较大变化（见图 5 - 9）。经过 1949 年后的两次人口生育高峰，长三角 3 省 1 市的人口再生产类型已经由高出生、高死亡、高增长状态逐渐过渡到低出生、低死亡、低增长的"三低"状态。

2. 人口自然增长呈现"三低"状态，但不均衡

从长三角地区内部来看，人口自然变动差别较大。除了上海因城市人口比重大、外来流动人口多、社会保障机制相对完善等原因而出

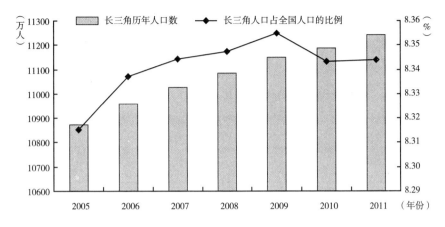

图 5 - 9　2005~2011 年长三角 22 个城市人口总量变化情况

资料来源：上海市统计局编《上海市统计年鉴》（2005~2011 年）；浙江省统计局编《浙江省统计年鉴》（2005~2011 年）；江苏省统计局编《江苏省统计年鉴》（2005~2011 年）；安徽省统计局编《安徽省统计年鉴》（2005~2011 年）。

生率和死亡率均极低并已进入（自然）负增长阶段外，其他地方如舟山、南通等地人口自然增长率也出现了负值，2011 年人口自然增长率在 2‰以下的有 9 个城市。当然，还有很多城市人口自然增长率较高，如台州市、合肥市、盐城市都高达 5.3‰以上，不仅高于长三角内的一般城市，也高于全国平均水平 4.8‰（见图 5 - 10）。造成这种高人口

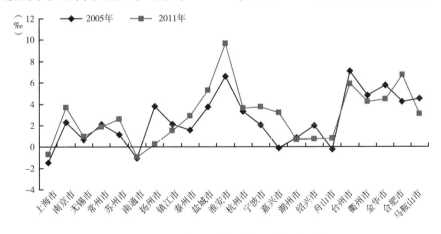

图 5 - 10　长三角 22 个城市人口增长变动情况

资料来源：上海市统计局编《上海市统计年鉴》（2005~2011 年）；浙江省统计局编《浙江省统计年鉴》（2005~2011 年）；江苏省统计局编《江苏省统计年鉴》（2005~2011 年）；安徽省统计局编《安徽省统计年鉴》（2005~2011 年）。

自然增长率的原因是这些城市人口出生率较高、死亡率较低。处于相近政策范围之内，生育水平竟然有如此大的差距，说明人口自然变动除了计划生育政策外，经济和文化事业的发展以及人们思想的转变存在着很大影响。

3. 劳动年龄人口比例高于全国

表 5 – 8　2005 年和 2011 年长三角地区人口构成与全国对比情况

单位：%

地区		占总人口比重			总抚养比	少年儿童抚养比	老年人口抚养比
	地区	0～14 岁	15～64 岁	65 岁及以上			
2005 年	上海	9.0	79.0	12.0	26.5	11.4	15.1
	江苏	15.5	73.6	10.9	35.9	21.1	14.8
	浙江	15.9	73.5	10.6	36.0	21.6	14.4
	安徽	23.1	66.8	10.1	49.7	34.6	15.1
	全国	19.6	71.4	9.1	40.1	27.4	12.7
2011 年	地区	占总人口比重			总抚养比	少年儿童抚养比	老年人口抚养比
		0～14 岁	15～64 岁	65 岁及以上			
	上海	8.3	83.8	7.9	19.3	9.9	9.4
	江苏	13.0	76.2	10.8	31.2	17.1	14.2
	浙江	12.6	78.8	8.6	26.9	16.0	10.9
	安徽	18.0	71.5	10.5	39.9	25.2	14.7
	全国	16.5	74.4	9.1	34.4	22.1	12.3

资料来源：上海市统计局编《上海市统计年鉴》（2005～2011 年）；浙江省统计局编《浙江省统计年鉴》（2005～2011 年）；江苏省统计局编《江苏省统计年鉴》（2005～2011 年）；安徽省统计局编《安徽省统计年鉴》（2005～2011 年）。

长三角人口年龄结构呈现如下特征：（1）0～14 岁人口比重除安徽外，其他地区远远低于全国平均水平，少年儿童抚养比低。（2）劳动年龄人口比例除安徽外均高于全国平均水平。主要原因是，尽管长三角处在少子、长寿观念的共同作用下，但由于高速的经济发展吸引了周边地区劳动力迁入，使人口总抚养比低于全国平均水平，而外来适龄人口的迁入提供了丰富劳动力。然而安徽是劳动力输出地区，劳动力大量流失导致劳动年龄人口比例低于全国平均水平。（3）老年人口抚养比明显较高，而且安徽、江苏两省 65 岁及以上的老人比例高于全国比例。

4. 人口受教育程度高于全国

长三角地区人口当中，2011 年大专及以上文化程度的人口为 11.8%，这个比例高于全国的平均水平 10.1%；高中和初中文化程度人口分别占 15.3%、41.4%，与全国平均水平相差不大；小学及以下的人口比例却高于全国。这说明，长三角地区人口受教育程度既高又低。

从长三角内部来看，人口的受教育程度差别比较大。主要表现在上海市人口的受教育水平明显高于其他省，尤其是大专及以上学历的人口比例达到 21.2%，不仅远远高于全国平均水平，与浙江（12.1%）、江苏（12.6%）、安徽（6.8%）相比差别也较大。相应的，上海市的小学及以下的人口比重远远低于其他地区。

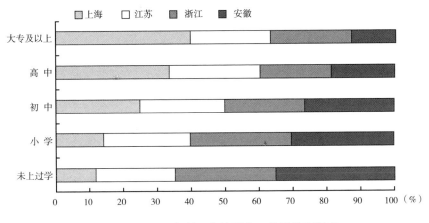

图 5 - 11　2011 年长三角地区人口的受教育程度

数据来源：上海市统计局编《上海市统计年鉴》（2011 年）；浙江省统计局编《浙江省统计年鉴》（2011 年）；江苏省统计局编《江苏省统计年鉴》（2011 年）；安徽省统计局编《安徽省统计年鉴》（2011 年）。

与全国相比，长三角地区人口受教育水平较高，但相对于该地区产业结构升级和优化的高要求，高层次人才仍然短缺。

综上所述，长三角 22 个城市人口结构呈现出以下特征：（1）人口增长速度较平稳，目前长三角人口在全国所占比例为 8.3% 左右。（2）人口增长模式已经进入"低出生、低死亡、低增长"状态，尤其是上海市和江苏省，人口自然增长模式已经先于全国完成模式转变。（3）老龄人口比重非常高，但由于少年儿童比重也很低，所以劳动年龄人口比重高于全国平均水平。（4）人口整体受教育水平较高，但仍然不能满足产业升级和优化的需求，迫切需要高层次人才引进和培育。

（二）长三角 22 个城市人口经济空间布局

交通运输需求的形成是一个过程性概念。交通运输形成机理是指交通运输需求形成的原因、影响因素、各影响因素之间的关系以及需求的生成过程等。引起运输需求形成的各种原因构成了对运输需求的某种促动力，我们称之为需求动力，主要包括经济发展水平、居民消费水平、城镇化水平、运输服务价格、运输质量、产业行业布局、国家经济政策等。但这一需求开始还只是潜在的需求，并不一定能真正实现，还会受到各种因素的约束，会造成妨碍运输需求的阻力，我们称之为需求阻力，主要包括经济约束、时间约束、运输质量约束、交通供给约束、信息约束等。需求阻力和需求动力之间的相互作用决定运输需求能否满足，两者之间的作用和关系在比较短暂的时期内也是一个相对平衡的过程。随着经济发展、社会进步、消费结构变迁、交通网络布局变化等情况发生，这种平衡也将被打破。在需求动力增加或需求阻力减小的状况下，某些潜在的交通需求将会向现实的运输需求转化，生成新的交通量。经济社会的发展和区域经济社会活动日益增加，产生了对区域间经济联系需求的增强效应，这是区域交通需求产生的直接动因。长三角 22 个城市的人口与经济空间布局可以作为未来长三角高铁网络中潜在运输需求的一个例证。

1. 长三角 22 个城市经济社会发展水平比较

从理论上来说，经济社会发展水平是一个多元化的价值系统，没有统一的衡量标准，但目前对看似众多繁杂的指标选择实际上存在着一定的共性，研究者大多都会选择一些基本指标如人均 GDP、职工人均工资、人均消费、人均固定资产投资等。本处选择了 7 个指标作为综合经济能力分析的基础：人均 GDP，在岗职工年平均工资，人均固定资产投资，人均出口额，人均电力消耗量，非农产业 GDP 所占比重和第二、三产业 GDP 密度，旨在体现经济活动的结果、过程和客观条件。其中，人均 GDP 和人均出口额体现经济活动的主要结果，人均电力消费和职工工资体现经济活动的主要过程，而人均固定资产、非农产业比重、非农产业 GDP 密度则体现经济活动的客观条件。

表 5 - 9 2011 年长三角 22 个城市经济社会发展的相关指标

	人均GDP（元）	人均固定资产投资（元）	人均出口总额（美元）	在岗职工平均工资（元）	人均电力消费量（千瓦小时）	非农产业GDP所占比重（%）	第二、三产业GDP密度（万元/平方公里）
上海市	82560.0	21585.4	8936.9	53402.0	5706.7	99.3	30077.7
南京市	76262.8	46333.8	3806.3	54713.0	4929.6	97.3	12637.3
无锡市	107436.8	49270.6	6577.9	51518.0	9026.5	98.2	41127.0
常州市	77485.4	47815.1	4163.7	49755.0	7132.9	96.9	18631.6
苏州市	102128.8	40689.3	15898.7	51660.0	10758.3	98.3	32629.2
南通市	56005.0	32628.9	2471.1	44574.0	3941.5	93.0	24937.6
扬州市	58950.3	33059.1	1640.1	40289.0	3746.9	93.0	10403.1
镇江市	73980.6	39145.6	1792.7	42659.0	5873.4	95.6	20431.4
泰州市	52396.1	25889.6	1616.5	38328.0	4230.0	92.8	35117.2
盐城市	38221.6	21927.5	411.5	35499.0	2550.4	85.0	12645.0
淮安市	35181.2	21247.4	382.9	36982.0	2630.8	86.8	4715.6
杭州市	80000.0	35536.3	4297.0	54408.0	4950.4	96.6	4086.7
宁波市	77983.0	31370.1	5386.8	49755.0	3628.0	95.8	5912.8
嘉兴市	59057.0	33160.0	1223.4	42990.0	1878.7	94.7	6473.3
湖州市	58000.0	27928.6	907.5	41107.0	2271.5	92.4	2412.1
绍兴市	74892.0	28906.8	1104.4	39810.0	1079.2	94.8	3827.4
舟山市	67774.0	44022.0	4683.8	52915.0	2873.3	90.2	4838.3
台州市	7290.0	18711.8	1230.1	42861.0	1519.5	93.2	2381.7
衢州市	35344.0	24144.4	458.4	50055.0	789.5	91.7	953.6
金华市	52317.0	14564.3	347.9	42199.0	664.6	94.9	2478.4
合肥市	48768.0	44901.7	1039.7	45442.0	2292.6	94.3	3007.4
马鞍山市	51517.0	56223.4	362.8	46439.0	6337.7	94.2	2665.2

资料来源：上海市统计局编《上海市统计年鉴》（2011 年）；浙江省统计局编《浙江省统计年鉴》（2011 年）；江苏省统计局编《江苏省统计年鉴》（2011 年）；安徽省统计局编《安徽省统计年鉴》（2011 年）。

为了尽量减少和消除研究中的主观因素和某些客观局限，我们采用均方差权值法对各属性指标进行赋权，并据此对长三角 22 个城市经济社会发展水平进行测定。具体操作过程如下。

第一步，对原始数据进行标准化。为了消除不同量纲和量级导致的各种不同属性指标的不可比性，需要对原始数据进行标准化处理。数据标准化的方法很多，此处采用极差标准化方法。对于正向指标（指标值越大，对评价结果的正向作用越大）和负向指标（指标值越大，对评价结果的反向作用越大），分别采用式（5-1）和式（5-2）进行处理，并以此作为各指标下各样本的属性值。

$$y_{ij} = (x_{ij} - x_{jmin})/(x_{jmax} - x_{jmin}) \qquad (5-1)$$

$$y_{ij} = (x_{jmax} - x_{xj})/(x_{jmax} - x_{jmin}) \qquad (5-2)$$

公式（5-1）中 x_{ij} 为指标的统计值，公式（5-1）、（5-2）中 x_{jmin}、x_{jmax} 分别为同一指标的最小值、最大值。i 为样本数，j 为指标数。

第二步，指标权系数求解。基于均方差求解多指标决策权系数的方法——均方差决策方法，通常用均方差来反映各个随机变量的离散程度。该方法是以各个评价指标为随机变量，以各方案 p_j 在指标 S_j 下无量纲化处理后的属性值为随机变量的取值，然后在计算各个指标随机变量均方差的基础上进行归一化处理，其结果即为各指标的权重系数。具体计算步骤如下：

随机变量均值：

$$E(S_i) = \frac{1}{n} \sum_{i=1}^{n} y_{ij} \qquad (5-3)$$

S_j 均方差：

$$\sigma(S_i) = \sqrt{\sum_{i=1}^{n} (y_{ij} - E(S_i))^2} \qquad (5-4)$$

指标 w_j 权系数：

$$w_j = \sigma(S_i)/\sum_{j=1}^{m} \sigma(S_j) \qquad (5-5)$$

第三步，综合评价值的计算。采用线性加权和法作为经济水平综合指数，其公式为

$$D_i = \sum_{j=1}^{m} y_{ij}(w_j) \qquad (5-6)$$

表 5-10　长三角 22 个城市 2011 年经济社会发展相关指标的标准化处理结果

	人均GDP	人均固定资产投资	人均出口总额	在岗职工平均工资	人均电力消费量	非农产业GDP所占比重	第二、三产业GDP密度
上 海 市	0.656	0.169	0.552	0.932	0.500	1.000	0.725
南 京 市	0.569	0.763	0.222	1.000	0.423	0.859	0.291
无 锡 市	1.000	0.833	0.401	0.834	0.828	0.921	1.000
常 州 市	0.585	0.798	0.245	0.742	0.641	0.828	0.440
苏 州 市	0.927	0.627	1.000	0.841	1.000	0.930	0.788
南 通 市	0.288	0.434	0.137	0.472	0.325	0.556	0.597
扬 州 市	0.329	0.444	0.083	0.249	0.305	0.558	0.235
镇 江 市	0.537	0.590	0.093	0.373	0.516	0.742	0.485

续表

	人均 GDP	人均固定 资产投资	人均出口 总额	在岗职工 平均工资	人均电力 消费量	非农产业 GDP 所占比重	第二、三产业 GDP 密度
泰 州 市	0.238	0.272	0.082	0.147	0.353	0.543	0.850
盐 城 市	0.042	0.177	0.004	0.000	0.187	0.000	0.291
淮 安 市	0.000	0.160	0.002	0.077	0.195	0.126	0.094
杭 州 市	0.620	0.503	0.254	0.984	0.425	0.811	0.078
宁 波 市	0.592	0.403	0.324	0.742	0.294	0.753	0.123
嘉 兴 市	0.330	0.446	0.056	0.390	0.120	0.675	0.137
湖 州 市	0.316	0.321	0.036	0.292	0.159	0.514	0.036
绍 兴 市	0.550	0.344	0.049	0.224	0.041	0.686	0.072
舟 山 市	0.451	0.707	0.279	0.906	0.219	0.361	0.097
台 州 市	0.522	0.100	0.057	0.383	0.085	0.576	0.036
衢 州 市	0.002	0.230	0.007	0.758	0.012	0.470	0.000
金 华 市	0.237	0.000	0.000	0.349	0.000	0.691	0.038
合 肥 市	0.188	0.728	0.044	0.517	0.161	0.647	0.051
马鞍山市	0.226	1.000	0.001	0.569	0.562	0.639	0.043
总　　值	9.206	10.049	3.928	11.781	7.351	13.886	6.507
均　　值	0.418	0.457	0.179	0.536	0.334	0.631	0.296
均 方 差	0.262	0.264	0.231	0.303	0.256	0.239	0.304
权　　重	0.141	0.142	0.124	0.163	0.138	0.129	0.163

2. 长三角 22 个城市人口的经济布局

人类的所有活动几乎都直接或间接地存在着经济指向性，因此人口布局也与所在区域的经济社会发展水平之间存在着某种直接的关系。换句话说，一个区域的人口布局是该区域的经济社会发展水平的函数，因此长三角各城市经济社会发展水平的综合得分也就可以等价为长三角各城市的人口容纳力指数。加总长三角的 22 个城市的人口容纳力指数，其和为9.348，以此去除 2011 年长三角 22 个城市的户籍人口总量 11553.07 万，可以得到 2011 年长三角地区的人口容纳力系数为 1235.849，以此乘以各个地市的人口容纳力，得出每个城市应当承载的人口数量，而这个人口数量也就是长三角地区人口的经济布局。

从图 5 - 12 可以看出，在长三角 22 个城市的人口布局中，经济布局最多的是苏州市，绝对数量为 1073.17 万人，其次是无锡市、上海市、南京市、杭州市；经济布局最少的是淮安市和盐城市，绝对数量分别为160.87、171.58 万人。比较苏州和淮安两市，两者相差 6 倍。

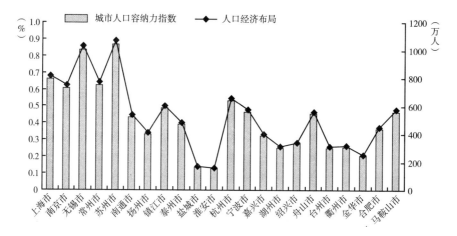

图 5 – 12　长三角 22 个城市人口容纳力指数与经济社会发展水平综合得分

资料来源：上海市统计局编《上海市统计年鉴》（2011 年）；浙江省统计局编《浙江省统计年鉴》（2011 年）；江苏省统计局编《江苏省统计年鉴》（2011 年）；安徽省统计局编《安徽省统计年鉴》（2011 年）。

3. 长三角 22 个城市的人口布局：人口行政布局与人口经济布局的滞差

比较长三角 22 个城市人口的自然布局与经济布局，可以发现存在着一个明显的滞差。也就是说，用长三角各城市人口的经济布局减去户籍人口布局或常住人口布局，如果差是正数，则表明该地区还可以承载人口；如果差是负数，则表明该地区承载的人口已经过多，因此有必要向外迁移一部分人口。将长三角 22 个城市划分为四种类型，如图 5 – 13 所示。

（1）第一象限城市

无锡、舟山、苏州、常州、镇江、马鞍山、湖州、衢州等集中于第一象限，户籍人口滞差与常住人口滞差皆为正值，可见，这些地区可以成为我国劳动力转移的吸收地区之一。对这类城市而言，无论是市域经济社会发展水平还是市区经济社会发展水平都比较高，因此在今后一段时间内这些城市将持续成为人口流入的主要目标城市，加强流动人口管理应当是该类城市迎接更多人口流入挑战的重要举措。

（2）第二象限城市

宁波、南京、嘉兴城市落在第二象限。值得一提的是，宁波和南京以户籍口径计算结论为这两个城市应流入人口分别为 5.2 万人和 118.5 万人；但以常住人口口径计算则呈现负值，表明宁波和南京分别应该流出 56 万人和 181 万人。这说明宁波和南京城市经济社会发展成熟度比较高，经济发展趋向转变对流动人口的吸纳能力减弱，势必对流动人口管理要更为严格。管理好和利用好城市过载流入人口是今后一段时间流动人口管理工作的重点。

（3）第三象限城市

上海、杭州、扬州、金华、绍兴、南通、合肥、淮安、台州、盐城、淮安落在第三象限，这些城市的经济社会发展水平存在差异，上海、杭州等一些城市经济社会发展水平高，一直以来都是人口集聚的地区，从经济发展角度看，其人口承载力基本已达到饱和状态。但如淮安、绍兴、盐城等小城市虽然最近几年发展较快，但由于其本身经济社会发展水平并不高，对人口吸纳能力较弱。因此应该积极发展这些中小城市，提升其经济发展水平，使其能够吸纳更多的劳动力。

（4）第四象限城市

仅有泰州一个城市落在第四象限，泰州是流动人口的主要供给源。尽管人口自由流动是资源优化配置的结果，但劳动力迁出——往往更多是高素质劳动力的迁出——显然对迁出城市的长远发展不利。因此，该类城市在做好人口流出管理的同时，应当进一步加强经济社会发展的紧迫感，促进城市整体经济与市区经济的全面发展，增强经济对人口尤其是人才的集聚效应。

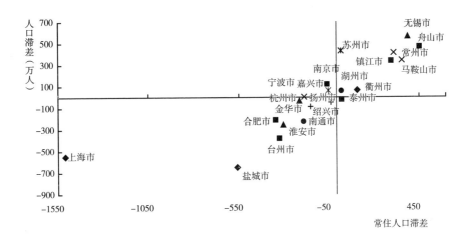

图 5－13　按户籍人口和常住人口滞差分类图

总体来看，长三角地区 22 个城市人口滞差现象与长三角各区域经济格局基本吻合。然而长三角各城市户籍人口滞差与常住人口滞差呈现不一致，这就要求不同类型的城市各自采取适合自身类型的策略，积极有效地管理流动人口。

城市（尤其是大都市）是物资、服务、产品、信息、资本与人口优先流动的区域。在这些区域内，城市之间的分界并不起到边界的作用，而只是简单的行政区划边界，经济往来与人口流动等都应是自由的。而另一方面，地方政府的管辖权和相关预算导致了区域性差异，具体表现在财政压力和提供的公共服务方面，因此容易对流动人口的居住地选择和商业活动选址带来影响。

（三）长三角 22 个城市人口就业布局

1. 长三角地区 22 个城市的就业弹性

2005 至 2011 年，长三角 22 个城市中除了无锡市、合肥市、马鞍山市在第一产业所占比重有所扩大以外，其余各市第一产业比重都出现了不同程度的降低。随着经济的增长，第二、三产业不断壮大，第一产业比重不断下降，这正是长三角地区工业化发展的总体状态。上海市第一产业比重最低，仅占地区总产值的 0.7%，远低于长三角其他城市，第二产业则处于加速阶段。

按照工业化社会参考指标，当农业产值比重小于 15% 时，表明该社会的经济发展进入了工业化。2006 年，长三角 22 个城市第一产业产值比重均低于 15%，证明长三角已全面进入工业化阶段。同时，长三角地区第三产业比重日益上升，服务业对 GDP 增长的贡献明显提高。各城市第三产业的比重均大幅度增加，上海和南京已经超过 50%，尤其上海的第三产业 GDP 所占比重接近 60%。

然而，如果要衡量经济增长与劳动就业的关系，就需引入"就业弹性系数"这一指标。GDP 就业弹性反映了国内生产总值每增长一个百分点可新增加就业岗位的能力，也可以解释为经济增长对劳动需求诱发效果的表现。笔者将利用统计年鉴中的相关数据来计算长三角 2006 年以来的就业弹性系数。

从图 5-14 中可看出，2006 年以来各城市就业弹性系数处于不稳定状态，有的城市出现负值，如 2011 年的常州市和台州市。出现就业弹性系数下滑的城市也较多，如上海、南京、无锡、苏州、南通、扬州、杭州、嘉兴、湖州、绍兴、台州都出现了一定下滑——按照弹性系数公式的性质[1]，

---

[1] 当就业弹性系数 >1，说明经济体系吸收劳动力的增长速度超过其产值增长速度；当就业弹性系数 =1，说明经济体系吸收劳动力的增长速度等于其产值增长速度；当就业弹性系数 <1，说明经济体系吸收劳动力的增长速度慢于其产值增长速度。

这种下滑现象表明经济体系吸收劳动力的增长速度慢于其产值增长速度，也就是说这些城市经济增长对劳动力的需求效果趋向萎缩。2006～2011年，弹性系数不降反升的城市有镇江、泰州、盐城、淮安、宁波、舟山、衢州、金华、合肥、马鞍山，表明这些城市经济体系吸收劳动力的增长速度与产值增长速度同步。马鞍山市增长幅度最大，达到6.85。合肥市就业弹性系数幅度提升也较大，为2.48。这样急增的弹性系数变化背后的原因是区域界线的变动。2011年安徽省宣布，经国务院批复同意，正式撤销巢湖地级市，将其所辖的一区四县分别划归合肥、芜湖、马鞍山三市管辖，使三市连成一片。通过此次合并，合肥区域面积比原来扩大了近40%，是合并中最大的受益者；芜湖、马鞍山也受益匪浅。合并所形成的集群效应能提升区域核心竞争力，从而加快安徽真正融入长三角经济全球化竞争与合作的步伐。

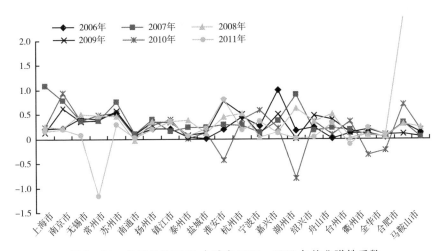

图 5 – 14　长三角地区 22 个城市 2006～2011 年就业弹性系数

资料来源：上海市统计局编《上海市统计年鉴》（2006～2011 年）；浙江省统计局编《浙江省统计年鉴》（2006～2011 年）；江苏省统计局编《江苏省统计年鉴》（2006～2011 年）；安徽省统计局编《安徽省统计年鉴》（2006～2011 年）。

2. 从长三角地区 22 个城市的三类产业结构偏离度看产业结构变动对就业的影响

结构偏离度是反映就业结构与产业结构之间不对称程度的指标，运用这一指标可以判断产业结构是否合理，也可以判断劳动力就业状况是否能与外界变化协调。如果结构偏离度大于零（正偏离），意味着该产业存在劳动力迁入的潜力；如果结构偏离度小于零（负偏离），意味着该产业存在劳动力转移出去的压力；结构偏离度等于零，则表明该产业就业结构与产业结构关系协调。结构偏离度公式如下：

$$IS_d = \frac{G_P}{E_P} - 1$$

式中 IS_d 为某产业结构偏离度，G_P 为该产业在 GDP 中所占比重，E_P 为该产业就业人数比重。

图 5-15 显示了长三角三类产业结构偏离度变动趋势。将 2005 年和 2011 年相比较来看，第一产业结构偏离度逐年偏离零值越来越远，到 2005 年该值已达 -0.70，这意味着该产业的劳动生产率较低，因此已存在大量的隐性失业，不能吸收更多的劳动力就业，成为导致劳动力流出的部门，有大量劳动力需要从第一产业中转移出去。长三角 22 个城市的第二产业结构偏离度基本都是呈现下降的趋势，其中淮安、上海、南通、湖州、镇江有所增大，这与这些城市的第二产业在 GDP 中过高的比重有关，说明第二产业正在走一条资本密集型的生产路线，主要依靠资本投入推动发展，势必会导致其对就业的吸纳能力下降；同时也说明这些城市第二产业应该吸纳更多的劳动力，从而使产业的发展与就业吸纳能力保持一致。长三角 22 个城市的第三产业结构偏离度基本上都接近 0，2011 年仅合肥市和马鞍山市出现负值。表明该产业结构与就业结构较合理。

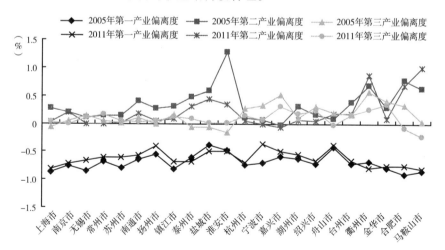

图 5-15　2005～2011 年长三角第三产业结构偏离度变动时间趋势图

资料来源：上海市统计局编《上海市统计年鉴》（2005～2011 年）；浙江省统计局编《浙江省统计年鉴》（2005～2011 年）；江苏省统计局编《江苏省统计年鉴》（2005～2011 年）；安徽省统计局编《安徽省统计年鉴》（2005～2011 年）。

（四）长三角地区人口产业行业空间布局

1. 以区位熵 *LQ* 指数与 *RCA* 指数比较长三角地区城市都市圈的产业分工组合

（1）区位熵

地区专业化是产业集中在空间上的特殊表现，地区专业化又与产业地理集中相互联系。产业地理集中（geographic concentration）是指某些产业在少数几个地区范围内聚集的现象。而地区专业化可以看作是某些产业在特定地区集中的现象，如果这些产业在特定地区的集中程度相当高，则可认为该地区具备明显的专业化特征。但两个概念又有区别，地区专业化从地区角度出发，考察各地区的产业部门构成；产业地理集中从产业角度出发，考察产业的空间分布。

地区专业化具有多重均衡和不稳定的特征，其测定是一项较复杂的工作。由于人们对于专业化的认识尚不统一，加上相关统计数据的限制，目前对于地区专业化水平的测定，国内外学术界并没有一个公认权威的衡量指标。区位熵和 Hoover 地方化系数主要用于测算一个地区各个行业的专业化水平，区位熵主要用于分析两个地区间的产业结构的总体差异或两个地区的分工程度，而 Hoover 地方化系数主要用于衡量一个地区与其余地区产业结构的平均水平差异程度。本章旨在对长三角城市产业集聚分析的基础上，结合地区专业化水平的测定，对长三角在全国产业分工体系中的地位和主要专业化行业实现明确把握，探析长三角各省市之间联系的内在动力要素。为测算长三角专业化水平，并对比地区间服务业结构的差异，我们选用区位熵进行分析测算。

区位熵指数用来表示一个地区特定产业的就业与该地区总就业之比，再除以全国该产业就业与全国总就业之比。公式为：

$$LQ_{it}(t) = \frac{e_{ik}(t) / \sum_k e_{ik}(t)}{E_k(t) / \sum_i E_k(t)} \qquad (5-7)$$

公式（5-7）中 $e_{ik}(t)$ 表示 t 时期 i 地区 k 行业的从业人数，$E_k(t)$ 表示全国（或所考察的样本总体）的 k 行业的从业人数，$\sum_k e_{ik}(t)$ 表示 i 地区的全部从业人数，$\sum_i E_k(t)$ 表示全国（或所考察的样本总体）的全部从业人数。如果区位指数 $LQ_{it}(t)$ 值大于1，则表示在全国（或所考察的样本总体）范围内，产业或行业 k 在 i 地区相对集中，超过全国平均水

平，具有相对规模优势，发展较快，具有一定的比较优势；如果值小于
1，表明该产业或行业专业化程度低于全国平均水平，其规模具有比较弱
势；如果值等于1，说明该行业在当地的生产能力或在当地雇用的劳动力
比例与全国平均水平相等，意味着 i 地区的产业或行业供给能力能够满足
本区需求，但区位优势并不明显。

但是在使用区位熵衡量产业专业化水平时应注意：部门的劳动生产率
是否与全国平均劳动生产率水平及地区总的劳动生产率水平相一致。如果
不一致，用就业人数比直接计算区位熵是不合适的。如有的地区服务业很
落后，资本有机构成低，劳动生产率水平远低于地区总的劳动生产率水平
和全国劳动生产率平均水平，则尽管该部门就业人数很多，区位熵也很
高，但产出很可能并不大，不能成为地区的专业化部门。因此，也需要结
合产值指标来结算区位熵，这样可以避免用就业人数所必须考虑的劳动生
产率一致性问题的产生。用产值指标计算的区位熵也称 RCA 指数，即显
性比较优势，其计算公式为：

$$RCA_{ik}(t) = Q_{ik}(t)/Q_k(t) \tag{5-8}$$

公式（5-8）中 $Q_{ik}(t)$ 表示在 t 时期（比如年份）i 地区 k 行业产
业在 i 地区总产出中所占比重，$Q_k(t)$ 表示 k 行业在全国总产出中所占
比重。如果 $RCA_{ik}(t)$ 大于1，则表明 i 地区在 k 行业的生产熵相对于其
他地区具有比较优势，即 k 行业在 i 地区相对集中。

（2）实证分析：以 LQ 指数与 RCA 指数比较长三角地区城市都市圈
的产业分工组合（见表5-11）。

表5-11　长三角地区产业及分行业的区位分布：LQ 指数与 RCA 指数比较

	2005 年				2011 年			
	LQ 指数前二	LQ 指数标准差系数	RCA 指数前二	RCA 指数标准差系数	LQ 指数前二	LQ 指数标准差系数	RCA 指数前二	RCA 指数标准差系数
第一产业	安徽(0.72) 江苏(0.63)	0.74	安徽(1.49) 江苏(0.59)	0.79	安徽(0.58) 江苏(0.46)	0.73	江苏(9.59) 安徽(2.69)	1.05
第二产业	江苏(1.40) 浙江(1.36)	0.38	江苏(1.22) 浙江(1.15)	0.08	浙江(1.35) 江苏(1.17)	0.14	江苏(1.24) 安徽(1.06)	0.12
第三产业	江苏(1.15) 浙江(0.87)	0.20	上海(1.25) 安徽(1.02)	0.13	上海(1.06) 安徽(1.05)	0.15	上海(1.34) 浙江(1.03)	0.26

续表

	2005 年				2011 年			
	LQ 指数前二	LQ 指数标准差系数	RCA 指数前二	RCA 指数标准差系数	LQ 指数前二	LQ 指数标准差系数	RCA 指数前二	RCA 指数标准差系数
农林牧渔业	安徽(0.72) 江苏(0.63)	0.74	安徽(1.65) 江苏(0.65)	0.76	安徽(0.58) 江苏(0.46)	0.73	安徽(1.30) 江苏(0.62)	0.72
采矿业	安徽(1.90) 江苏(0.53)	1.21	江苏(1.22) 浙江(1.14)	0.13	安徽(1.95) 江苏(0.37)	1.35	安徽(1.16) 浙江(1.10)	0.10
制造业	江苏(1.42) 浙江(1.36)	0.23	—	—	江苏(1.54) 浙江(1.33)	0.24	—	0.08
电力、燃气及水的生产和供应业	安徽(1.06) 江苏(0.85)	0.20	—	—	安徽(1.02) 江苏(0.70)	0.26	—	
建筑业	浙江(1.91) 安徽(1.02)	0.58	安徽(1.33) 江苏(1.04)	0.26	浙江(1.99) 安徽(1.19)	0.49	安徽(1.23) 江苏(0.90)	0.26
交通运输仓储和邮政业	上海(1.83) 江苏(0.97)	0.40	上海(1.48) 安徽(1.17)	0.33	上海(1.79) 安徽(0.88)	0.44	安徽(1.03) 江苏(0.96)	0.06
信息传输计算机服务软件业	上海(1.11) 江苏(0.90)	0.13	上海(2.48) 浙江(0.89)	0.65	上海(1.12) 浙江(0.85)	0.17	上海(1.85) 浙江(1.26)	0.55
批发和零售业	上海(1.54) 安徽(1.09)	0.26	江苏(1.33) 浙江(1.24)	0.16	上海(2.13) 江苏(0.88)	0.47	上海(1.78) 浙江(0.94)	0.44
住宿和餐饮业	上海(1.46) 浙江(1.16)	0.36	上海(1.14) 安徽(0.89)	0.20	上海(1.99) 浙江(1.08)	0.47	江苏(1.29) 浙江(1.03)	0.21
金融业	上海(1.51) 浙江(1.14)	0.15	上海(2.79) 浙江(1.53)	0.60	上海(1.59) 安徽(1.11)	0.22	上海(2.27) 浙江(1.60)	0.68
房地产业	上海(1.92) 浙江(0.90)	0.46	上海(1.72) 浙江(1.12)	0.29	上海(1.81) 浙江(0.89)	0.45	江苏(1.05) 上海(0.94)	0.10
租赁和商务服务业	上海(2.33) 浙江(1.40)	0.52	上海(2.63) 浙江(1.00)	0.61	上海(1.87) 浙江(1.40)	0.46	上海(2.45) 安徽(1.05)	0.64
科学研究、技术服务和地质勘查业	上海(1.99) 安徽(0.79)	0.51	上海(3.49) 安徽(1.51)	0.73	上海(1.20) 安徽(0.89)	0.22	上海(1.66) 浙江(0.89)	0.46
水利、环境和公共设施管理业	安徽(1.08) 江苏(1.00)	0.15	上海(1.25) 安徽(1.25)	0.10	安徽(1.10) 江苏(1.00)	0.16	江苏(2.06) 安徽(1.49)	0.47

续表

	2005 年				2011 年			
	LQ 指数前二	LQ 指数标准差系数	RCA 指数前二	RCA 指数标准差系数	LQ 指数前二	LQ 指数标准差系数	RCA 指数前二	RCA 指数标准差系数
居民服务和其他服务业	上海(2.53)江苏(0.41)	1.04	安徽(1.60)江苏(0.77)	0.45	上海(1.16)浙江(0.41)	0.67	浙江(1.09)江苏(1.08)	0.21
教育	安徽(1.32)江苏(1.00)	0.30	安徽(1.29)上海(1.00)	0.13	安徽(1.33)江苏(0.96)	0.40	江苏(1.09)安徽(1.04)	0.13
卫生、社会保障和社会福利业	安徽(1.18)江苏(1.06)	0.06	安徽(1.69)上海(1.42)	0.32	安徽(1.19)江苏(1.04)	0.20	浙江(1.13)上海(1.00)	0.10
文化、体育和娱乐业	上海(1.24)安徽(1.16)	0.22	上海(1.64)安徽(1.25)	0.33	上海(1.11)安徽(0.85)	0.17	浙江(1.24)上海(0.97)	0.17
公共管理和社会组织	安徽(1.18)江苏(0.80)	0.30	浙江(0.89)安徽(0.84)	0.10	安徽(1.12)江苏(0.79)	0.38	江苏(1.42)浙江(1.01)	0.32

资料来源：上海市统计局编《上海市统计年鉴》（2005～2011 年）；浙江省统计局编《浙江省统计年鉴》（2005～2011 年）；江苏省统计局编《江苏省统计年鉴》（2005～2011 年）；安徽省统计局编《安徽省统计年鉴》（2005～2011 年）。

从地区间相应指数的差异程度即标准差系数看，第一产业的 LQ 指数和 RCA 指数差异程度都比较大。第二产业和第三产业的差异程度虽然没有第一产业那么明显，但 LQ 指数标准差系数在 2011 年与 2005 年位序颠倒。对比 2005 年与 2010 年数据，第三产业 RCA 指数随着时间推移也有明显增长趋势。

从 2011 年第三产业各行业 LQ 标准差系数都大于整体服务业的 LQ 标准差系数的现象来看，RCA 指数显示 2011 年"交通运输仓储和邮政业"、"信息传输计算机服务和软件业"、"住宿和餐饮业"、"房地产业"、"教育"、"卫生、社会保障和社会福利业"、"居民服务和其他服务业"、"文化、体育和娱乐业"的相互差距均比整体服务业的相互差距小，但其余 6 个分部门的标准差系数都大于整体服务业的标准差系数。

从各服务部门的情况看，有几个明显的特点。第一，从 2005 年 LQ 指数来看，省际差异排在前三位的行业是"居民服务和其他服务业"、"租赁和商务服务业"和"科学研究、技术服务和地质勘查业"。2011 年"居民服务和其他服务业"仍然居第一，"批发和零售业"和"住宿和餐饮业"取代 2005 年的"租赁和商务服务业"跃居并列第二。

第二，2005 年就业省际差异最小的是"卫生、社会保障和社会福利业"和"水利、环境和公共设施管理业"。2011 年这两个部门省际差异在扩大，"水利、环境和公共设施管理业"扩大幅度很微弱，但"卫生、社会保障和社会福利业"扩大幅度较大，这反映了国家在致力于平衡发展这些部门以消除地区差距方面所取得的成就。

第三，2005~2011 年就业省际差异扩大幅度较大的是"居民服务和其他服务业"、"教育"和"金融业"，反映出长三角地区在这些部门有着各自的产业专业化和产业导向。2005~2011 年增长值省际差异扩大幅度较大的是"居民服务和其他服务业"。

第四，以 2005~2011 年 RAC 指数衡量，"教育"、"住宿和餐饮业"、"房地产业"和"卫生、社会保障和社会福利业"的省际差异极小。这些行业的 RCA 指数都低于 LQ 指数，表明该服务部门增长值省际差异小于就业的省际差异。上海 2011 年的"金融业"、"租赁和商务业"和"科学研究、技术服务和地质勘查业"LQ 指数和 RCA 指数都位列第一。2011 年"住宿和餐饮业"、"房地产业"、"交通运输仓储和邮政业"、"教育"和"卫生、社会保障和社会福利业"的 RCA 指数都低于 LQ 指数，表明这些服务部门增长值的省际差异远远低于就业上的省际差异。

2. 以地区间专业化指数测定长三角城市间产业结构的同构性程度

（1）地区专业化指数测定

地区间专业化指数，又称 Krugman 专业化指数或 K-spec 指数（Krugman Speicialization Index），它用来直接衡量两个地区间产业结构的差异程度（Krugman，1991）。计算公式：

$$K_{ij} = \sum_k |S_i^k \quad S_j^k|$$

公式中 i、j、k 分别为地区 i、地区 j 与行业 k，K_i、K_{ij} 分别表示地区相对专业化指数和地区间专业化指数；S_i^k、S_j^k 分别表示地区 i 和地区 j 行业 k 的从业人数或产出占地区全部行业的从业总人数或总产出的比重，$S_i^{\bar{k}}$ 为除地区 i 以外的其他所有地区综合的行业 k 的就业人数或产出占全部行业从业总人数或总产出的比重。

地区间专业化指数取值范围为 0~2，K_{ij} 越大代表两个地区的产业结构差异越大，K_{ij} 越小则两个地区产业同构性越大。

（2）实证分析：以地区间专业化指数测定两个地区间产业结构的差异程度

实际上，服务业的区位分布与地区专业化是相互联系的。相邻地区在服务业及其分部门上的专业化分工，可能比跨区域的专业化分工更能说明问题。根据公式可以计算京沪高铁沿线 7 省市地区 2005 年和 2011 年服务业的地区间专业化指数，直接衡量其服务业结构差异程度：专业化系数越大，表明两地产业结构的差异性越大。

①三类产业整体结构差异程度

长三角地区间在第一产业几乎没有差异的是上海—浙江、江苏—安徽，差距较大的是上海—安徽、浙江—安徽。而且到 2011 年，差距逐渐缩小。

长三角地区间在第二产业差异较大的是浙江—安徽、江苏—安徽，在 2005 年和 2011 年都达到 0.3 以上。差距较小的是上海—江苏，不到 0.1。从动态变化趋势看，K-spec 指数值呈现上升状态，因为各省市的专业化水平都有不同程度的提升。

长三角地区间在第三产业差异较大的是上海—安徽，其次是上海—江苏。地区间差异程度最小的是江苏—浙江，在 2005 年差异程度不到 0.1，2011 年有扩大的趋势，但也只有 0.12。

②第二产业分行业结构差异程度

第二产业内部分行业主要分为"采矿业"、"制造业"、"电力、燃气及水生产和供应业"、"建筑业"。其中采矿业从 2005 到 2011 年变化幅度并不明显，上海—安徽、浙江—安徽差异较大。"制造业"变化幅度相比"建筑业"和"电力、燃气及水生产和供应业"较大，除了浙江—安徽变化幅度有所下降以外，其他都各地区间变化幅度都呈现上升，表示地区间制造业专业化程度不断提高，尤其江苏—安徽制造业越来越向专业化前进。

③生产性服务业的结构差异程度

"交通运输仓储和邮政业"方面，2005～2011 年差异程度最小的是江苏—安徽，其次是浙江—安徽（0.01）、江苏—浙江（0.02），说明这个行业在这些地方间趋同程度较高。差异程度最大的是上海—浙江（0.05）、上海—安徽（0.04）。而 2005～2011 年，各地区间差异程度都是不增反降。值得一提的是，"信息传输计算机服务和软件业"和"金融业"方面，差异几乎处于 0.02 以下，说明长三角地区在这两个行业的结

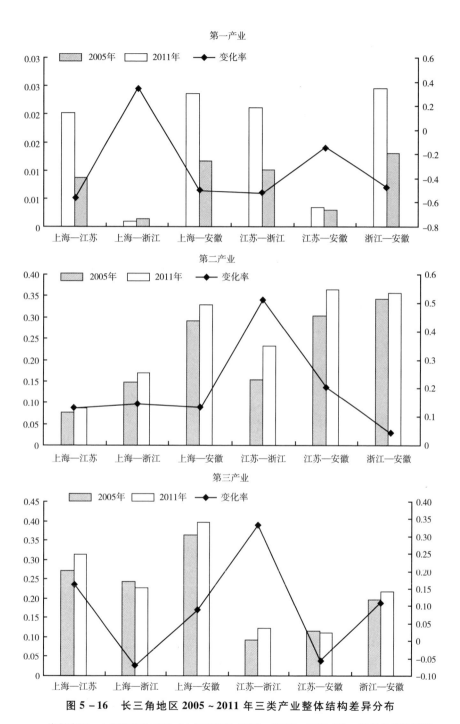

图5-16 长三角地区2005~2011年三类产业整体结构差异分布

资料来源：上海市统计局编《上海市统计年鉴》（2005~2011年）；浙江省统计局编《浙江省统计年鉴》（2005~2011年）；江苏省统计局编《江苏省统计年鉴》（2005~2011年）；安徽省统计局编《安徽省统计年鉴》（2005~2011年）。

构极为相似。

"批发和零售业"方面，江苏—浙江、江苏—安徽差异程度最小，反映地区间的产业结构较相似。差异程度最大的为上海—浙江（0.06）、上海—江苏（0.06）。上海—江苏的差异程度扩大较快，K-spec 指数值由 2005 年的 0.03 上升到 2011 年的 0.06，反映上海和江苏两省之间在"批发和零售业"方面专业化程度不断提高。

"房地产业"方面，有显著差异的是上海—江苏、上海—浙江、上海—安徽，这些地区间的差异几乎雷同，都是 0.02。而浙江—安徽及江苏—安徽之间的差异程度很是微弱，几乎为 0。这说明浙江与安徽及江苏与安徽之间在该行业上具有基本相同的产业结构。

"科学研究、技术服务和地质勘查业"方面，很明显上海与其他 3 省市之间的产业结构差异程度都很大，显示出上海在该行业具有绝对优势，其余省份之间的产业结构差异不大，江苏—浙江、江苏—安徽、浙江—安徽在 2005 年和 2011 年都为 0，说明安徽、浙江、江苏三省之间在该行业上产业结构趋同程度较高。

④公共性服务业的差异结构程度

"教育"方面，上海—安徽、浙江—安徽的 K-spec 指数值较高，这说明上海、浙江分别与其他省市的差异程度都比较大，表明上海、浙江地区教育专业化程度较高。上海—安徽的 K-spec 指数值在 2005 年及 2011 年都为 0.09，浙江—安徽 2011 年差异程度由 0.07 增至 0.09，说明浙江、安徽两地之间在该行业结构差异性不断增大。

"卫生、社会保障和社会福利业"和"文化、体育和娱乐业"方面，长三角地区几乎没有太大差异，这两个行业结构同构性较高。反而"公共管理和社会组织"方面地区之间有着较大的差异性。差异程度最高的是上海—安徽，且有不断增大的趋势，由 2005 年的 0.07 上升到 2011 年的 0.08；上海与江苏及浙江之间虽然不到 0.03 的差异，但在整个 2005 ~ 2011 年没有明显的变化。

3. 基本结论与政策建议

笔者通过 LQ 指数、RCA 指数和 K-spec 指数对长三角地区经济区域产业及其分行业的区位分布与地区专业化状况进行研究，得出以下结论。

通过产业结构相似度和产业结构转换速度来测定长三角的产业一体化程度。结果显示，2004 年之后，长三角整体的产业结构相似度系数均值连续 7 年持续上升，2010 年达到 0.795。

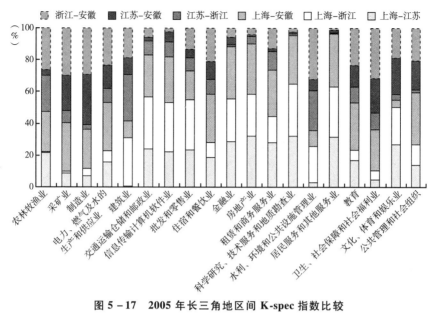

图 5 - 17　2005 年长三角地区间 K-spec 指数比较

资料来源：上海市统计局编《上海市统计年鉴》（2005 年）；浙江省统计局编《浙江省统计年鉴》（2005 年）；江苏省统计局编《江苏省统计年鉴》（2005 年）；安徽省统计局编《安徽省统计年鉴》（2005 年）。

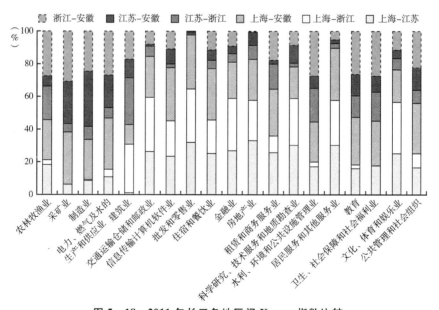

图 5 - 18　2011 年长三角地区间 K-spec 指数比较

资料来源：上海市统计局编《上海市统计年鉴》（2005 年）；浙江省统计局编《浙江省统计年鉴》（2005 年）；江苏省统计局编《江苏省统计年鉴》（2005 年）；安徽省统计局编《安徽省统计年鉴》（2005 年）。

（1）2005～2011 年，第一产业的 LQ 指数最高的为安徽，其后依次为江苏、浙江、上海；第二产业的 LQ 指数最高的为浙江，其后依次为江苏、上海、安徽；第三产业 LQ 指数有较大的波动，江苏和浙江都有所下降，而上海和安徽却有着不同程度的增长。从 RCA 指数来看，上海不仅占据高位，而且有着一定幅度的增长；而若将江苏和安徽同上海和浙江进行比较的话，前两者不仅不具有显性的比较优势，还有着不同幅度的下降。

（2）2005～2011 年，省际就业差异扩大幅度较大的是"居民服务和其他服务业"、"教育"以及"金融业"，反映出长三角地区在这些部门有着各自的产业专业化倾向和产业导向。2005～2011 年，增长值省际差异扩大幅度较大为"居民服务和其他服务业"。而以 2005～2011 年 RAC 指数衡量，"教育"、"住宿和餐饮业"、"房地产业"、"卫生、社会保障和社会福利业"的省际差异极小。这些行业的 RCA 指数都低于 LQ 指数，表明该服务部门增长值省际差异小于就业的省际差异。2011 年，上海在"金融业"、"租赁和商务业"、"科学研究、技术服务和地质勘查业"方面，无论以 LQ 指数还是 RCA 指数都位列第一。2011 年"住宿和餐饮业"、"房地产业"、"交通运输仓储和邮政业"、"教育"、"卫生、社会保障和社会福利业"的 RCA 指数都低于 LQ 指数，表明这些服务部门增长值的省际差异远远低于就业上的省际差异。

（3）地区间产业结构差异程度。长三角地区间第一产业几乎没有差异的是上海—浙江、江苏—安徽；差距较大的是上海—安徽、浙江—安徽，但在 2011 年，差距逐渐缩小。第二产业差异较大的是浙江—安徽、江苏—安徽，都达到 0.3 以上；差距较小的是上海—江苏，不到 0.1。从动态变化趋势看，K-spec 指数值呈现上升状态，这是因为各省市的专业化水平都有不同程度的提升。第三产业差异较大的是上海—安徽，其次是上海—江苏。

（4）地区间分行业结构差异程度。"信息传输计算机服务和软件业"、"金融业"、"卫生、社会保障和社会福利业"、"文化、体育和娱乐业"方面，差异几乎处于 0.02 以下，说明长三角地区在这些行业结构同构性较高。"交通运输仓储和邮政业"方面，2005～2011 年差异程度最小的是江苏—安徽，差异程度最大的是上海—浙江（0.05）与上海—安徽（0.04），2005～2011 年各地区间差异程度都是不增反降。"批发和零售业"方面，江苏—浙江、江苏—安徽地区间的产业结构较相似，差异程度最大的为上海—浙江（0.06）。上海—江苏（0.06），上海—江苏的差异程度增大较快，K-spec 指数值由 2005 年的 0.03 上升到 2011 年的 0.06，反映上海和江苏两省之间在批发和零售业方面专业化程度不断提高。"房地产业"方面，有显著差异的是上海—江苏、上海—浙江、上海—安徽，这些地区间的差异相同，都是 0.02；而浙江—安徽、江苏—安徽的差异程度很是微弱，几乎为 0，这说明两地区具有基本相同的产业结构。"教育"方面，上海—安徽、浙江—安徽的 K-spec 指数值较高，这说明上海、浙江与其他省市的差异程度都比较大，表明上海、浙江地区教育专业化程度较高。随着产业关联度的提升，长三角各地的产业结构转换速度呈现明显的同向变化趋势，产业一体化程度显著提升，而产业同构成为一体化的基础，长三角作为一个整体进行产业升级和结构调整，并形成集群优势，能够对外参与国际分工与竞争。

（5）产业同构程度。产业同构易造成资源配置效率低，影响经济发展，因此一直备受关注。范剑勇（2004）认为长三角地区存在着产业同构现象，但产业同构化趋势正在减弱。2001~2004 年，大量劳动密集型产业和部分资本密集型产业正从上海转移到浙江、江苏两省，由此导致制造业结构的差异度逐步提高。然而张学良（2009）指出长三角同构现象严重，在狭义的长三角 16 个城市里，以汽车作为重点发展产业的有 11 个，通信产业有 12 个，石化产业有 9 个；在食品饮料、纺织、印刷、塑料、办公机械设备等领域，江浙沪三地产业同构率在 80% 以上。长三角区域的产业同质性结构问题亟待通过协作分工和产业整合加以解决。完善的交通网络虽然可以加快区域内各要素的交流互动，但并不意味着有了完善的交通网络，区域内部的产业就会自然地协作分工。

专栏 5 - 2　五大湖城市群的分工合作

五大湖城市群位于美国东北部大西洋沿岸，被视为美国经济的中心。美国对世界经济的巨大影响力，不在于纽约的百年经济金融积淀，也不在于华盛顿是美国政治中心，而要归功于都市圈内完善的产业分工格局。作为世界经济和国际金融神经中枢，纽约历来是美国本国和国际大公司总部的集中地，全美 500 家最大的公司中约有 30% 将总部设在纽约，其他城市围绕纽约为中心也各自寻找到自己合适的位置。例如波士顿为了维护纽约的金融中心地位，自动寻求产业转变，削减金融业所占比例，增加高科技研发、教育、商业、贸易等产业的投入。其他城市也纷纷效仿，根据自身的特点寻找与纽约错位发展之路。最终呈现的产业分工格局为费城主攻国防、航空、电子产业，巴尔的摩以矿产业和航运业为主，区域内的产业分布呈现出多元和互补的格局。与此同时，在一些细分产业发展中也呈现出有序分工、错位互补发展的格局。例如同样都发展港口，但各自发展方向不同，纽约港作为美国东部最大港口主要发展比较高端的远洋集装箱运输，费城港主要从事近海货运，巴尔的摩港定位为矿石、煤炭、谷物等重要大宗原材料商品的转运港，波士顿则是以转运地方特色产品为主的商港。这种港口功能上的有序分工，构成了分工合理、运营灵活、极具效率的美国东海岸港口集群。

纽约在整个城市圈中一直处于地理和重要性双重核心位置，而它对整个城市圈的影响力很大程度上来自于仅有 500 多米长的华尔街——这里云集了包括纽约证交所、美联储、高盛、美林、摩根士丹利等金融机构，正是这些知名机构使华尔街成为国际金融界的"神经中枢"，这有点类似上海之于长三角的作用。对于都市圈内的新兴企业来说，华尔街不仅提供了创业初期所需的风险投资，而且为它们后续发展提供了更多的资金支持和 IPO 上市等一系列金融服务。由于城市分工得当，纽约上班族当中 35% 的人不住在纽约，有些甚至住在费城。借助纽约资本优势，都市圈内城市都形成了各自产业亮点：费城的重工业、波士顿的高科技产业、巴尔的摩的冶炼工业都举世闻名。以纽约为核心，制造业带、交通带、城市带融为一体，形成了多核心的城市群体系。多样化、综合性的功能整合，远远大于单个城市功能的简单叠加。区域内产业布局调整合理，增大了城市间的互补性，从而增强了整个都市圈的经济稳定性。纵观整个美国东北部大西洋沿岸，它的层级结构酷似一座金字塔：塔尖是纽约，第二层是波士顿、费城、巴尔的摩、华盛顿 4 大城市，再下面则是围绕在 5 个核心城市周围的 40 多个中小城市。5 大核心城市各具特色，错位发展，相互补充，纽约与周围城市合理的地域分工格局和产业链的形成，成为这一都市圈发展的基础和保障。①

因此，分工并不会弱化核心城市的地位，反而会增强其核心竞争力，世界上没有哪个城市可以通吃一切，提升本城市内核才是关键。例如伦敦城市群的出现，并没有导致城市分散化，反而增强了核心城市伦敦的国际

---

① 《世界著名城市群：各城市间分工协作？发挥核心城市带动辐射作用》，中国城市综合网，http：//www.urbanchina.org/n/2013/1122/c369544 - 23630868. html。

地位。因此，长三角经济实力比较发达的城市没有必要担心城市一体化、同城化会将自己边缘化，只要提升核心竞争力，最终只会强者愈强。本章通过分析发现，长三角很多行业同构性较高，如"信息传输计算机服务和软件业"、"金融业"、"卫生、社会保障和社会福利业"、"文化、体育和娱乐业"方面，差异几乎处于 0.02 以下。那么在各城市发展同一行业时，必须各有特点、各有侧重。同时，长三角的中小城市在产业规划或产业重新布局时应考虑周边其他城市的高新科技产业定位和能力，避免与上海、苏州等发达城市的重点产业撞车，最好是发展能满足本地产业升级转型的技术，同时弄清楚产业在国际上的发展程度，明晰差距。此外，还应把市场作为长三角产业分工协调的基础，发挥企业组织作为市场主体，建立政府居中协调的机制，确定产业或行业的牵头人进行产业整合分工。否则，在高铁快速推动下，长三角各地政府如果只埋头于各自城市的产业发展，短期来看或可引进一批高端企业和高新技术人才；但长远来看，发展的不协同、不整合会导致盲目、过度竞争，未必能产生良性的市场效果。因此，产业本无高低贵贱之分，但最关键的是各城市要找到适合自己的位置。

同时值得注意的是，高铁带来的巨大人流一定会带来可观的商流。上海作为国际大都市，其核心城区的人口必然减少，沿线城市人口却必将增多。商业是随着城市发展而发展的，商流跟随人流而动，因此作为国际大都市的上海，商业发展必须未雨绸缪。

首先，上海商业要布局高铁沿线城市，发展有潜质的中小城镇。随着高铁网络快速铺设，人口逐渐由大城市向周边中小城市扩散，这一定会影响上海的基础购买力。长三角 22 个城市 2010 年社会消费品零售总额统计为 27385 亿，从图 5 - 19 可以看出，长三角几乎每个城市的社会消费品零售额都有不同程度的上升，但上海仍然遥遥领先。然而从占比来看，上海从 2005 年占长三角总额的 24.4% 下降到 2010 年的 22.2%，长三角还有如昆山、海宁、苏州、南通、南京等城市在高铁沿线上，其中包括 58 个县级市，这些城市的占比都有小幅度增长，并且都大有发展潜力。因此，上海商业只有"走出去"，在各地布局，才能在高铁时代获得商机，做大做强。

其次，上海要搭建各种市场平台，为世界、为全国服务。上海要借高铁时代的契机，谋划批发贸易和大宗商品交易的市场发展，组建和完善要素市场，加强实体和虚拟市场的建设力度，这样才能借高铁之力充分发挥对全国的辐射力。

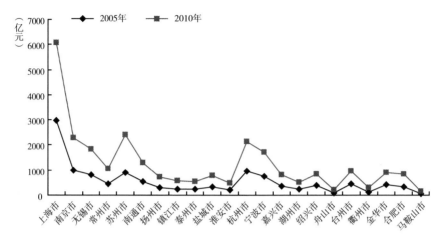

图 5 - 19　长三角社会消费品零售额的变化

资料来源：上海市统计局编《上海市统计年鉴》（2005～2011 年）；浙江省统计局编《浙江省统计年鉴》（2005～2011 年）；江苏省统计局编《江苏省统计年鉴》（2005～2011 年）；安徽省统计局编《安徽省统计年鉴》（2005～2011 年）。

五　城市群网络中长三角地区差距变化

（一）引言

　　城市群的发展目标是使大中小城市之间互动发展，缩小地区间差距。然而，在现实中无论是国家间还是一个国家内部的各地区间，在经济发展过程中都会由于禀赋条件和发展基础的差异而表现出经济增长及发展水平差异。中国改革开放三十多年来，地区发展的不平衡导致东部沿海与内陆地区间收入差距持续扩大，作为中国经济版图上一个发展比较成功的城市群，长江三角洲也同样呈现出地区间差距。差异的扩大也带来诸多问题，缩小地区间差距已经成为共识。如中国政府在《国民经济和社会发展十二五规划纲要》中指出："充分发挥不同地区比较优势，促进生产要素合理流动，深化区域合作，推进区域良性互动发展，逐步缩小区域发展差距。"如何缩小地区差距？有必要从造成差距的源头解释。

　　关于地区差距问题，学术界的研究已经有很多，主要可以归纳为以下几类。

　　一是从劳动力流动角度解释地区差距的诱因。有学者认为劳动力市场扭曲影响要素资源配置，因此产生效率差异是地区差距扩大的深层原因

（蔡昉等，2001）。也有学者从要素流动性角度探讨人口与生产分布失衡产生的原因，认为人口流动成本是造成区域差距的关键因素，假如不存在人口流动制度和其他方面的障碍，中国生产与人口分布就会有更高的一致性，地区差异因此会比现实情况更低（范红忠、李国平，2003）。

二是从资本流动角度解释地区差距的诱因。林毅夫等（2003）指出，地区收入差距拉大的主要原因是以扭曲要素和产品价格为特征的宏观政策环境，导致现存价格体系形成的地区"经济"的比较优势和该地区"资源结构"的比较优势相背离。

三是从人口与产业不匹配角度解释地区差距的诱因。在新经济地理的框架下，范剑勇、王立军（2004）研究了劳动力与产业集聚之间的关系，他们认为非农产业特别是制造业向东部沿海地区集聚和农村劳动力向东部地区流动相互强化的过程导致地区差距扩大。

综上所述，从空间上看地区差距，主要体现为人口与产业之间的不匹配。以往对地区差距的研究主要集中在要素流动对产业集聚进而对地区差距的影响，但往往只针对一种要素，如劳动力流动或资本流动。然而单从一种要素很难全面了解地区差距变化的内在机制，需要综合劳动力流动和资本流动这两种要素共同研究。因此，本节以长三角为例，从人口与经济分布不匹配角度来研究和分析导致地区差距变化的内在机制，测算长三角内部各城市不匹配程度的变化，据此讨论进一步缩小地区间差距的方式，为不同地区间实现经济人口协调发展提供可选择路径和政策建议。

（二）人口与经济不匹配 RS 指数

不匹配指数用 RS 表示，该指数等于某地区 GDP 占全国 GDP 的份额与人口占全国总人口份额的百分数之比值，用来衡量人口与经济集聚是否协同：若 RS 等于 1，说明人口与经济协同集聚；若小于 1，说明该地区经济规模小，人口数量多；若大于 1，说明经济集聚而人口没有相应集聚。后两种情况都是非协同集聚。RS 指数的公式为：

$$RS_i = \frac{s_i^n}{s_i^p} = \frac{n_i / \sum_i n_i}{p_i / \sum_i p_i}$$

其中，n_i 表示 i 地区生产总值，p_i 表示 i 地区人口数量。s_i^n 为 i 地区的 GDP 占全国 GDP 的份额，s_i^p 为 i 地区的人口规模占全国总人口的份额。

上海、苏州、无锡、杭州的 RS 指数虽然位居前列，但从 2005 年起

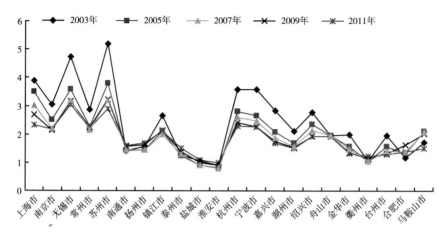

图 5 - 20 长三角 22 个城市 2003 ~ 2011 年 RS 指数（常住人口）

资料来源：上海市统计局编《上海市统计年鉴》（2003 ~ 2011 年）；浙江省统计局编《浙江省统计年鉴》（2003 ~ 2011 年）；江苏省统计局编《江苏省统计年鉴》（2003 ~ 2011 年）；安徽省统计局编《安徽省统计年鉴》（2003 ~ 2011 年）。

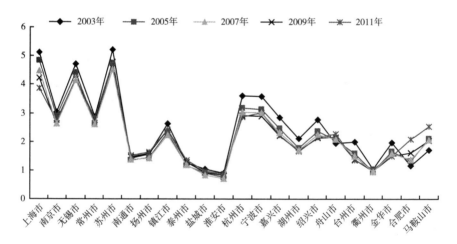

图 5 - 21 长三角 22 个城市 2003 ~ 2011 年 RS 指数（户籍人口）

资料来源：上海市统计局编《上海市统计年鉴》（2003 ~ 2011 年）；浙江省统计局编《浙江省统计年鉴》（2003 ~ 2011 年）；江苏省统计局编《江苏省统计年鉴》（2003 ~ 2011 年）；安徽省统计局编《安徽省统计年鉴》（2003 ~ 2011 年）。

与其他区域的差距已大为缩小；从 2005 年到 2011 年下降幅度较为明显，RS 指数下降主要是因为经济份额相对下降。由此可见，这些城市人口与经济分布偏离程度下降是带动地区差距程度下降的重要动力。长三角区域中盐城市、淮安市 RS 指数都小于 1，说明两个城市经济规模小，人口数量多；除这两个城市以外，其他城市 RS 指数几乎都大于 1，说明经济集聚而人口没有相应集聚。

（三）人口与经济不匹配假设与模型设定

1. 人口与经济不匹配假设

影响人口与经济空间分布不一致的因素，具体可以分为以下几类假设。

（1）迁移制度壁垒居高不下，区域人口与产业分布不匹配程度会加深

20 世纪 50 年代，唐纳德·博格提出的"推－拉"（Push-Pull）理论。他认为，迁移是在迁出地的消极因素（即推力）和迁入地的积极因素（即拉力）的共同作用下发生的理性选择行为，经济因素仍是其中最根源的力量。推－拉理论很好地解释了当前区域间劳动力流动现象，但由于迁移制度壁垒的存在，使得当今劳动力流动现象呈现为区域人口与经济分布的不匹配。

（2）各行政区域内和各行政区域间收入差距拉大，区域人口与经济分布不匹配拉大

刘易斯·费·拉尼斯的工业化理论和哈利斯·托达罗的乡城迁移模型均在唐纳德·博格提出的"推－拉"理论基础上进一步揭示出乡城收入的差距和在城市获得就业的概率等经济因素是决定迁移行为的最重要因素。劳动力流动的理论和实证研究表明，工作收入是影响劳动力在地区之间流动的最重要和最直接的经济因素，当我国整体上还处于经济发展水平不高、地区间经济发展极其不均衡的阶段时尤其如此。即使是经济比较发达的长三角城市群，同样面临着地区间经济发展不均衡的困境。而经济发展不均衡直接影响劳动力分布。对于流动的劳动力来说，流动的最主要的动机是经济因素，因而一个地区的农民人均纯收入和城镇职工的可支配收入水平的高低，可能是影响流入该地区人口数量的最重要因素。因此，长三角区域内与区域外的城乡居民收入差距会对外部劳动力的流入产生直接的影响。由于收入差距悬殊，长三角吸引的不仅是其行政区域内的农村劳动力，同样也吸引区域外的农村劳动力。

（3）区域间资本边际产出变动差异导致区域人口与经济分布不匹配

资本配置是影响匹配性的重要原因之一，这是因为资本集聚直接或间接影响着产业集聚。两种情况会导致资本集聚不匹配扩大：①当资本边际回报递增时，本着收益最大化原则，资本积聚到比较发达的地区。资本的集聚扩充不仅获得更大收益，同时使得其他产业集聚到发达地区，致使发

达地区的发展更为迅速而产生极化效应，进而加剧区域间的不均衡发展。②中心地区资本边际回报下降时，如果外围地区资本回报率下降更快，但中心地区的资本不会转移到外围地区而仍然向中心地区集聚，致使中心地区发展更为迅速，进而加剧区域间的不均衡发展。

（4）倾斜的区域政策导致区域人口与经济分布不匹配

倾斜的区域政策通过在一定区域创造特定的产业发展环境以达到调整经济布局的目的。从计划经济时代起，区域政策一直是经久不衰的政策工具，从早期的东部沿海地区政策倾斜，到西部大开发、振兴东北老工业基地、促进中西部地区崛起，都在城市群内及各省市内配套有具体的区域政策。区域政策在两种情况下对不匹配程度有着不同影响：①在经济发展水平比较低时，区域政策有极强的地区选择和倾斜性，导致这个阶段的区域政策提高了不匹配程度；②在经济发展水平提升时，区域政策会致力于地区均衡、缩小差距，降低了不匹配程度。

我们可对以上假设进行验证，首先对计量模型设定进行说明，接着对变量进行统计描述，对模型估计结果进行解析。以 2004 年、2008 年两次金融危机为关键年份，将数据划分为不同时间段分别进行估计。

$$M = f(mpk, mc, pi, ig) \tag{1}$$

mpk 是资本边际产出，mc 是人口迁移壁垒，pi 是区域政策指数，ig 是城乡收入差距。

根据公式（1）可以得到以下计量模型：

$$M_i = \beta_0 + \beta_1 mpk_i + \beta_2 mc_i + \beta_3 pi_i + \beta_4 ig_i + \gamma x + u_{it} \tag{2}$$

β_1 表示资本边际产出对不匹配度的影响，β_2 反映了人口迁移壁垒对不匹配度的影响，β_3 表示区域政策倾斜对不匹配度的影响，β_4 表示城乡收入差距对不匹配度的影响。若系数值为正，则表明变量水平提高了不匹配度，反之则表示降低了不匹配度。

2. 变量与数据说明

本节使用的数据来自各省市的统计年鉴，时间为 2003～2011 年，被解释变量为人口与产业分布不匹配程度 rs。模型的因变量需要反映单个地区的不匹配程度，故采用 i 地区人口与经济分布不匹配度 rs 来表示，在前文中已经计算。

为验证假设，需要为人口流动的制度壁垒、收入差距、资本边际产出、国家倾斜区域政策四个影响因素寻找代理变量。

　　资本的边际产出（*mpk*）计算是近年来学术界研究的热点问题，对于资本的边际产出（资本回报率）文献中存在多种测算方法，卡塞尔利和菲热尔（Caselli & Feyrer, 2007），Bai 等（2006），龚六堂、谢丹阳（2004）等都对 *mpk* 进行了详细地估算，笔者使用卡塞尔利和菲热尔（2007）的计算方法。*mpk* 的计算需要用到物质资本存量（K）、资本价格（Pk）、劳动报酬占 GDP 份额（α）几个统计指标。关于物质资本存量，王小鲁和樊纲（2000）曾用永续盘存法对物质资本存量 K 进行了详尽地计算。

　　各行政区域内人口流动制度壁垒（*mc*），用长三角各城市内的城乡收入差距与第二、三产业增加值之比来表示。考虑到城乡收入差距以及城市就业机会多的情况，城市会成为农村人口的主要流入地。一般而言，本地乡村人口由于距离较近、文化背景相同，相对于外地乡村人口更容易流入本地城镇。如果人口流动的制度壁垒不高的话，城乡差距会缩小。城乡收入差距高低还与城市产业结构特点密切相关，城市服务业发展比重高则对劳动力吸纳能力强，可以使得周边乡村人口进入城市就业，缩小本区内的城乡差距。而以第二产业占比重较高的城市，对劳动力的吸纳力弱于服务业占比重较高的城市，城乡差距会显得较为明显。

　　区域政策变量（*pi*），用财政支出与财政收入占全国份额之比来衡量。这是考虑到若要区域政策真正发挥作用，资金会对区域政策的执行效果产生关键性的作用，而资金来源主要来自中央财政的转移支付，因此导致地方政府可能会舍弃区域经济圈利益而极力迎合中央政府，这样客观上造成区域内地方政府间合作关系难以建立和维持。

　　各行政区域间人口流动制度壁垒（*ig*）方面，根据城乡居民收入差距影响因素的数据搜集与整理，用城乡平均收入差率作为衡量长三角区域内外城乡居民收入差距的变量。城乡平均收入差率在数值上等于长三角 22个城市的城镇居民人均可支配收入与同期的全国农民人均纯收入的差除以同期的全国农民人均纯收入。

　　此外，为控制城市发展条件的差异，引入以下几个控制变量：①实际利用外资（*fdi*），采用各年外商实际投资额指标，采用各年美元兑人民币年平均汇率折算成以人民币标价的各年外商直接投资数据，然后使用GDP 平减指数消除价格因素影响（1978 年 = 100）。②净出口（*ex*），用当年出口总额扣除当年进口总额表示，并用各年美元兑人民币年平均汇率折算成以人民币表示的各年净出口额，然后用 GDP 平减指数来消除价格因素的影响。③自然资源禀赋（*la*），包括土地、矿产、河流、湖泊、森林等都属于资源的范畴，但是不论何种资源都与土地密不可分，故采用长三角 22 个城市人均拥有的土地面积作为资源条件差异的代理指标。④非农产业 GDP 密度（igd），劳动力流入城市主要从事于非农业经济活动，第二、三产业发展程度直接影响就业流动规模和流向。⑤人力资本水平（hk），指体现在劳动者身上的体力、知识、技能、经验和劳动熟练程度等素质，用各省区人均教育年限来表示。⑥经济发展水平（y），用 1978 年不变价计算的人均 GDP 表示。

3. 计量分析

表 5 - 12 给出了模型的估计结果。回归（1）列出的是随机效应模型估计结果，回归（2）和（3）给出了固定效应模型的估计结果。估计结果显示，随机效应模型和固定效应模型的估计结果非常接近。但是，考虑到解释变量与各城市自身发展条件可能存在关联，随机效应模型可能存在一定偏差。因此，本节以固定效应模型为主。基本结论如下：

①倾斜的区域政策阻止了区域人口与经济分布不匹配扩大。三个回归结果中，区域政策变量 pi 系数均为正，加入控制变量后，系数的显著水平降低。这说明 2003 年以来，倾斜的区域政策阻止了区域人口与经济分布不匹配扩大。

②各行政区域内的人口流动壁垒取得显著成效。回归结果（1）~（3）均显示各行政区域内人口流动壁垒 mc 系数显著为负。这说明长三角城市各行政区域内的城乡流动人口制度为缩小地区差距采取了一系列的有效措施，在阻止不匹配扩大方面发挥了积极的作用。

③各行政区域间存在人口流动壁垒，导致不匹配增大。三个回归结果中，区域间的人口流动壁垒 ig 系数不仅均显著为正，加入控制变量后，其系数的显著水平仍然相当高。这说明 2003 年以来，虽然各城市为缩小地区差距采取了多项政策举措，但其目光大多聚焦在缩小本地区城乡之间的差距，并提高了对其他地区乡村人口流入的制度壁垒，导致长三角各城市之间不匹配增大。计量结果支持研究假设（2）。

④资本边际产出 mpk 的变化对不匹配负向影响。三个回归结果都为负数，系数显著水平比较高。这说明，资本边际产出下降降低了地区不匹配度。

为考察不同历史时期影响因素作用有着怎样变化，将数据按时间进行划分，使用固定效应模型对表 5 - 12 的回归（2）和（3）重新进行回归。数据的时间划分以两次金融危机时间为依据，划分为 2003 ~ 2007 年、

2008～2011 年两个时间段（见表 5－13）。两次金融危机可能会对长三角区域发展的政策变量效果产生影响。金融危机给中国经济及长三角区域带来的不仅仅是经济增长速度的下降，其爆发也进一步揭示了长三角城市群内部经济的结构不平衡问题。

表 5－12　基本模型估计结果

	回归（1）	回归（2）	回归（3）
	随机效应	固定效应	固定效应
区域政策指数（pi）	0.326963 *** （0.0479）	0.372228 *** （0.0508）	0.134307 *** （0.0526）
各行政区域内人口迁移壁垒（mc）	-0.068758 ** （0.4268）	-0.080077 ** （0.5051）	-0.235301 ** （0.0390）
各行政区域间人口迁移壁垒（ig）	0.343058 *** （0.0041）	0.214479 *** （0.1836）	0.063365 *** （0.6625）
资本边际产出（mpk）	-0.154073 *** （0.0011）	-0.161027 *** （0.0012）	-0.217486 *** （0.0013）
劳动生产率（lpi）			0.259236 * （0.0134）
实际利用外资（fdi）			0.053270 ** （0.0158）
非农产业 GDP 密度（igd）			-0.565307 *** （0.0006）
土地面积（la）			-0.797385 *** （0.1992）
人均 GDP（y）			-0.008503 *** （0.6197）
人力资本水平（hk）			0.007761 ** （0.8896）
出口额（ex）			-0.110616 *** （0.0008）
常数项	0.792728 *** （0.2795）	0.914387 *** （0.3812）	2.443604 *** （0.2849）

　　注：*、**、*** 分别代表 10%、5%、1% 的水平显著。（）内的数字是系统估计值的 t 统计值。

　　资料来源：上海市统计局编《上海市统计年鉴》（2003～2011 年）；浙江省统计局编《浙江省统计年鉴》（2003～2011 年）；江苏省统计局编《江苏省统计年鉴》（2003～2011 年）；安徽省统计局编《安徽省统计年鉴》（2003～2011 年）。

　　以金融危机为依据划分的两个时间段的估计结果如下：

　　①倾斜的区域政策在降低长三角人口与经济不匹配程度方面有着显著效果。分时段看，2008 年以前区域政策指数在回归（3）中不显著；而 2008 年以后这个系数变得更加不显著。表明在经过 2004 年和 2008 年两次金融危机之后，长三角区域内部经济社会协调发展战略的实施对缓解地区差距扩大和降低不匹配度而言收到了一定的成效。

表 5 – 13   分时间段模型估计结果

	2003 ~ 2007 年		2008 ~ 2011 年	
	回归（2）	回归（3）	回归（2）	回归（3）
区域政策指数（pi）	0.069989 **	0.042136 ***	− 0.005821 ***	− 0.099399 ***
	（0.1923）	（0.0001）	（0.9429）	（0.3830）
各行政区域内人口迁移壁垒（mc）	− 0.310185 **	− 0.041102 **	− 0.577348 ***	− 0.635797 ***
	（0.3743）	（0.5051）	（0.0005）	（0.0006）
各行政区域间人口迁移壁垒（ig）	0.143142 *	0.346931 **	0.290310 **	0.365639 **
	（0.0852）	（0.1836）	（0.1601）	（0.1578）
资本边际产出（mpk）	− 0.392835 ***	− 0.428310 ***	− 0.142241 ***	0.032032 **
	（0.6367）	（0.0002）	（0.0002）	（0.6106）
劳动生产率（lpi）	0.057813 *	0.069254 *	0.128018 **	0.139717 **
	（0.0946）	（0.0957）	（0.0952）	（0.0961）
实际利用外资（fdi）	0.325830 ***	0.344994 ***	0.053695 **	0.055441 **
	（0.0631）	（0.0674）	（0.0675）	（0.0696）
非农产业 GDP 密度（igd）	− 0.774685	− 0.829358 **	− 0.382606 **	− 0.408820 ***
	（0.0037）	（0.0004）	（0.0003）	（0.0004）
土地面积（la）	− 0.026217	− 0.032725	− 0.413471 ***	− 0.424657 ***
	（0.6986）	（0.7153）	（0.7393）	（0.7451）
人均 GDP（y）	0.362137 ***	0.381016 ***	0.070572 ***	0.071425 ***
	（0.1993）	（0.2089）	（0.2027）	（0.2151）
人力资本水平（hk）	− 0.029502 ***	− 0.031257 ***	− 0.056355 ***	− 0.057871 ***
	（0.2627）	（0.2871）	（0.2879）	（0.2910）
出口额（ex）	− 0.283471 *	− 0.297231 *	0.087892 **	0.088569 **
	（0.0693）	（0.0739）	（0.0748）	（0.0753）
常数项	0.250919	2.695707	1.012184	2.443604
	（0.1923）	（0.3764）	（0.2107）	（0.2849）

注：*、**、***分别代表10%、5%、1%的水平显著。（）内为回归参数的标准差。

资料来源：上海市统计局编《上海市统计年鉴》（2003~2011 年）；浙江市统计局编《浙江省统计年鉴》（2003~2011 年）；江苏省统计局编《江苏省统计年鉴》（2003~2011 年）；安徽省统计局编《安徽省统计年鉴》（2003~2011 年）。

②资本边际产出系数在分时间段后有所变化。2008 年以前这个指数为负数不显著，但 2008 年以后这个系数由负数变为正数，虽然幅度并不显著，但也表明资本边际产出对人口与经济分布不匹配的影响较小。

③各行政区域内的人口流动壁垒在 2008~2011 年比 2003~2007 年取得更大的显著成效，降低了不匹配程度。回归结果均显示 mc 系数显著为负，2008~2011 年这个时间段长三角各城市行政区域内的城乡流动人口

制度为缩小地区差距采取了一系列的有效措施，在阻止区域间不匹配增大方面发挥了积极的作用。

④各行政区域间的人口流动壁垒系数在分时间段后呈现正数且上扬趋势，说明这个系数导致不匹配增大。长三角城市群一体化虽然逐步推进，但地方政府出于各种成本的考虑，在缩小本地区的城乡差距同时给予了一系列的优惠措施，却对其他地区流入的外来人口提高了各种门槛，影响了要素合理配置，增大了不匹配。这个结论与复旦大学《长三角地区人口迁移流动的态势和完善城市群社会管理研究》课题组公布的结论基本相同，"2005～2010年，从外省迁入长三角地区的人口达1817万人，而在长三角内部，迁移流动人口超过4000万人，当然除了地域近邻以外，流动壁垒也显然起了一定作用。"（复旦大学课题组，2013）

⑤从不同区域间的经济发展水平来看，在两个时间段系数都为正数，只是2008年以前经济发展水平的提高增大了不匹配；但在2008年以后系数下降，变得不显著，说明长三角经济发展水平提高对降低不匹配的效果逐渐减弱。

（四）结论及启示

本节以长三角为例，从人口与经济分布不匹配角度研究和分析导致地区差距变化的内在机制，通过对影响因素进行计量分析，揭示了这一地区的各行政区域内及各行政区域间人口迁移壁垒、政策倾斜、资本边际产出、区域经济发展水平对人口与经济分布匹配度的影响作用。结果表明：①国家倾斜的区域政策减缓了地区差距扩大，降低了地区人口与经济分布不匹配程度，尤其在2008年之后比之前的成效更好；②资本边际产出下降降低了地区不匹配度；③各行政区域内人口流动壁垒阻止了地区差距扩大；④各行政区域间的人口流动壁垒扩大了地区差距。

劳动力流动除了能使地区间要素收入相等以外，还能改变各地区的需求结构，削平地区间要素禀赋差异。然而，本节的经验分析表明，各行政区域间的人口流动壁垒系数分时间段后呈现为正数且有上扬趋势，说明这个系数导致不匹配增大。长三角的城市群一体化虽然逐步推进，但地方政府对其他地区流入的外来人口提高了各种门槛，影响了要素合理配置。因此，长三角地区迫切需要实现区域间的自由流动，打破城市界限，淡化户籍观念，推进长三角城市群内社会管理和社会事业一体化，适应区域内不同城市间人口迁移流动，并引导推动区域劳动力市场和人口分布的合理化。同时，必须注重推行人才互认制度，建立稳妥而健全的人才引进和管理机制，统筹区域内的智力资源。当前长三角各城市间已经就人才开发培训、职业资格证书互认等方面签署了一些协议，今后可进一步在劳动就业、社会保障和人口发展战略等方面签署更多双边或多边协议，为区域要素的合理流动和有效配置提供更好的社会环境。除此以外，长三角城市群内部要实现深度合作。只有通过自上而下的体制机制改革，理顺不同层级城市的资源配置关系，建立合理的利益协调和补偿机制，才有可能逐渐实现城市群内部的深度合作，推进协同发展。

同时，长三角正面临三重因素的倒逼：金融危机的影响并未远去，"二次探底"的警钟仍需长鸣；土地、资源、环境等优势已不存在，传统的发展动力正在减弱；劳动力成本正在不断上升，传统发展模式已走到了尽头。长三角没有退路，只有经济转型才能发展。国际经验表明，建设高铁车站必须同时关注周边地区的开发，要想取得成功也必须有政府的积极推动。美国加州大学伯克利分校交通研究中心的研究表明，如果为高铁周边地区提供足够的交通运输网络及公共开发政策，周边地区的土地价值将至少提高20%。

我们还需看到，交通改善并不必然带来地区经济社会发展。汪燕敏等（2008）指出，由于皖北的生态环境恶化，社会环境并不能适应当地现代化的需要，如果当地没有发生社会变革以适应京沪高铁的开通，那么依靠高铁拉动当地经济发展只能是一句空话。实际上，皖北的交通条件本身就很优越，特别是铁路交通，该地区每万平方公里拥有铁路237公里，是安徽省平均密度的15倍，并处于大京九、京沪、欧亚大陆桥等重要线路上，与高速公路、水运、民航形成完善的交通网。尽管如此，皖北地区发展仍不尽如人意，因此应该在转变政府职能、增强企业竞争力、增强经济凝聚力等方面多下功夫。"高铁时代"会带来更强的人流、物流、资金流和信息流，但并不必然会带来长三角的转型。若要实现产业结构的质变，需要在交通、能源、信息、科技、环保、信用、社保、金融等多个重点领域实现对接和制度安排。

六　本章小结

本章以高铁网络城市群的典型案例——上海为首的长三角为对象展开个案研究，一方面从长三角城市群高铁带在国内四纵四横的地位与其他城市群之间的比较进行分析，阐释高铁网络建设对长三角城市群的作用；以沪宁高铁为案例，发现本身就具有吸引力的苏州因高铁使得其吸引力得到更大的释放，这与上海和苏州相距最近、时间成本最低有关系；铁路另一端的南京也同样吸引力系数较高，这说明空间结构变化是区域发展的最终结果，在区域发展过程中，时空收敛是空间结构变化的催化剂，时空收敛或时空离散的出现将促使一系列的相关因素发生变化，从而促使区域发展状态发生变化。

另一方面，高铁对沿线城市带来不同的影响主要来自于城市的要素差异。我们通过计算长三角地区 2005 年、2011 年区位熵 LQ 指数、RCA 指数，以及地区间专业化水平 K-spec 指数，发现长三角地区一体化水平正在逐步提高，服务业的地区结构差异性正在增强。2005～2011 年，省际就业差异逐步增大的行业主要为生产性服务业，反映长三角地区在这些部门向着各自的产业专业化和产业导向转变；而就业省际差异较小并且不增反降的行业主要为公共性服务业，反映了国家在致力于平衡发展这些部门以消除地区差距方面取得了一定成效，但也面临同构性较高的行业过多的问题。为加快推进长三角城市群的一体化，笔者建议处理好错位发展与良性竞争的关系，打破行政壁垒，加强产业和人口政策的沟通与协调。

在此基础上，本章从人口与经济分布不匹配角度探究地区差距的诱因，以长三角为例，通过对 2003～2012 年长三角的人口与经济分布不匹配的影响因素进行分析，得出这样的结论：倾斜的区域政策降低了地区人口与经济分布不匹配程度，缓解了地区差距的扩大，尤其在 2008 年第二次金融危机之后比之前的成效更大；资本边际产出下降及各行政区域内人口流动壁垒降低了地区不匹配度，阻止了地区差距扩大；但各行政区域间的人口流动制度壁垒扩大了地区差距，说明虽然长三角一体化在经济上取得一些成效，各行政区域内的城乡壁垒也得到改善，但城市群内各行政区域间的劳动力流动壁垒情况却并未取得更大突破，建议在高铁网络平台上打破城市界限，淡化户籍观念，推进长三角城市群内劳动力流动制度一体化，适应区域内不同城市间人口迁移流动，并引导区域劳动力市场和人口分布走向合理化。

第六章　铁路运输与区域经济社会
发展的系统动态仿真

一　建模目的及实现思想方法

　　区域经济社会系统是一个开放的动态复杂系统，区域交通是它的一个子系统。铁路提速改善了区域交通子系统的功能，进而促进了区域内其他子系统的发展，最终加速了区域社会经济的发展，其间存在着复杂的多环反馈机制。为了描述铁路运输对区域经济发展的促进作用，我们可以运用系统动力学方法，在描述因果关系的基础上，用系统流程图的形式综合得出区域经济－交通发展的机理模型，具体建立经济子系统、客运子系统、第三产业子系统变量间相互作用的结构模型，以便了解铁路客运与社会经济系统的现状及其内部结构，探讨交通发展与社会经济发展之间的内在关系，进而用计算机技术模拟区域经济发展的轨迹，通过比较不同交通条件下区域经济的差值，反映铁路运输所产生的社会经济效益，从而有利于判断并选择出较优或较劣的发展方案。模型运行时间为 2005～2020 年，仿真步长为 1 年，主要的数据来源于《上海统计年鉴》《中国统计年鉴》和《上海交通统计年鉴》。

二　模型的总体结构

（一）铁路运输与区域经济发展的作用机制

　　区域交通需求的存在及其程度是交通网络赖以生存的基础和服务对象。区域经济水平的高低决定了区域交通运输需求的大小，交通运输需求的大小又决定了交通的网络化进程。而合理有效的区域交通网络不仅可以提高区域内城镇区位优势、提升区域经济竞争力，也为区域经济社会发展创造了良好的外部条件，催生更多的交通需求。结构合理、布局适宜的交通网络与区域空间格局扩展的有效协调，将促进经济圈、经济带及城市群的形成。同时，区域内交通网络各子系统的协调发展可引导区域空间结构有序演变，发挥核心城市的极化效应与扩散效应，助力消除地区之间的经济壁垒，打破行政边界，促进整个区域的可持续发展。

铁路运输对区域经济发展的作用有如下几种。

（1）产出效益。铁路提速后，改善了区域的交通状况，缩短了区域中各城市之间的时间、空间距离，使得区域的可达性进一步提升，同时可与区域综合交通运输网络中的其他运输方式有机地结合起来，使得区域综合交通运输网络的服务范围进一步扩展，刺激区域内地区间客、货运量的增加。尤其是大量旅客进入区域后，会刺激消费量的增长，这种增长会带动地方旅游业、餐饮业、宾馆等产业的集聚发展，而这些产业的规模集聚又会产生显著的溢出效应。如此循环作用，将会促进区域产业布局的升级与优化，从而带动地区的整体可持续发展。

（2）开发效益。开发效益是指由于高铁开通带动沿线地域资源开发而产生的经济效益。开发效益一般包括高铁经济带范围内的土地增值、自然资源开发利用、旅游资源开发等形式。受益主体一般是以高铁开通作为发展的前提条件的产业，也就是说这些产业直接受益于高铁的通车运营，并以交通状况的改善或交通流量的增长作为持续发展的重要支撑。

（3）传递效益。传递效益的作用对象本身与交通线路并无非常紧密的关系，交通线路也并不对其产生直接效益，更多的是间接效益，如高铁沿线城市中与交通不相关的企业，通过快速便捷的高铁加速了企业原材料、产品的流动速度，降低了企业在生产与流通过程中的时间成本，为企业提高利润创造了有利条件。另外围绕其他高铁受益产业的发展也可能出现新的消费需求，引发某些连带产业间接受益。

（4）潜在效益。潜在效益主要是指交通功能的加强将有助于经济信息的交流和市场范围的开拓，尤其是指促进沿线地区人们思想观念的转变和开发、开放与竞争意识的增强等。潜在效益反映出铁路运输建设初期和运营期需要巨大的投资在短期内对区域经济发展的作用并不能立刻体现，甚至效益的直观形式与交通干线的使用并无过多关联，它对区域经济社会发展的影响具有长期性的特点。

（二）铁路运输与区域经济发展的相关性分析

1. 区域历年可达性与 GDP 相关性分析

以上海市为例，我们将区域历年可达性与 GDP 进行相关性分析，相关性到 0.882，表明两者之间有着较强的相关性。随着可达性概念的提出及其在交通、规划方面研究中的不断深入，可达性的计算方法也日益丰富。依据可达性概念，可以归纳出其四个主要影响因素：交通系统、时间、土地利用和个体差异。不同可达性测定方法出于不同层次的应用需求，选取的影响因素类型及其制约程度也各不相同。最低应用层次是距离法；随后是重力模型及其各种改进方法，以吸引力大小和距离作为可达性指标，考虑了需求点与吸引点之间的交通阻力、吸引点的吸引力规模、空间作用强度等；最高应用层次是综合考虑了四个影响因素的可达性度量方法，如时空法和效用法。时空法主要研究时空约束下的个体在空间中的出行状况，如个体出行的交通方式、吸引点的位置分布、出行时间安排、参与活动的偏好与能力等；效用法以个人从交通－土地利用系统所获得的最大效益为可达性度量指标。可达性分析方法还有很多，但影响因素不外乎围绕交通系统、时间、土地利用、个体差异而各有所侧重。因此，可将可达性主要因素分为：①区域空间地理位置、交通路网铺设密度、交通路网可达性、交通路网安全性等；②空间距离、旅行时间、运输费用等；③区域经济发展水平、人均收入、闲暇时间等。以上这些因素可以用服务属性表示，旅行时间属于方便性属性（用到车站、机场的时间与同向发车间隔表示），空间距离属于快速性属性（用旅行时间表示），交通路网可达性属于舒适性属性（用人均占有空间和速度表示），运输费用属于经济性属性（用运价率表示），闲暇时间属于准时性属性（用准点率表示），交通路网安全性属于安全属性（用事故率表示）。以上 6 个属性值的高低，将直接影响运输服务的效用。可利用下面的公式对其进行规范化处理。

$$r_{ij} = \frac{x_{j\min}}{x_{ij}}$$

公式中 r_{ij} 为第 i 种运输方式第 j 种服务属性值，x_{ij} 为第 i 种运输方式第 j 种服务属性初始值，$x_{j\min}$ 为各运输方式第 j 种服务属性最小初始值。

$$r_{ij} = \frac{x_{j\max}}{x_{ij}}$$

公式中 r_{ij} 为第 i 种运输方式第 j 种服务属性值，x_{ij} 为第 i 种运输方式第 j 种服务属性初始值，$x_{j\max}$ 为各运输方式第 j 种服务属性最大初始值。

根据以往研究资料以及沪杭、沪宁等线路的实际调查，得出各种运输方式各种服务属性初始值，具体见表 6 - 1。

表 6 - 1　各种运输方式服务属性

运输方式	安全性 [人/（亿人·公里）]	舒适性 （无量纲）	方便性 （小时）	快速性 （小时）	经济性 [元/（人·公里）]	准时性 （％）
公　路	0.411	0.298	1	0.243	0.916	0.917
航　空	0.673	0.721	0.576	1	0.649	0.701
既有铁路	0.978	0.645	0.736	0.210	1	0.924
高速铁路	1	1	0.877	0.763	0.734	1

资料来源：根据沪杭、沪宁等线路的实际调查计算整理。

区域各运输方式服务效用值：

$$v_j = \sum_1^6 a_{ij} \cdot w_{ij}$$

v_j 为第 j 种运输方式的服务效用值，a_{ij} 为第 j 种运输方式的第 i 种服务属性值，w_{ij} 为第 j 种运输方式的第 i 种服务属性对应的权重。

运输方式综合服务效用值：

$$u = \sum_{i=1}^n v_j$$

u 为区域运输方式综合服务效用，v_j 为第 j 种运输方式服务效用。

$$T = \frac{u}{k_{ij}}$$

T 为区域可达性，u 为区域运输方式综合服务效用，k_{ij} 为综合阻抗衰减系数。

k_{ij} 用以表明可达性随着距离增加而衰减这一现象。区域内的交通越发达，衰减系数越小，意味着出行阻抗作用的影响就越小，而当 k_{ij} 趋近于 0 时，阻抗就完全不起作用。若区域内交通不发达，衰减系数就越大，表明出行阻抗作用的影响就越大，当 k_{ij} 趋近于无穷大时，说明两个城市间的作用力为 0，也就是完全没有联系。随着城市交通工具的现代化和多元化，区域内综合阻抗呈下降趋势，衰减系数在 0.9～1 范围内较适宜。

2. 区域铁路客运量与区域第三产业产值相关性分析

高铁对产业的影响主要在第三产业，尤其是对以强调快速运输、资讯传递与流通的商业、服务业的影响最为显著，对第一、第二产业的影响则相对较小。我们可以参考国外高铁经验：巴黎与里昂之间的高速铁路开通之后，在增长的乘客人数中，商务旅行占比最高；而当全部商务旅行增长 56% 时，与服务业市场有关的商务旅行增长率更是飙升到 112%。Nakamura 和 Ueda（1989）也发现，日本修建高速铁路后，有新干线车站城市的零售部门、工业部门、建筑部门以及批发部门的增长比例比没有车站城市高出 16%～34%。同时，高铁开通后，就业人口明显增长的产业是第三产业，旅游业和服务业就业人口增长尤为明显。因此，高铁站核心区域的经济功能定位要紧密围绕第三产业。

高铁与第三产业既有直接联系，也有间接联系。高铁对于产业升级的带动作用显著，能快速带动咨询业、住宿餐饮业和旅游业等的发展；高速铁路能降低时间成本，加速信息流，大大增强了咨询业的工作效率；高铁客运所带来的密集人流和高消费人群给餐饮、住宿等行业提供了巨大的市场，吸引人们在高铁车站周边进行集聚投资，从而加快了区域经济发展。铁路客运量与第三产业产值进行分析，得出相关性 0.974。

3. 区域铁路客运量与区域可达性相关性分析

可达性水平的高低不仅与交通设施的质量、时间距离、空间距离等因素相关，受个体因素影响也较大，如收入、闲暇时间、偏好等。区域可达性带来三类客流：①趋势客流：随着社会的发展，高铁沿线正常增长的客流量；②转移客流：因被高铁所持有的快速、便捷、安全等特质吸引而从其他交通方式转移过来的客流量；③诱增客流：因区域可达性促进了人流、资金流、信息流在沿线站点的集聚，随着商业开发、服务水平的提高和居民出行强度增加而诱增的客流量。运输服务效用的提高将会吸引更多的客流。因此，通过对通道客运量与可达性的相关性分析，可以间接说明铁路客运与通道客运量的关系（通过高铁的服务效用吸引更多乘客）。我们以上海市为例，将上海市历年的相关统计数据代入 SPSS 进行相关性计算分析，相关性达到 0.817。

4. 相关因素贡献率分析

我们可以从贡献率角度分析铁路客运与区域经济发展这一系统内各因素的相互关系。贡献率是分析经济效益的一个指标，指产出量与投入量之比。

运输方式的服务效用与区域的可达性成正比。可以通过提高运输服务效用降低旅客在出行时所产生的综合阻抗，从而提高区域的可达性。一种新的运输方式出现会对区域的可达性产生影响，铁路提速及网络铺设无疑也提高了整个交通系统的可达性。在前文的可达性计算中，根据运输方式的综合服务效用值和区域综合阻抗衰减系数可确定区域可达性的值。由于综合阻抗衰减系数值总是接近于1，且变化量很小，而综合效用的较大变动主要是铁路客运服务效用的体现而引起的，故这里主要通过运输方式的综合服务效用来计算表示铁路客运对区域可达性的贡献率，计算结果分别为92%和89%。计算结果显示贡献率较大，但却有递减的趋势，这与实际情况相符。首要因素是运输方式的服务效用，这是一个相对指标，对于个体而言，人们选择出行方式时会被时空距离、收入、闲暇时间、个人偏好等因素所左右，当然还包括该交通方式与其他交通方式的衔接程度、舒适度等因素。

总之，运输服务质量是决定区域客运量的关键因素。高的运输服务质量不外乎快速、便捷、安全、舒适、方便等，也就是说运输服务质量的提高，除了能吸引正常客流外，更重要的是能吸引更多从其他交通方式转移过来的客流，以及诱增更多的新客流，使区域客运量整体提高。

值得注意的是，在实际计算中，由于区域整体客运量较大，铁路客运量仅是其中一小部分，相比区域整体客运量而言，铁路客运量微乎其微。在实际过程中，仅考虑的是百分数的比值，若直接按照原始公式计算，则可能出现计算结果接近于1甚至大于1的情况，这是与实际情况不符的。因此，为了反映实际情况，这里将贡献率的计算方式稍做修改，具体过程参见以下公式。

$$p_t = \frac{\Delta N}{\Delta M} \times \delta \times 100\%$$

p_t为铁路客运量对区域客运量的贡献率，ΔN为铁路客运量增长百分数，ΔM为运量增长百分数，δ为铁路客运量占区域客运总量的百分数。

贡献率的计算结果为71%。这说明铁路客运量在逐年增加，并且对区域客运总量的贡献率较大。

（三）模型的总体结构

1. 系统边界的确定

系统动力学认为任何现象之间都普遍存在着因果关系，任何系统都具有一定结构，并由此结构表现出一定的系统功能和系统行为。系统动力学模型通过对系统中各种信息流的处理来描述复杂系统的运行机制，建立表述系统内各种因素及其环境因素之间相互作用的多重非线性反馈模型，并用计算机仿真运行及策略实验得到模型用户所关心的、达到系统未来状态的发展策略。系统动力学研究的是封闭的社会系统，需要确定系统的边界，这是因为系统动力学所分析的系统行为是基于系统内部种种因素而产生的，并假定系统外部因素不给系统行为带来本质影响，也不受系统内部因素的控制。

应用系统动力学研究铁路客运与区域经济发展具有以下优点：①可用于研究处理复杂、高阶次、多变量、复杂时变的社会经济大系统，能容纳大量变量；②研究开放性系统，强调系统的联系、发展和运动观点，认为系统的行为模式与特性主要根植于其内部的动态结构与反馈机制；③建立较为规范的模型，便于人们理清思路，剖析存在问题并假设和模拟政策实验，以便能处理复杂的问题。

结合系统论原理，铁路客运－区域经济系统是一个复杂庞大的系统。出于系统建模的目的，本章研究的系统大体包括的内容有：①铁路客运方面：区域内客运总量、区域内铁路客运量、区域内铁路客运总里程、区域内铁路网密度、区域内铁路通过能力、区域整体交通运输体系、区域交通综合服务效用、区域可达性；②区域经济方面：生产总值、第一产业产值、第二产业产值、第三产业产值、交通投资额、交通运输市场效益、居民收入、就业总人口、劳动需求、居民人均出行能力、区域居民人均消费能力。

2. 系统因果关系分析

我们用因果关系反馈回路的流程图来描述系统内部各要素之间的因果关系。由于社会系统的复杂性，我们无法用文字对系统的结构和行为做出准确的描述，数学方程也不能清晰地描述反馈回路的机理。流程图的作用只是将复杂的系统进行简化，虽然有因果关系和系统结构的描述，但还需要利用结构方程式定量地描述系统的动态行为。

前文已经分析了铁路客运－区域经济系统会受到各种因素的影响，

这些因素包含了众多的因子，形成一种或者多种因子的集中作用，从各个角度影响着铁路客运－区域经济系统的结构、功能和运行。本章将采用图解分析法，将上述铁路客运方面与区域经济方面的各个因素进行分解与展开。图解分析法，是利用速率状态关系曲线把水平变量、速率变量随时间变化的曲线绘制出来的方法，它是一种简便、形象的分析工具。利用图形描述所研究系统的变量的特性，就是问题求解的一种方式。根据前文所分析的铁路客运对区域经济发展的影响，以及对铁路客运－区域经济系统所进行的系统分析，结合系统的内部因素以及外部边界，我们就可以建立铁路客运－区域经济系统的因果关系图。图 6－1 为该系统的因果关系图。

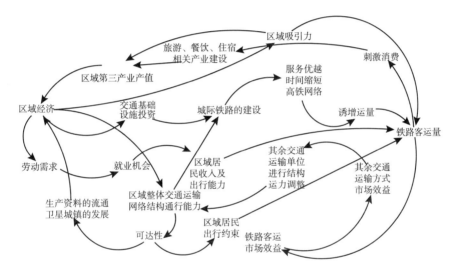

图 6－1　铁路客运－区域经济系统因果关系图

图 6－1 中的主要反馈回路分别为：

（1）区域经济—交通运输基础设施投资—城际铁路建设—高铁网络服务优越、时间缩短—诱增运量—铁路客运量及市场效益—其余交通运输方式市场效益—其余交通运输单位进行结构运力调整—区域整体交通运输网络结构通行能力—可达性—生产资料的流通、卫星城镇的发展—区域经济，这个正反馈环表示经济的发展会增加运输供给，提高运输服务质量，吸引更多的客流；同时其他的运输方式相应地进行结构化调整，提升整体交通运输能力，减少运输短缺，加快城市化发展，最终促进经济的发展。

（2）区域经济—劳动需求—就业机会—区域居民收入及出行能力—铁路客运量—刺激消费—旅游、餐饮、住宿等相关产业建设—区域第三产业产值—区域经济，这个正反馈环表示区域经济发展会带来劳动力需求的增加，进而带来区域内城市之间的就业机会以及居民收入、出行能力水平提高，促使铁路客运量的增加，大量客流对旅游、餐饮、住宿等的需求促进相关产业集聚发展，带动第三产业产值，从而促进区域经济发展。

（3）区域经济—区域整体交通运输网络结构通行能力—可达性—居民出行约束—铁路客运量——刺激消费—旅游、餐饮、住宿等相关产业建设—区域第三产业产值—区域经济，这个负反馈环表示区域经济的发展改变区域内整体交通运输网络的结构和通行能力，提高区域可达性的同时降低了区域内居民的出行约束，增加区域内的客运量，刺激相关第三产业的发展，最终促进经济发展。

从因果图上可以看出，铁路对区域社会经济发展产生作用有以下途径：首先，直接交通投资引发的直接投资效益。铁路建设的直接经济投入，通过市场机制转化为对相关产业的间接投资，刺激区域内相关产业尤其是第三产业的发展。其次，由提高区域运输能力产生的产出效益。可以通过模拟铁路客运量对区域第三产业的作用影响来计量区域铁路客运量的增加对第三产业产值增长所做出的贡献效益。再次，其他效益环。城际铁路建设使区域交通状况改善，提高区位优势能产生开发效益和潜在效益。

三　子系统分析

（一）经济子系统

因果关系图只能描述系统结构的基本方面，因果关系链也只能反映变量增加或减少的趋势，属于定性分析。若想给出变量之间的数量关系和变化规律，描述影响反馈系统的动态性能的累积效应，就需要建立流程图结构。流程图结构能清楚地描述状态和速率的具体关系，为建立模型和进行分析做进一步的准备。

我们根据以上因果图以及主回路图建立系统流程图：

区域经济年增长率＝区域经济初始年增长率＋（铁路客运对区域经济的作用×可达性区域经济相关概率）；

区域经济 = INTEG（区域经济年增长，9154.2）；

区域经济年增长 = 区域经济 × 区域经济年增长率；

区域经济初始年增长率 0.134；

可达性区域经济相关概率 0.882；

可达性区域经济作用系数 52.08。

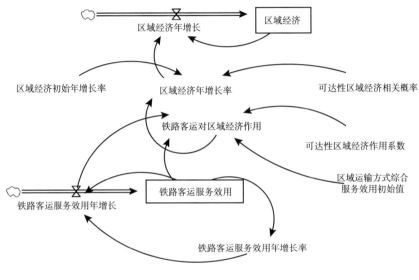

图 6-2 区域经济子系统

（二）铁路客运子系统

铁路客运服务效用 = INTEG（铁路客运服务效用年增长，0.785）；

铁路客运服务效用年增长 = 铁路客运服务效用 × 铁路客运服务效用年增长率；

区域客运总量 = INTEG（区域客运总量年增长，4313）；

区域客运总量初始年增长率 0.06；

可达性区域客运总量相关概率 0.817；

可达性区域客运总量作用系数 32.09。

（三）第三产业子系统

区域第三产业产值 = INTEG（区域第三产业产值年增长，4776.2）；

区域第三产业产值年增长 = 区域第三产业产值 × 区域第三产业产值年

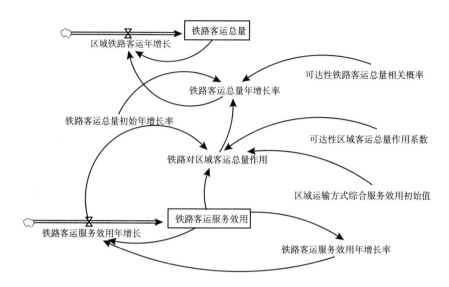

图 6-3   铁路客运子系统

增长率；

区域第三产业产值初始年增长率 0.166；

区域客运总量区域第三产业产值相关概率 0.974；

区域运输方式综合服务效用初始值 2.51。

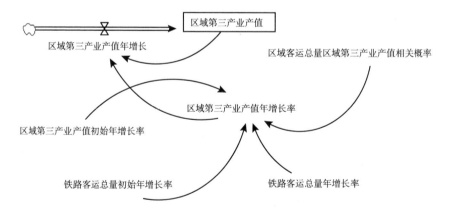

图 6-4   铁路客运与第三产业子系统

系统流程图说明：

（1）图 6-2 与图 6-3 中，均引入了铁路客运可达性作用系数，突出铁路提速使可达性效用增加而影响区域的经济发展；

（2）图 6 - 3 突出铁路可达性对铁路客运量的作用，并与其他区域运输方式一起共同作用于区域客运总量；图 6 - 4 主要体现铁路客运量与第三产业之间的关系，突出铁路客运量对第三产业产值的贡献。

（3）图 6 - 2 与图 6 - 3 中，均引入了铁路客运服务效用这一状态变量。利用状态变量控制铁路客运对相关因素的作用的变化范围，同时辅助计算铁路客运对相关因素作用的大小，并进一步体现铁路客运对区域经济作用的实质。

（四）模型的检验

系统动力学模型的四种有效性检验方法，分别为直观检验、运行检验、历史检验和灵敏度分析。笔者采用上海市国内生产总值 GDP 进行历史检验。所谓历史检验法，即选择某历史时刻为起点，从头开始进行仿真，然后用已有的历史数据与仿真结果数据进行误差、关联度等检验。本研究检验的起止时间为 2005～2012 年，共 8 年。检验结果如表 6 - 2。

表 6 - 2 GDP 历史值与 GDP 仿真值比较

年份	GDP 历史值（亿元）	GDP 仿真值（亿元）	相对误差
2005	9154.2	9154.2	0.0000
2006	10366.4	10429.3	0.0061
2007	12188.9	11882.41	0.0251
2008	13698.2	13538.43	0.0117
2009	15046.5	15425.78	0.0252
2010	17166.0	17576.84	0.0239
2011	19195.7	20028.53	0.0434
2012	20181.7	21822.97	0.0813

资料来源：上海市统计局编《上海市统计年鉴》（2005～2012 年）。

从仿真值与历史值比较可以得出，GDP 仿真值与历史值绝对相对误差的均值为 1.8%，相差较小。从历史检验的结果可以得出，模型基本可以代表现实系统的运行情况。

另外一种检验方法是灵敏度分析，主要是改变模型中的参数、结构、运行模型，比较模型的输出结果，从而确定其影响程度。模型基本通过了灵敏度检验，通过变化方程系数、表函数、初始值等参数，确定了对系统影响程度较大的几个参数,如铁路客运服务效用、可达性与铁路客运总量相关概率、可达性区域作用系数等,这些参数也就是模型中的调控变量。通过变化各种参数,可以得出各种不同的方案。

四　模型基本变量模拟结果输出

我们在未改变任何参数的情况下进行仿真模拟,得出 3 个流位变量的模拟曲线。

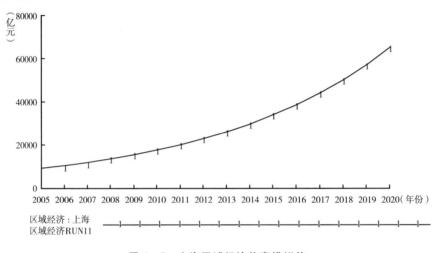

图 6 - 5　上海区域经济仿真模拟值

（1）从图 6 - 5 中可以归纳出铁路客运对区域经济发展所产生的作用。经济的发展增加运输供给,提高运输服务效用,尤其是提高区域运输方式综合效用,能够吸引更多的客流;同时可相应地对其他的运输方式进行结构化调整,提升整体交通运输能力,缓解运输短缺,加快城市化快速发展,最终促进经济的发展。

（2）从图 6-6 中可以归纳出铁路客运对区域客运总量所产生的作用。在铁路客运的作用下,区域客运总量增加值的实质应当属于由铁路客运所产生的诱增运量。增加的客流一部分是因区域可达性提高减少了区域内居民的出行约束、吸引了从其他交通方式转移过来的客流,从而增加区域内的铁路客运量;另一部分是因区域可达性促进了各要素在沿线站点的集聚,随着商业开发和服务水平的提高、居民出行强度增加而诱增的客流量。

（3）从图 6 - 7 中可以归纳出铁路客运对区域第三产业产值所产生的

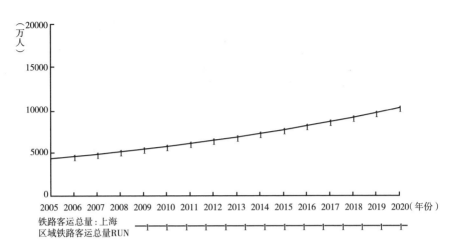

图 6 - 6　上海区域铁路客运总量仿真模拟值

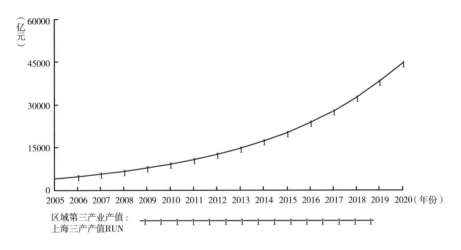

图 6 - 7　上海第三产业产值仿真模拟值

作用。铁路可达性的提升和区域综合交通运输网络的优化进一步吸引了大量客流，促进旅游、餐饮、住宿等相关产业的集聚发展，加速生产资料的流通与积累，提升第三产业产值。

五　决策分析

（一）决策分析一

我们尝试提高可达性区域经济作用系数及可达性区域经济相关概率。

可达性区域经济作用系数数值发生改变，上海区域经济 RUN11 从 22.3 提升到 24.1；可达性区域经济相关概率数值发生改变，上海区域经济 RUN11 从 0.867 提升到 0.96。观察模拟结果表明，可达性对上海市经济发展起着正向推动作用（如图 6-8）。

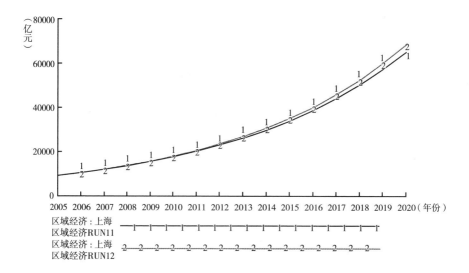

图 6-8 上海区域经济不同情境下仿真值

（二） 决策分析二

将可达性区域客运总量作用系数由 32.09 提升到 36，可达性铁路客运总量相关概率由 0.817 提升到 0.987。观察模拟结果可以看出，在不改变总体的情况下，适当提升可达性区域客运总量作用系数及可达性铁路客运总量相关概率，可使铁路客运总量有序增加，不仅提高了客运总量，更有利于城市第三产业的增值，从而带动整体经济的增长。因此，发挥铁路可达性区域客运总量作用，就可为城市经济带来活力（如图 6-9）。

（三） 决策分析三

在任何其他条件不变的情况下，仅仅对区域客运总量区域第三产业产值相关概率进行提升，由 0.7 上升到 0.8。可以看出，相关性越大，第三产业越能获得的利润越大（如图 6-10）。

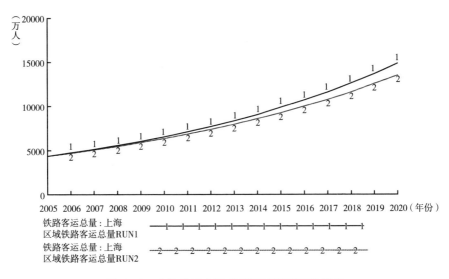

图 6 - 9　上海铁路客运总量不同情境下仿真值

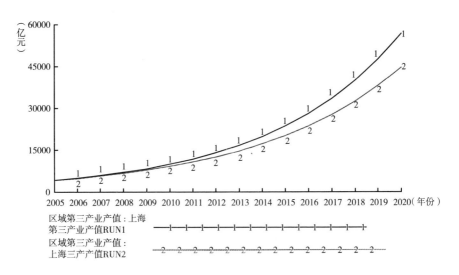

图 6 - 10　上海第三产业产值不同情境下仿真值

（四）决策分析四

经过以上多次模拟，为了使输出结果更加客观、清晰，笔者最终选择几种具有代表性的方案进行政策调控。

第三产业总量 Case1 其他条件不变，将区域客运总量与区域第三产业产值相关概率提高 10 个百分点，即由原来历史值 0.7 上升到 0.8，Case2

提升到 0.85。

铁路客运总量 Case1 其他条件不变，可达性区域客运总量作用系数上升 1 个百分点，Case2 可达性铁路客运总量相关概率上升 1 个百分点。

GDP 总量 Case1 其他条件不变，可达性区域经济作用系数提升 1 个点，即从 22.3 上升到 23.3，Case2 区域经济年增长率上升 0.5 个百分点。

表 6 – 3　基本模拟与政策模拟 GDP 对比表

年份	GDP 总量（亿元）			铁路客运总量（万人）			第三产业总量（亿元）		
	Case2	Case1	run	Case2	Case1	run	Case2	Case1	run
2005	9154.2	9154.2	9154.2	4313.0	4313.0	4313.0	4097.3	4097.3	4097.3
2006	10483.0	10437.2	10429.3	4569.3	4568.9	4566.3	4918.5	4879.8	4802.5
2007	12005.1	11900.5	11882.41	4841.0	4840.1	4834.8	5904.5	5812.0	5629.3
2008	13748.7	13569.4	13538.43	5129.2	5127.6	5119.2	7088.3	6922.5	6598.5
2009	15746.0	15472.8	15425.78	5434.6	5432.5	5420.5	8509.8	8245.3	7734.8
2010	18034.2	17643.9	17576.84	5758.6	5755.7	5739.8	10216.7	9821.2	9067.0
2011	20655.6	20120.4	20028.53	6102.1	6098.5	6078.2	12266.2	11698.6	10628.9
2012	23658.9	22945.3	21822.97	6466.3	6461.8	6436.8	14727.4	13935.4	12460.3
2013	27099.8	26167.7	22823.0	6852.6	6847.2	6816.8	17683.0	16600.3	14607.5
2014	31042.3	29843.7	26008.2	7262.3	7255.8	7219.6	21232.3	19775.3	17125.2
2015	35559.6	34037.3	29638.9	7696.8	7689.1	7646.4	25494.8	23558.4	20077.4
2016	40735.6	38821.7	33777.7	8157.6	8148.7	8098.9	30614.0	28065.9	23539.1
2017	46666.8	44280.1	38495.7	8646.4	8636.5	8578.4	36762.2	33436.9	27598.4
2018	53463.5	50507.7	43874.2	9164.8	9153.0	9086.7	44146.6	39836.8	32358.6
2019	61252.2	57613.3	50006.0	9714.8	9701.3	9625.6	53015.8	47463.2	37940.8
2020	70178.1	65720.9	56996.6	10298.2	10282.8	10196.8	63668.9	56551.2	44487.1

在表 6 – 3 中，对第三产业总量、铁路客运总量、GDP 总量模拟值由 Case1、Case2 进行排序，可见第一种方案为最优方案。

由此可以得出以下结论。

（1）在上海市目前的情况下，增加铁路可达性对增加国内生产总值及第三产业产值的贡献较大。

（2）在任何其他条件不变的情况下，提高区域客运总量及区域第三产业产值相关概率，就可增加客运量，从而提高第三产业产值。

（3）在任何其他条件不变的情况下，提高可达性区域经济作用系数，会带来区域经济的提升。随着铁路网络设施的完善和快速推进，可达性区域经济作用的提升会对上海市经济发展起到越来越显著的推动作用。

鉴于以上模拟结果及上海铁路交通枢纽建设的现状，笔者提出以下建议供上海市制定关于高铁的城市规划和决策时参考。

铁路客运对区域经济发展的影响具有宏观性、综合性、间接性、长期性的特点，它与产业间具有密切的经济联系，体现在社会经济生活的方方面面，带来了巨大的经济社会效益。但需要看到，铁路客运量的增加对区域经济的贡献并不会立即直接显现，而需要与其他一些要素（如土地资源开发、商务办公集聚、交通网络完善等）结合，因此产生的作用往往较为隐蔽与滞后。

铁路对区域经济发展更多的是通过第三产业发挥作用。第三产业的生产要素、产品与第二产业相比有较大的流动性。在产业活动发展上，铁路的影响主要体现在第三产业，尤其对以强调快速运输、资讯传递与流通的商业和服务业的影响最为显著，对第一、第二产业的影响则相对较小。法国 TGV、日本的新干线等高铁经验都已证明，铁路沿线第三产业的快速发展能够吸引大量的研究、顾问服务、管理技术服务的人员出行。本章的系统动力学仿真结果与国际经验的论证基本一致，即在任何其他条件不变的情况下，提高区域客运总量与区域第三产业产值相关概率，就可增加客运量，从而促进第三产业产值的增长。因此，运营部门与政府部门除了采取一系列有效的分时段票价、票价积分等营销手段增加铁路客运量外，更重要的是发展第三产业，增加城市吸引力，从而吸引新客流。

同时，铁路客运对区域经济发展的作用并非都是正向的。这是因为影响区域经济增长的要素有很多，区域经济增长是由区域的产业结构、劳动力素质、地理条件、资源状况、交通状况等综合要素共同决定的，铁路只是交通系统中的一个子系统，其对经济发展的作用需要结合其他要素才能充分发挥。因此，铁路提速虽然会为沿线城市和地区带来巨大的发展机遇，但并不意味着每个沿线城市都会实现经济增长，甚至有些沿线城市可能会呈现相对的衰退。即使在同样取得显著发展的高铁沿线城市中，不同城市由于所处的发展阶段和区域资源条件等因素的不同，也会呈现出各自不同的空间及产业发展方向：有的城市会引起人口的聚集，而有的城市会引起城市商务功能的增长。正是因铁路交通给各个城市带来不同商机和其他发展机会，使得沿线城市越来越关注围绕着铁路的发展制订规划。高速铁路作为一种快速便捷的交通方式，对区域经济的作用更类似于"催化剂"，如美国学者韦恩·阿托和唐·洛根提出"城市催化剂理论"（Urban Catalysts），强调城市环境中的各个要素都是相互关联的，只要其中一个元素发生变化，就会像化学反应中的催化剂一样，影响带动其他元素发生变化。高铁作为一种新的交通方式，是否给城市带来正向作用，取决于城市的"内在潜力"。只有城市"内在潜力"达到一定程度时，城市与高铁交通相衔接才会促成经济社会的良性发展。

六　本章小结

本章建立铁路运输与社会经济系统动力学模型的目的，是研究区域高铁客运与 GDP、第三产业、就业、消费等的相互作用，所采用的思路和方法是：建立经济子系统、客运子系统、第三产业子系统变量间相互作用的结构模型，通过计算机仿真揭示其动态变化规律。模型运行时间为 2005～2020 年，仿真步长为 1 年。该方法主要是探讨高铁发展与社会经济发展之间的内在关系，预测区域高铁和经济、社会的未来发展趋势，针对可能存在的问题和现象提出各种解决方案并进行政策模拟，判断并选择出较优的发展方案。结论为：在上海市目前的情况下，增加铁路可达性，提高运输服务效用，同时根据其他的运输方式的情况相应地进行结构化调整，提升整体交通运输能力，对增加国内生产总值及第三产业产值的贡献会较大。铁路客运以旅客运输为主，在铁路客运的作用下区域客运总量的增加值，其实质应当属于由铁路客运所产生的诱增运量。在任何其他条件不变的情况下，提高可达性区域经济作用系数，我们发现随着铁路网络设施的完善及快速推进，可达性区域经济作用的提升会对上海市经济发展起到一定的推动作用。

第七章　高铁枢纽流动人口服务与空间分布的改善策略

关于高铁枢纽流动人口服务与管理的改善策略，本章主张借鉴国内外的既有成果与成功经验，遵循从高铁枢纽站点到高铁站点城市再到城市群的发展思路，从高铁运营管理创新、高铁信息化服务管理创新、票价制定、规划设计、社会空间极化的预防、城市间合作、高铁网络中城市群同城化与一体化等方面来探讨流动人口服务与管理的改善策略。

表 7－1　日本东北新干线建设前后的管理对策

	影响	现状或问题	其他对策
建设期	生产性运行效果	机械等生产需求增大	企业活动的活性化
	土地投机	高铁用地、临时用地的征收及巨大的土地投资	地价对策
	城市隔断	住宅地、商业用地、农地、工厂用地的隔断	城市街道对住宅用地的改造、城市规划
	建设产生的危害	噪声及施工危险	危害对策
建设后	高铁利用者的影响	增加商务人员的互动交流，增加旅客	住宿设施的配备、观光设施的配套
	巨资的投入产出、本地资本的变化	商业圈的再规划、市场的抢占、地价的高涨	企业培育和引导、产业基础的配套、地价对策
	城市的变化	地铁站前集聚，再次开发的必要性增大	城市规划
	当地产业的市场扩大	土特产、传统产业和农产品的市场扩大	产业振兴
	综合交通系统的变化	高铁往来线路的灵活性要求，转乘地铁、公交车、飞机的需求增大	综合交通对策

	影响	现状或问题	其他对策
建设后	文化、信息流动的活跃	城镇化的发展、商业街道的差别化发展,停车站点和非停车站点间地区的差别增大	城市规划、地域产业政策
	各种公害	噪声、震动、电波辐射等公害,妨碍采光、通风、日照、观景等,站前交通的混杂,观光公害	公害对策
	犯罪的增加	城市犯罪,广泛区域犯罪的增加	防范对策

资料来源:根据下平尾勲(1980)整理。

一　高铁站点处理能力提升

高铁站点处理能力是指铁路客站对列车到发及客运中转、列车停靠、车辆配载等的处理能力,这类能力的提高将使经济、时间等成本逐渐降低。国外一些大城市的大型铁路客站,由于整个车站的布局集中紧凑,使得客站实际处理能力与体量相匹配。如纽约中央车站是美国最著名、最繁忙的大型铁路车站之一,车站内有5条大都市—北方(Mctro - North)铁路线、10条公共汽车线,以及纽约地铁7号线、莱辛顿大道线(4号线、5号线、6号线)和短途列车S线,是集长途列车、市郊列车、地铁和公交等多种交通方式于一体的大型综合换乘枢纽。中央车站客运量很大,每天到站和离站的列车有500个班次,每天车站内的通勤者数量达到12.5万人次。然而相对于车站巨大的处理能力来说,其总占地面积并不大,只有19.4万平方米。还有位于日本东京都千代田区的东京站,不但是日本多条铁道路线的起点站,也是东京主要的大型车站之一,地上与地下部分共有15个站台和30条轨道,枢纽总建筑面积约30万平方米,车站本身总建筑面积2.6万平方米,每天到发列车3764列(其中高速列车778列),每日接待乘客200万人次。与东京站相比,柏林中央车站处理能力更高,2006年5月投入使用的柏林中央车站仅7台14线,枢纽总占地面积不过10万平方米,车站本身占地面积仅为1.5万平方米,如此狭小的占地面积,每天却能够接待1100次列车,并为30万乘客提供中转换乘服务。

表7-2　国内外部分大型铁路客站规模、处理能力及占地情况

	车站名称	车站规模	处理能力	占地面积
国内大城市	上海虹桥站	16台30线	设计年发送旅客6000万人次,日均16万人次	车站总占地面积43万平方米,站房建筑面积24万平方米
	上海南站	6台13线	每日到发列车60对、停靠列车77对,年发送旅客1500万人次	主站房和南北广场占地面积约60万平方米
	北京西站	9台20线	远期每日到发列车90对	车站总占地面积62万平方米,主站房建筑面积41万平方米,配套工程面积25万平方米
	北京南站	13台24线	最高聚集15000人次,高峰运量为50万人次/日	车站总占地面积49.92万平方米,建筑面积42万平方米,主站房建筑面积31万平方米
	天津西站	24台24线	远期日发送量7万人次,高峰时段每小时运量为5000人	车站总占地面积68万平方米,总建筑面积18万平方米
	武汉车站	11台20线	远期年发送量3100万人次,高峰时段每小时发送量为9300人	车站总占地面积82.9万平方米,总建筑面积33.2万平方米,主站房建筑面积11.3万平方米
国外大城市	纽约中央车站	44台67线	每日到发列车500对,通勤人数12.5万人次/日,访问者超过50万人次/日	车站占地面积为19.4万平方米
	日本东京站	15台30线	每日到发列车3764对,乘客200万人次/日	车站总建筑面积约30万平方米
	柏林中央车站	7台14线	每日到发列车1100对,乘客30万人次/日	枢纽总占地面积10万平方米,车站占地面积1.5万平方米

相比之下,国内的一些大城市车站体量比外国铁路客运站远远大得多,比如上海虹桥枢纽站的车站与站房面积比国外大型车站都要大很多,但对乘客的处理能力却明显弱很多,出现车站体量和乘客处理能力之间不相匹配的状况。以下我们将分析国外高铁站点处理能力提升的经验。

(一) 站点处理能力提升需考虑设站区位

纽约中央车站在100多年前就通过将入城铁路线路地下化的方式保留了客运站既有市中心的优越交通区位,除此以外还能从源头上解决对外交通与市内交通的衔接问题,使纽约中央车站成为城市交通的枢纽和重要的城市地标。

表 7 - 3　高铁枢纽站与城市的连接度

铁路客站名称	市中心	至城市中心的空间距离（公里）	至城市中心时间距离（小时）	交通方式	轨道交通数量（条）	站区可供开发的用地面积（公顷）
上海站	人民广场	2.6	0.33	地铁	2	93.5
上海南站	人民广场	11	0.5	地铁	2	75
上海虹桥站	人民广场	18.1	1.0	地铁	2	
杭州站	武林广场	6	0.75	公交	0	35.7
昆山站	人民路	1.8	0.33	公交	0	202.8
无锡站	崇安寺	3	0.5	公交	0	214.5
苏州站	观前街	4	0.7	公交	0	108.5
南京站	新街口	7.2	0.45	地铁	1	70.7
合肥站	长江中路	4.7	0.5	公交	0	131.7
北京南站	故宫	7	0.45	地铁	1	33
广州站	天河体育中心	7.9	0.45	地铁	2	54.1
广州东站	天河体育中心	1.4	0.25	地铁	2	82.4

注：上海虹桥站的数据是 2014 年数据。
资料来源：林辰辉，2011。

相比之下，上海虹桥站设在虹桥机场西侧，交通方式主要有浦东机场和虹桥机场之间的联络线和磁悬浮线，以及配合车站的城市轨道交通线、公共汽车线、通往远近郊的长途客运线等，形成一个交通方式齐全、规模宏大的超大型综合换乘枢纽。这种超大体量的枢纽的确能有效提高换乘效率，但车站选址的外移大大增加了乘客的换乘成本。目前大多数高铁停靠在上海虹桥站。虹桥到市中心距离 13 公里，地铁耗时 40 分钟，而预计有 60% 以上的客流来自老城区及浦东新区，这些地区的乘客要乘坐火车，就必须绕过虹桥机场——对每一个乘客来说，将花费额外的金钱、时间和体力。

（二）站点处理能力提升需考虑高铁站点综合接驳能力

国外从空间层面研究高铁枢纽促进城市发展的路径，其经验较多集中在交通和商业的综合开发、城市公共空间的立体化、交通无缝衔接等。尤其是交通无缝衔接，一般被认为是高铁枢纽促进城市发展的关键环节，包括城市对外和对内的交通无缝衔接。采用交通无缝衔接的目的是减少乘客的中转换乘成本，尤其是减少时间成本，除了减少乘车时间，还要减少抵离和中转过程中的车下时间，满足当今旅客对零距离换乘、无缝连接和一体化服务的要求，同时可以缓解城市交通拥堵的压力。如德国柏林中央车站建在市中心，所有交通转乘均在地下完成，对地面交通不会造成任何影响。因此，中国高铁站点城市的规划可借鉴国际经验，在考虑速度的同时也应多关注接驳问题，使因车站郊外迁移或新建导致的与市内连接不充分的负作用降到最低。鉴于目前国内高铁客运站点大多位于城市边缘地带，最主要的市内接驳方式应该是快捷、大运量的地铁和轻轨。长三角城市群中的上海、杭州、苏州、南京等城市正在完善交通无缝衔接，这些城市市内地下铁路系统或轻轨既联络市区内部，也可以作为客运专线和城际轨道交通的市内接驳。通过客运专线、城际轨道交通与城市轨道网络建设，长三角将构建超大规模的"地铁网"，各个层次、各条线路互相衔接，不仅令整个线网的覆盖范围有所扩展，而且使交通形态更接近网状。而其他一些高铁沿线中小城市在面临高铁带来的挑战和机遇时，只关注高铁新城建设而忽视最重要的连接性问题，使得目前铁路建设中高铁"鬼城""空城"的现象频繁出现，交通断裂使得换乘成本增加，并使原本可在一个系统内部解决的旅客中转变成系统外的多运输方式之间更加费时费力的换乘。这种表面化的高速系统并不会使人们出行更方便，反倒可能造成更多的麻烦。

（三）提升车站布局紧凑度

一般情况下，车站体量过大有可能是车站内各相关设施之间布局不紧凑、衔接不顺畅的一种表现。铁路客站规模（处理能力）的大小其实是多因素共同作用的结果，例如铁路运输能力紧张、列车调配不合理以及列车准点率不高等因素，可以通过适当增加换乘距离来匀化集中下车旅客所造成的拥挤，并减轻对换乘通道、地铁站台、公交站场、出租站台等设施的压力。此外，换乘距离和换乘时间标准可以适度放宽，比如有学者提出较为理想的标准，即相同方式交通系统内部换乘距离平均不超过 100 米，最远不超过 150 米；不同方式之间的外部换乘距离平均不超过 250 米，最远不超过 400 米；最大换乘时间不能超过 10 分钟。当然这只是理想的标准，在具体实施时总是会出现很多现状与规划的矛盾。但仍可以从一些布局细节入手，改善如布局不紧凑、功能分区繁杂、换乘秩序混乱等状况。以上海虹桥综合交通枢纽为例，机场、磁悬浮车站、高铁车站以及相关各种配套设施集中在一起，其规划占地面积达 26.26 平方公里。枢纽站的主体内，从东面的机场候机大厅到西面的火车站出口，一条中央通道就超过900米，公共汽车站、出租车站台、停车场等设施向四周分散而无法紧凑布置。枢纽规模的空前扩大及公交等配套设施的分散布置，无疑增加了旅客乘用的时间及步行距离。

除此之外，目前我国已建成或在建的大型或特大型铁路客站，站前广场往往是由高铁车站、轻轨车站、短途城际客车站和城区公交大巴车站集合而成的综合性服务区，集交通换乘与人流集散功能于一身，故人流规模、密度较大，可谓是人流混杂的过渡空间，人流通过这一空间才能找到换乘的方位。如果交通换乘点几乎都在火车站建筑的周边，人流的换乘就可以通过一定的功能分区来实现，比如有较多的城市采取功能分区的设计（如设置车站综合开发区、金融商务区、体育公园区、商业休闲区、设施配套区等）来合理布局交通体系。然而如果功能分区的设计过于繁杂，将使人流的步行距离和在客运站周边停留的时间加长，人流的交织会导致秩序更加混乱。日本、韩国、德国的大型铁路客运站都不设大型的站前广场，车站人流几乎都在火车站建筑内部完成换乘。例如首尔火车站，多条二层连廊直接将火车站建筑与相邻的停车楼连接起来，人流几乎不需要聚集在一层的路面；东京火车站的多个出入口通往不同地方的交通换乘点，且相互连通，将人流向远离客运站主体建筑的各个方向疏散。可见，使人流通过火车站建筑本身快速疏散是塑造高品质火车站交通枢纽的关键。

（四）清晰、细致、人性化的交通指示系统，提升高铁站点人性化管理

车站内的设计应该处处体现以人为本的理念，使人们身处客运站建筑内部的任何地方都可以快速地找到需要到达的目的地。在东京，人流进入东京火车站圆形大厅后，可以在明确的方位指示牌指引下进入相应的乘车区域，使这个老式的火车站并没有显得拥挤而繁忙。在首尔新火车站的地下空间里，甚至可以看到"前方140米有公共洗手间"的标识。

（五）便民、维护治安措施提升高铁站点人性化管理

首先应成立一个统管机构。京沪高铁沿线24个城市中唯一"以高铁带新城"的城市济南市，按照属地管理的原则，出台了《济南西站地区综合管理意见》，成立了济南西站地区管理机构，代表区政府履行济南西站地区各项社会管理和公共服务职能，协调各职能部门对济南西站地区实行相对集中的综合执法管理。其次，管理机构的日常管理应与铁路、长途客运、公交部门沟通对接，尤其是社会治安综合治理等工作。可由管理机构牵头，公安、交通、城管执法等部门成立一支职能全面的联合执法队，依托固定岗位和流动岗位相结合构建 24 小时值班和治安监控系统，对客运站区域实行无缝隙监管。最后，为方便高铁旅客，建立广场综合服务中心，组建一支专业服务队伍，长期为旅客提供进出站引导、综合咨询、秩序维护、突发应急事件处置等各类便民服务。

此外，相关的法律、法规支持是高铁管理的有效保障。高铁内的便民、维护治安措施中的一项是"禁烟"规定，每个车厢内都有"禁止吸烟"的标牌。这得益于国务院发布的《铁路安全管理条例》（以下简称《条例》），于 2014 年 1 月 1 日起正式施行。《条例》明确提出，对于乘客在动车上抽烟等危害铁路安全的行为，铁路部门将不再只是进行劝说，而将依据《条例》进行处罚。"禁止吸烟"已取得很大成效，除此以外还应多竖立写有例如"禁止大声喧哗""果皮纸屑扔到指定垃圾箱""着装整齐"等告示的标牌，督促人们在车厢内举止文明。还应该制定应急措施，提高应急能力，以防遇到突发情况毫无准备而造成混乱。

二　高铁运营管理创新

（一）认清高铁的竞争力所在

与航空相比，4 小时以内的高铁旅途是比较舒适的，一旦超过 4 小时，不舒适度会迅速上升，超过 8 小时就会非常不舒适；对于卧铺，夕发朝至不超过 14 小时的旅程是较为舒适的。因此，高速、快捷、乘坐时间短是高铁的优势所在。列车运行时间长，对于中间线段的乘客吸引力大，而对于两端的长途旅客并没有多大的吸引力。另外，长距离运行还会导致列车机械师和乘务人员经常在外站过夜，对于列车的检修与整备都有不利影响。

笔者建议认清高铁的竞争力所在，发掘潜在的运输需求。潜在运输需求是指运输能力不能完全满足运输需求时那些尚未被满足的需求。我们可以从供给角度来分析潜在需求：符合经济发展的客运需求能否实现，不仅取决于是否有支付能力，也取决于是否有运输供给能力。即使有支付能力，又有需要，但是如果没有供给或者供给不足，那么需求也不能实现。

随着经济社会的发展，当供给提升到一定程度，原来由于供给不足导致不能实现的潜在需求就将激增。

（二）高铁运行需打破旧有排图思路，重新排定运行图

高铁既包括城际之间的短途客流，也包括长途客流，对待这两类客流需要不同方式。短途客流需要密度大、停站多的列车，对于列车的速度没有太高的要求；长途客流则需要停站少、密度低、速度快的列车。高铁的运行模式以跳停列车为主，外加少量大站快车。大站快车的开行，显然是要满足长途客流快速旅行的需求，但这样跳停列车的定位就显得不太明确。在国外，跳停列车主要是为了满足小站乘客中长途通勤的需求，比站站停列车少停三分之一左右的车站，使旅行速度得到一定程度的提升。由于高铁线路都是双线，大部分跳停列车都需要避让大站快车，导致旅行速度下降。国外的另一种营运模式是"大站快车+站站停列车"，乘客在大站进行换乘接驳。如果安排得当，效率也相当高。当然，这一模式需要铁路总公司打破旧有的排图思路，重新排定运行图。如今也有些线路采用了分线分流模式，如沪宁、京津之间基本实现了长途客流与短途客流的分线分流，但大部分地区的不同客流仍集中于同一线路上。

（三）提升旅客中转服务质量

大多数国内旅客存在一种追求"一座直达"的心态，即只要有直达列车，不论运行时间多长、时刻多差，甚至只有无座车票也不愿选择中转。这种状况导致长期以来选择乘坐火车的旅客以长途为主、行李较多，不仅造成铁路列车拥挤，也给旅客带来很多不便。近年来节假日时一些旅客选择列车中转返乡，居然被各大媒体竞相报道，可见这一在国外相当普遍的现象在我国却被当作新鲜事物。因此，铁路总公司除了需要重新排定运行图之外，还需做好旅客的中转服务工作，利用站内、列车广播和电子显示屏等工具，滚动显示中转换乘的引导信息，在旅客乘车到站换乘前发布快捷换乘专讯；在售票系统中加入中转查询功能，并在票价计算上重新安排中转票价与直通票价之间的关系；等等。这样可以缓解因不同线路限速不同而导致的列车跨线现象——要么用低等级列车在高等级线路上运行，充当"移动障碍物"；要么用高等级列车在低等级线路上运行，无法达到最佳运行速度，造成整个系统营运效率降低的问题。因此，在提高建

设标准、确保工程质量的同时，也要做好长期营运的优化，才能使得高铁成为中国经济持续发展的重要支柱。

（四） 高铁票价制定

中国高铁票价的制定依据，归纳起来有四种说法："竞争因素论""市场论""社会公益论"和"国民经济承受能力论"。

（1）"竞争因素论"认为高速铁路票价的制定可以在既有线路票价的基础上合理地确定加价部分，其中加价部分就需要考虑竞争因素和高速铁路缩短旅行时间的价值，而不是只考虑运输成本。目前国外高铁标准票价一般比既有线路票价高 60% 以上，加价部分所占的比例较高。因此在中国高铁票价制定过程中，要合理地确定加价部分，更好地体现高速铁路的价值。

（2）"市场论"认为高速铁路运营企业要根据市场供求关系、物价水平、旅客经济承受能力，以及竞争者策略的变化，合理调整高铁的标准票价。为了方便价格调整，政府部门可以制定高铁票价的上限值，并给予营运企业调整和制定票价的权利，以便企业可以根据需求和市场来调整票价。

（3）"社会公益论"认为中国铁路有一定的社会公益性质，因此高速铁路的票价也要体现出社会公益属性，在一些特殊时间段内适当地调整价格，保证乘客的出行。例如在节假日期间，乘客出行较为集中且客流量较大，就要避免出现由于高速铁路票价过高而造成的普通铁路客流量非常大而高速铁路还有大量空座的现象，此时可以实时动态地适当调低高速铁路的票价，优先保证乘客出行。

（4）"国民经济承受能力论"强调中国投资铁路成本高，2009 年中国铁路全年基本建设投资 6000 亿元，创历史新高，这只是建设投资，后期运营的成本也是非常高的。因此，如果国家不能给予相应的补贴，高铁的价格就降不下来。在武广高铁开通前的试运行中，"和谐号"跑出了 394 公里的最高时速，在正式开通后平均时速达到了 340 ~ 350 公里，而日本新干线、美国铁路公司的高速铁路、法国 TGV 的最高时速仅为 300 公里。从高铁建设达到的水平来看，高铁票价是应该高的。但中国的国民收入低，所以才造成认为高铁票价贵的心态。全国政协委员姚凯伦认为，"如果国家能对高铁给予相应的补贴才能解决高铁高票价的问题。但这个问题没有解决的情况下，就只能是有钱的人坐高铁，普通市民或者农民工依然乘坐普通列车了"。①

我国高铁票价的制定可借鉴法国经验，其票价体系包括社会公益价格和商业优惠价格。法国高铁的巨大吸引力并不是由于社会公益价格，而是商业优惠价格。法国高铁将乘客分为三个等级，对于不经常乘坐高铁的乘客，减价比例大约在 25% 左右；偶尔乘坐高铁的旅客最高优惠幅度达 50%；经常乘坐高铁的旅客既有商业减价优惠，也有凭里程积分享有免费乘坐等额外服务。借鉴国外的一些成功经验，笔者建议票价的制定以及调整要保证在乘客的经济承受能力范围之内，根据需求和市场规律合理地进行。

三 高铁信息化服务管理创新

国外高速铁路信息化的重点体现在铁路行车控制技术方面，主要采用综合调度系统和列车运行自动控制系统，实现通信信号一体化、机电一体化、车站区间一体化和地车控制的统一指挥与管理，提高铁路运输效率和行车安全的可靠性。铁路信息化的发展趋向是集运营管理、咨询和服务于一体的综合信息系统。信息技术的应用目标已不仅限于提高劳动生产率、大幅度减少员工和降低运营成本，而且转移到如何更好地为客户提供新的服务产品和提高服务质量上，以增加客户的满意度，从而争取更多的市场份额。如在 20 世纪 90 年代，为了在运输市场中提高整体竞争力，日本东海道新干线和美国运输部相继推出旅客服务系统，随后德国 ICE、法国 TGV 等也相继建设了旅客服务系统。英国铁路建设了在线预订系统，每个计划游览英国的海外旅游者只需登录相关网站即可购买英国铁路车证和车票；同时，网站提供旅行所需的列车时刻表、路线、景点、与铁路相连接的机场信息、铁路网络图等。

在信息化投资方面，11 个欧盟国家的 40 个单位斥资 2000 万欧元，就铁路运输集成系统进行合作研究，实现铁路运输领域的信息共享。我国铁路信息化建设也经过了二十多年的努力，目前已投入使用的铁路信息系统包括铁路运输管理信息系统（TMIS）、列车调度指挥系统（TDCS）、铁路列车运行控制系统（CTCS）、计划调度管理系统（OPMS）、行车组织策划系统（TOPS）、车号自动识别系统（ATIS）、机车信号系统（LBS）、

---

① 《高铁管理服务存在不足》，《楚天金报》，2010 年 3 月 7 日。

列车超速防护系统（ATP）、编组站综合自动化系统（CIPS）、铁路客票发售与预订系统（TRS）、铁路办公信息系统（OMIS）、数字移动通信系统（GSM - R）等。作为发展先驱的上海，目前已经应用铁路枢纽站自动售检票系统、停车诱导系统等智能化技术，智能化的交通综合信息服务系统等技术也正在研发中。

然而，从信号、安全等 IT 设备占铁路投资的比重来看，日本和德法两国分别达到 10% 和 15%，而我国只有 4% 左右。由于客运专线在我国才刚刚起步，客运专线信息化同样还处于起步阶段。与世界发达国家相比，我国的铁路信息化的水平还远远落在后头。随着客运专线建设工作的展开，更好地实现客运专线信息化，使其为客运专线运营提供有力的支持，也成为迫在眉睫的工作。

（一）系统改进是改善策略的首选

铁路智能运输系统涉及十分广泛的领域，主要由先进的运输管理系统、运输自动控制系统、列车控制系统、旅客服务系统、运输设施管理系统和安全保障系统构成。铁路智能运输系统（RITS）集成现代通信技术、信息处理技术、控制与系统技术、自动化技术、管理与决策技术等多项高新科技，以实现信息采集、传输、处理和共享为基础，通过高效充分地利用与铁路运输相关的所有移动的、固定的、空间的、时间的和人力的资源，以较低的成本达到保障安全、提高运输效率、改善经营管理和提高服务质量的目的。其技术关键在于，铁路移动体与固定设施一体化安全检测网络系统、分布式的国家铁路安全数据中心体系、基于无线和卫星定位导航的列车调度与指挥系统、基于 GPS 的物流监测与追踪系统、基于列车总线的数字列车系统、高速铁路一体化通信信号系统、以高速宽带的车地双向数据接入系统技术、铁路现有业务系统的互联与信息共享技术、特殊地区列车运行控制与运输保障综合技术等方面的突破。

我国现使用的铁路信息系统大多为运输组织领域的应用系统，虽然在人性化客货服务系统、智能化紧急救援与安全系统、子系统间互联互通方面与国外差距较大，但一直致力于改善。2009 年，IBM 公司在北京成立了全球铁路创新中心，提出了打造安全、高效、绿色、智能的"智慧铁路"的发展策略。随后，2014 年第四次参加"中国国际现代化铁路技术装备展览会"的华为公司提出"智慧的新铁路"概念。智慧铁路系统可以动态调整时刻表，以应对因天气导致的停运状况，并拥有自我诊断子系统以减少延误。智慧传感器和华为公司推出的新产品——原子路由器，可以对整个网络线路上的所有情况进行诊断，实现提前报警；列车可以自我监控供应链，并分析乘客的出行模式，制定出更加人性化的服务项目。

（二）实现智能信息的网络化

智能信息的网络化是指在整个铁路系统、企业内部以及合作伙伴之间实现信息的互联和共享。网络是智慧铁路的血管，而数据中心解决方案则是智慧铁路的大脑。随着铁路通信带宽的升级，可以应用大数据、互联网、云计算、地理信息、卫星导航（如中国目前在建的"北斗"卫星导航系统）、下一代互联网等现代信息技术对运行情况进行感知和测量，帮助铁路公司收集新信息，进而更好地监控运营，并更加主动地采取调控措施。同时，信息整合、复杂分析及数据建模可将战略或运营决策与新锐洞察结合起来，提高铁路系统服务质量和服务安全性。大数据时代所收集的信息尤其具有多元化和结构化特点，随着记忆库的不断升级发展，将有越来越多旅客的信息被记录，这为开启"智慧交通"创造了先决条件，也为制定人性化服务和提高铁路交通的安全等级提供了可参考的依据。因此，我国现有铁路信息系统需要加强基础设施建设，推进公用基础编码平台、信息共享平台、铁路地理信息平台、铁路门户和数据中心的建设与运用，进而建设覆盖全路的宽带信息网络。

四 预防及应对"大虹桥"高铁站点区域的分化与隔离

高品质的住宅区和办公商业服务设施、跟随便捷交通而来的巨大人流、极具上涨潜力的房价，这些都会使虹桥枢纽周边区域成为城市中资本、科技、人才、财富等高度集聚的极化空间。

（一）城市空间极化的努力及极化背后的分化与隔离

刘朝青和钱智（2013）认为，除了以地方空间为传统的物质表达外，社会越来越倾向于围绕着流动而构建社会物质表达：资本流动、信息流动、技术流动、组织性互动的流动，以及影像、声音和象征的流动。这些流动是支配经济、政治和社会生活过程的表达，因而支撑这些流动的物质将构成社会实践的新空间形式。曼纽尔·卡斯特（Manuel Castells）把它命名为"流动空间"（flowing space），他认为流动空间是通过流动而运作、共享时间、社会实践的物质组织，流动空间主导和塑造着网络社会；社会的功能和权力在流动空间里进行组织，因此流动空间逻辑的结构性支配地位从根本上改变了地方的意义和动力（Castells，1994）。而通常情况下，地方空间为了融入流动空间而不断做出自我调整和重构的努力，其结果之一便是打破原有的平衡，产生新的空间极化。城市是流动空间和地方空间之间的节点，这两种空间之间的互动产生的影响在城市空间中表现尤为明显。例如，东京为了配合其"全球城市"的角色定位，在20世纪80年代经历了实质性的都市重构过程；在经济全球化背景下，跨国公司总部和国际精英人才也不断集聚在全球城市，如纽约、伦敦和东京（Sassen，1991）。因此，上海需要借助融入高铁网络体系成为全国乃至全球流动空间中的重要节点，而虹桥火车站是进入此高铁网络最便利的地点，因而虹桥枢纽周边地区会产生新的空间极化。这种极化也是经济发展过程中必然产生的一种现象。对于上海来说，空间极化是为了与当今世界经济服务化发展趋势相适应，也能促成其生产性服务业的强劲增长。上海的空间极化现象突出地表明，在资本全球性流动与世界性生产的条件下，发展中国家要为吸引资本而对本国与本市投资做出巨大努力。

服务业发展依赖于通达的交通条件和良好的公共服务供给，也依赖于良好的基础设施条件与良好的周边经营环境（陈建华，2009）。因此，生产性服务业在虹桥枢纽的选址定位带来的空间极化可能表现得更为突出。相对于人口在城市中心区的集中，这种极化是一种更高层次的空间聚集，是人力资本、财富与科技知识的空间集中。上海作为中国的"国际化城市"，在目前总体人力资源积累短缺、基础设施供给有限的条件下，其空间极化有利于参与新的国际劳动生产分工，因为在极化区域吸收与占有高级的生产要素之后，它就有机会成为世界城市网络体系之中的节点。在全球化与信息化条件下，一种贯穿于全球的生产体系已经产生，它以世界城市为节点，构筑了全球性的流动空间。国际化城市的空间极化表现了其试图融进全球流动空间的努力（陈建华、谢媛，2007）。城市的特定地域空间集中了优质的居住、办公和休闲空间，这些场所空间随同企业总部及其辅助设施一起，倾向于在相对隔绝的空间内集聚支配性的功能，而且便于集聚艺术、文化和娱乐功能。这类空间似乎是为城市精英准备的，可以被称为精英空间。此外，精英空间还是城市信息和智力资源的密集区，是科技和创意转化为产品的区域，也是大量享受科技创新收益的科技人员和专家学者最集中的区域（沈丽珍、顾朝林，2010）。因此，精英空间的兴建和发展将会引发新的城市空间极化（刘朝青、钱智，2013）。而虹桥商务区的规划正预示了未来上海新的精英空间的出现。

在虹桥枢纽周边区域聚集着高级公寓、高级别墅区、高档写字楼、高档餐厅、高档展览中心和高档购物中心，这些区域的建立与使用都与精英空间以及精英群体具有较高的支付能力的特点有关，而乘坐高铁和飞机的群体本身就具有一定消费能力。精英空间建立后，不仅将吸引大批国外公司、创业型公司、各种代办机构，还将吸引城市其他区域的金融、电信、行政机构迁入这类空间；此外，精英空间具有生活环境优美、生活配套设施完备、与城市中心区距离适中等特点，也将成为城市富裕人群的聚居区。不难看出，由于高铁和机场的选址和政府的着力规划，虹桥枢纽正在成为上海新的精英空间，并进一步强化了城市空间的极化。

当人才、资源、财富、收益越来越集中于局部区域时，区域之间和城市内部经济社会的空间差异对比就会因此而增强（王慧，2007）。精英空间的建设通常是按照精英审美志趣来设计建造的，这将提升城市的自然环境、建筑环境和社会环境的格调，优化城市的配置，促进城市的更新，因此这还是一种全球流动空间影响下的"城市美化"运动。但这种城市美化是按照流动空间中的权力精英的审美取向进行的，忽视了普通大众审美取向，没有考虑大众的需求。可以说，在这种城市美化背后隐藏的是更大、更深刻的社会不公（张京祥等，2006）。

虹桥商务区四周的边界是四条高速公路：东起外环高速 S20，西至沈海高速 G15，北起京沪高速 G2，南至沪渝高速 G50。由于虹桥枢纽地区是高铁、飞机、地铁的交通集散地，需要配有大量公共空间，因此这里的极化现象可能与其他带有封闭围墙的精英空间有所不同。然而对于人数庞大的社会底层群体来说，如果不在此区域就业、没有机会乘坐高铁、飞机，或者不在此区域附近居住的话，这个区域的繁华和精美与他们有何关系呢？即便没有围墙隔离，这个区域会引发那些底层民众多少的亲近感和归属感？

（二）两个先例：迪拜和拉德芳斯区

1. 奢华的迪拜

迪拜是阿拉伯联合酋长国的第二大城市，同时也是中东最富裕的城市和金融中心，面积为 3885 平方公里，占阿联酋总面积的 5%。"奢华"似乎已经成为迪拜的代名词，迪拜有世界唯一的七星级帆船酒店、世界上最大的购物中心"DUBAI MALL"、世界第一高楼比斯迪拜塔（828 米）、世界上最大的机场迪拜国际机场、世界上最大的人工岛迪拜棕榈岛、世界上最大的室内滑雪场迪拜雪球滑雪场，连警车配备的都是奔驰、布加迪威航和保时捷等豪车。在迪拜，可谓奢华无处不在。

牛津经济研究所曾发布报告指出，如今迪拜的经济体系已围绕旅游业、价值创造式服务性行业（包括 IT 与金融）和再出口业为中心建立，而这一切都基于一体化的运输与物流枢纽建设，民航业在其中起到了重要作用。截至 2009 年 3 月 3 日，迪拜每周大约有 125 家航空公司约 5600 个航班飞向遍布北美、欧洲、南美、东亚、东南亚、南亚、大洋洲和非洲的200 多个目的地。据牛津经济研究所估计，2010 年空运为迪拜 GDP 贡献了高达 62 亿美元的直接收益，而从供应链的角度看，空运还在同年为迪拜创造了 35 亿美元的间接 GDP 收益。

如此奢华的迪拜在 60 年前只不过是一座安静的小渔村，人口不过 2万，只有酋长才有汽车。然而在过去的半个多世纪里，这里的人口增加了70 多倍，现在的 150 万人口中 80% 都是外来人口。人口快速集聚的原因在于，这里在 1966 年发现了石油。迪拜建造了许多让人叹为观止的摩天大楼，2003 年开始填海造岛，风格独特的建筑和休闲设施吸引了来自全球的大量游客。自 2003 年起，迪拜旅游业的收入已经超越了石油收入，占到 GDP 的 10% 以上。奢华的迪拜吸引了诸多世界名人、富豪来此消费，如贝克汉姆夫妇、影星布拉德·皮特与安吉丽娜·朱莉夫妇、车王舒马赫、时尚大师乔治·阿玛尼等。迪拜用自己奢华的外表创造了世界奇迹，吸引了无数眼球，很多消费者选择在迪拜机场转机，以便借此在迪拜购物。然而，奢华对于普通大众又意味着什么呢？会引起他们的羡慕还是仇视？奢华的迪拜成为一个极化到极致的国际都市。

2. 拉德芳斯区——欧洲卓越的商务办公区

拉德芳斯（la Defense）区作为欧洲最完善的商务区，是法国经济繁荣的象征。它位于巴黎城西的上塞纳省，邻近塞纳河畔。拥有巴黎都会区中最多的摩天大厦，地标建筑新凯旋门即坐落于此。区内商务办公楼地板面积达 250 万平方米，分属 1600 家以上的公司，工作人数超过 15 万。这里是巴黎地区的决策中心、世界经济的重要舞台。不论其性质和规模（从 10 平方米到 10 万平方米以上），每一家公司都能在这里找到显现其形象的合适办公空间。法国最主要的 20 家公司中有 14 家将总部设于此区内，50 家最主要的跨国公司中有 15 家设于此区内，区中还有银行、保险公司、石油公司等。有的大企业、大银行，像埃索石油公司、法国电力公司等，甚至买下了整座的摩天大厦。

法国人常把拉德芳斯称作"巴黎的曼哈顿"，一方面因为这里是大型企业、财团、跨国公司的集中办公区，另一方面则因为它的建筑风格与结构完全是美国式的。对于到这里的访客来说，印象最深的就是拉德芳斯建筑的"大尺度"，像高大、宏伟的新凯旋门，连阶梯都造得很宽，人坐在上面时会感觉自己非常渺小。而如果从法国巴黎老城区一路看过来，这种感觉会更为强烈。因为老城区的传统建筑一般是六层半，电梯、窗户都很小，与新中心区拉德芳斯的大尺度建筑风格完全不一样。所以走到拉德芳斯，甚至会突然有种疑问：这是在巴黎吗？从凯旋门眺望拉德芳斯，仿佛那是另一个星球的土地。

拉德芳斯作为一个独立的城市单元，不与老城交汇混杂，建筑风格与巴黎城区迥异，高楼大厦鳞次栉比，洋溢着强烈的现代气息。城市生态也非常优越，不仅建有 25 公顷的公园，商务区的 1/10 用于绿化，而且由于它是欧洲最大的公交换乘中心，交通十分便利，85% 的员工依靠公共交通方式上下班，减少了废气污染。可以说拉德芳斯区是工作、居住、休闲三者融合的宜居区域，每年吸引约 200 万游客慕名而至。目前，中国许多城市管理者和地产开发商都积极在自己的城市（包括二、三线城市）内规划建设多个类似于法国拉德芳斯的城市综合体，集办公、商业、酒店、住宅、会展等多种功能的物业于一体（或一个小区域中），创造新的城市繁华。但是如此成功的拉德芳斯却在法国也再没有第二个。拉德芳斯区的工作人数超过 15 万，但仅容纳居住者 2 万~3 万人。法国人依然喜欢巴黎老城区弥漫的那种强烈的历史纵深感，喜欢流连于塞纳河畔和各种各样的博物馆之间，喜欢在街边的咖啡馆闲坐，喜欢体会城市的人文气息，而不是在拉德芳斯做有身份的"城中人"。这对于中国的城市又有什么启发呢？

（三）预防及应对"大虹桥"高铁站点区域的分化与隔离

1. 建设混合型社区，提升社会融合

社会分化是一种客观的社会现象，只要个体存在诸如智力、体力、性别、知识与教育层次、家庭背景等生理、心理和社会经济差异，就必然会导致社会流动机会的不均衡分配，由此形成社会群体之内的分化。这种分化由于外生分异和内生分异作用而成为一种自发或自觉的自我强化过程。

住宅商品化和市场化行为的结果则鼓励居住空间在经济、权力层次上再分化，而且分化领域不仅局限于此，还延伸至社会文化、生活方式、价值观念等方面。而当居住空间成为不同社会阶层的身份、地位象征之后，居住空间分异便成为社会分化在城市空间上的物质内涵体现，使不同特性的居民聚居在不同的地理空间内，整个城市形成一种居住分化甚至相互隔离的状况。在相对隔离的区域内，同质人群有着相似的社会特性，遵循共同的风俗习惯，认可共同的价值观，或保持着同一种亚文化；而在相互隔离的区域之间，则存在较大的差异。以上海城市社会空间为例，境外人士构成的国际社区与国内外来流动人口构成的"城中村"所形成的社会内聚性都非常强，而对其他群体则有一定的排斥性。境外人士的国际社区已形成一个居住隔离的"国际移民飞地"，而来自中国不同省份外来人口则以地缘、血缘和业缘关系内聚起来，形成诸如"浙江村""新疆村""福建村"等移民聚居区（杨上广、丁金宏，2004a）。

在住宅商品化、市场化条件下，城市在发展中不可避免地会导致富人区和穷人区产生，这使得社会分化变得更加严重。为缓解严重的社会分化，西方城市采取的应对措施包括两个方面：一方面是政府对房地产业强有力的介入，避免住房极端的商品化，典型的例子是在中低收入人群支付不起的社区建设适量的经济型房屋，消解房地产商的逐利性；另一方面则是通过有效的规划手段实现混合居住，提升居住群体的异质性，避免弱势群体被过度排斥。西方经验中，混合型社区不失为一个较好的缓解社会分化的路径。混合型社区是一种城市规划新思潮，它的出现缘起于 20 世纪 70 年代在美国兴起的新城市主义：提倡社区各阶层应混合居住，社区资源不能被少数个别人独有，而应该作为公共部分共享；同时强调人与人之间的沟通，强调不同阶层在同一社区里面能够互动。

由于上海的外来人口流动程度高，流动人口来源层次比较丰富，因此混合型社区理论在上海颇有实践基础。如虹桥商务区今后也将配套建设居住社区，为了吸引中高端商务人士集聚，尤其是商务商贸、会议展览、现代物流等方面的人才，同时使从业人员中受过高等教育的人员比重在 2020 年达到 60% 以上，应当建设与陆家嘴人才公寓形式相仿的白领人士居住用"人才公寓"及租赁型公寓。虽然大虹桥地区未来将集聚中高端商业、生产性服务业并导入大批人口，但仍然可以在此区域内分散地布局若干集中单元，包括普通住宅、豪华公寓、老人住宅等。区域内多元化的人群混居能带来生动多元的社会文化，因此不能将城市优质生态环境和品质景观如滨水、绿地等地段都划为财富人群的"后花园"，这些资源本应该为公众共同所有。未来虹桥商务区将会导入本地人口和大量外来人口，因此应加强不同来源地人口的融合，增强他们的社区认同感和归属感。

2. 鼓励公众参与，维护自身利益

城市规划设计不合理引起的民众纠纷，是因为我国城市规划仍停留在封闭状态，承袭了计划经济体制下政府包揽社会生活一切方面的传统管理模式，缺乏公众参与的机制。虽然我国已逐渐开始认识到公众参与的重要性，但并没有把公众参与上升到城市规划决策出发点和最终目的的高度上，使公众难以关心和支持城市规划与建设。尽管当前城市规划过程中已有一定程度的公众参与，但仅是一种事后的、被动的参与或初级阶段的参与。

公众参与是城市规划中非常关键的步骤。这是因为居民是城市的主体，城市规划和改造应围绕居民的需求来开展。涉及城市未来几十年甚至上百年的规划，仅听取少数专家和政府官员的意见是不够的。城市采取极化策略，把有限的资源与要素集中在某一城市区域，以期能够达到融入世界经济体系的最低要求，这固然是发展中国家经济发展过程中一种必然现象。但是这样的极化若是排除了城市固有住民和其他非规划功能个体的融入，则少了城市的人情味，只能给城市留下遗憾和难以弥补的创伤。

公众参与实际上是国家权力向社会的回归，公众参与的过程就是一个还政于民的过程。正如托马斯·杰弗逊所说："我不相信世上有比把权力放在人民手上更安全的做法。如果我们认为人民没有足够的智慧去行使这些权力，解决的办法不是把权力拿走，而是开启他们。"（尼克莱森，2001）公众参与城市管理强调公众对管理过程的决策、实施和监督，体现了政府和公众之间的良好合作。公众参与作为一种新的管理理念，将促使城市管理"自上而下"逐步向"自下而上"转变，最终达到两种形式的平衡。

实际上在许多国家和地区，规划管理和城市规划制定过程中的公众参与都是不可或缺的。在美国，市议会是编制和修改区域规划的决定者，规划成果在提交规划委员会和立法机构决策前必须召开正式的公众听证会，了解公众对于规划成果是否接受，以及是否需要修改，政府若不按程序调整规划或被认为规划修改程序不合法时，公众可向法庭提出诉讼。在德国，市民在规划初步拟定草案阶段便开始通过公共机构和邻里社区参与，规划图完成后，如社区代表提出新的争议就需要再进行权衡，在公共与私人方面相互协调的基础上，由社区决定权衡结果并确定最终方案。在新加坡，每五年会重新编制一次开发指导规划，在重新编制和修改调整后的规划被采纳之前，必须进行公示，并要针对反对意见举行公众听证会。在中国香港，规划编制的整个过程都必须接受公众的意见，草图需公示两个月，公众可在公示期内提出反对，规划委员会聆讯并审议反对意见后将规划图及草案提交特区行政长官会同行政局审批，批准后可供市民参阅。

3. 适宜的空间尺度

孙乐（2008）在对上海陆家嘴金融中心区常住（驻）人群对该区域的空间认知的研究中指出：在样本人群中，"每季度去1次"和"不去"中心绿地或滨江大道休闲散步的人数合计达到56.6%，金融区的两大绿化带的使用率非常低；对办公室工作的专业人士进行的访谈中，人们抱怨连连，抱怨的原因集中在：长期（至少每天8小时）停留在缺乏活力的空间区域中，绿色空间不断减少，基础设施不断建设，到处放置着缺乏感情的钢筋水泥人造物……现代化的巨大漩涡改变了城市现状并创造了冰冷的城市物质空间。有人甚至谈到"夏天里行走都会很绝望"，只把这里当作上班和高消费的地方，而和自己的日常生活没有多大关系。被访者都对陆家嘴金融中心区没有太多归属感，对这里只是"文字意义上的熟悉"。面对巨型的高楼大厦和大尺度的道路空间，人们总是表现出迷茫的神情与游离的状态。

我们可以在孙乐对陆家嘴金融区的常驻人群的访谈中发现，这个人群都希望拥有一个能够进行城市日常生活交流的活动空间，而不是被垄断资本所创造的商业办公空间和大尺度城市空间。100米宽的世纪大道显然达到了设计者最初将其创造为标志性景观的目的，但是居住在此的居民不仅不喜欢这个标志性的景观，反而对此产生了抵触的情绪。对陆家嘴金融中心区的调查结果恰好对虹桥商务区的未来发展方向有很大启示。

虹桥商务区核心区有一个先天优势，就是由于紧靠虹桥机场，对建筑物有限高的要求。因此虹桥商务核心区的一个规划特点就是尽可能地营造亲切宜人的街坊尺度空间，通过路网高密度、街坊小尺度、建筑低高度、增加绿化隔离带等措施减小空间尺度，创造亲切宜人的环境品质；同时通过功能混合布局减少长距离出行，通过多样性的公共空间增强可行走性。虹桥商务区还将借鉴美国、日本等国家和地区主要商务街区的成功经验，打造一个复合型"空中廊道"——与建筑相结合的二层环形步道系统，使行人在1.4平方公里的核心区里畅通无阻。

合理的建设规模，是一座城市成功的关键因素。大尺度的城市规划与设计是与我国国情相符的。中国正处于工业化、城镇化快速发展阶段，城市仍处于快速扩张期，城市形态、结构仍处于巨变中，大尺度的城市规划与设计也就成为必然。与此同时，城市内部发生着深刻变革，包括社会结构的变化、可持续发展的要求、人居环境的亟待改善、基础设施的建设需要、住房等压力，也都在呼唤"改良"。可以说，中国大部分城市正处于"构建"与"改良"并重的历史阶段，也就是说既要有大尺度的城市规划与设计，也要有以普通人的日常生活为核心设计的"日常生活空间"。而真正作为人民意志"表征空间"的城市设计，更要从城市环境与实际生活者的互动出发，以普通人的日常生活为核心，以广泛的公众参与为基础，满足不同年龄、性别、爱好和收入的居民在不同时间内的不同需求，增加城市公共空间的利用率，增添新的活力，使城市真正实现可持续发展。

4. 在规划中实现高速铁路站点及周边地区交通价值与功能价值的整合

高铁作为城市对外联系的窗口，首先承担的是交通功能，高铁可达性的特质有助于使其更加方便地服务于周边地区；其次是高速铁路站点及周边地区的城市开发功能。虹桥综合交通枢纽是高铁枢纽与航空枢纽功能的叠加，这样的复合效应不仅能增强交通功能，更重要的是增强周边地区的城市和区域功能，它的辐射服务强度更大，范围也更广。此外，虹桥的地理位置与国内外很多城市相比可以说是独一无二，它使长三角城市群与上海市的交通、交流处于极为便利的衔接中，极有利于区域与中心城市各类经济、商务活动的交流与集聚扩散。这个地区应该成为面向长三角、服务长三角的高端商务区，是一种不同于城市中心 CBD 的"区域性商务区"（RBD）。而且随着虹桥机场面向港澳台及东北亚地区航空业务的完善，虹桥商务区的影响效应范围也会更大。比如在 2015 年，备受瞩目的上海车展从浦东国际博览中心搬到虹桥中国博览会会展综合体，这说明日益拥挤的上海浦东正在渐渐将部分功能让位于日益成熟的大虹桥地区。虹桥商务区还带动了名企相继入驻，罗氏公司已经确定从市中心静安寺附近的会德丰广场搬迁至虹桥天地，阿里巴巴、台达、拜耳等知名企业也相继确定入驻。在住宅市场行情遇冷的 2014 年，虹桥商务区商办物业的售价却在大幅攀升，虹桥区域已经出现仓储紧张的迹象，写字楼空置率也非常低。借鉴国外经验，除了使商业、商务办公集聚以外，大虹桥地区还应以极优惠的条件吸引各类学校、医疗中心、邮局、图书馆等机构，因为它们不仅能够增加当地的房地产吸引力，还可以为铁路提供非高峰时间的客流，使高速铁路各站都能成为沿途社区的中心。

五 高铁网络城市群产业分工合作

（一）世界主要城市群经验启示

1. 世界主要城市群人口发展情况

美国东北部大西洋沿岸（纽约）大都市圈、伦敦大都市圈、东京大都市圈、巴黎大都市圈、北美五大湖大都市圈被认为是最具代表性和借鉴意义的世界前五大都市圈。良好的地理位置和自然条件、处于本国中枢地位、完整的城市等级体系、发达的区域性基础设施建设是上述城市群的共同特征。在人口发展布局方面，这些地区都经历了人口高速增长阶段，都遵循着以下规律。

一是人口集聚与土地扩张同步进行。人口密度高、平原较少的国家或地区，具有更强的集聚冲动和更高的集中化水平。以日本为例，虽然平原面积狭窄，仅占国土面积的 24%，但全国 63.3% 的人口和 68.5% 的国民生产总值都集中于东京附近的关东平原、名古屋和大阪附近的平原地带。二是利用都市圈人口集聚的发散效应，带动非都市圈人口的快速发展。如日本东京都市经济圈的形成，得益于工业化进程不断加快和工业化积聚起的制造业基础，使得东京市首先成为国际化大都市，进而产生扩散和外溢效应，最终形成东京大都市圈，其发展模式以市区为中心，呈同心圆向外扩展。由于这种发展模式导致城市中心过度集中和拥挤，给城市发展带来将要窒息的风险。为降低中心区密度，东京将部分城市功能分配给邻近城市，形成城市走廊，不仅缓解了东京城市压力，还促进了其周围城市快速发展与人口集聚。三是通过产业集聚和发达的城际交通网络加快人口集聚。四是利用产业集聚吸引其他区域人口向大都市圈集聚。

表 7 - 4　世界五大城市群基本情况

城市群 指标	美国东北部 大西洋沿岸	北美五大湖 城市群	日本太平洋 沿岸城市群	英国伦敦 城市群	欧洲西北部 城市群
面积	约 13.8 万平方公里,占美国面积的 1.5%	约 24.5 万平方公里	约 10 万平方公里,约占全国 20%	约 4.5 万平方公里,约占英国的 20%	约 14.5 万平方公里
人口	6500 万,占美国的 20%	约 5000 万	近 7000 万,占全国的 61%	3650 万,约占全国一半	约 4600 万
主要城市	波士顿、纽约、费城、巴尔的摩、华盛顿	芝加哥、底特律、克里夫兰、匹兹堡、多伦多、蒙特利尔	东京、横滨、静冈、名古屋、京都、大阪、神户	大伦敦地区、伯明翰、谢菲尔德、曼彻斯特、利物浦	巴黎、阿姆斯特丹、鹿特丹、海牙、安特卫普、布鲁塞尔、科隆

资料来源:《世界五大城市群》,http://www.qnsb.com/news/html/2014/renwen_0513/60903.html,2014 年 5 月 13 日。

2. 促进产业合理转移,优化中心城市产业的空间结构

作为世界五大城市群之一的欧洲西北部城市群,包括了 4 个国家的 40 个 10 万人口以上的城市,总面积 14.5 万平方公里,总人口 4600 万。其中,由 7 个省组成、素有"法兰西岛"之称的大巴黎都市区是这个都市圈的核心。它位于法国北部,是法国 22 个大区之一,面积 1.2 万平方公里,占全国面积的 2.2%,人口 1020 万,占全国人口的 1/5,是法国人口最密集的地区。这个地区第三产业占比较高。尽管工业不再是巴黎经济的主要支柱,但巴黎的工业产值仍占全国工业总产值的 1/4。巴黎的重要工业如电子、汽车、飞机、服装、化妆品、医学等在欧洲乃至全世界都具有重要地位;巴黎是时尚中心,有 2280 家服装店,服装业就业人数占法国行业全部就业人数的 33%;巴黎还是欧洲的第一研发中心,集聚了全国 45% 的研发人员、40% 的大学生和 42% 的私营企业工程师,新闻出版业的就业人数占全国的 50%;巴黎是法国的总部经济集聚区,集聚了法国 96% 的银行总部、70% 的保险公司总部和 400 多家的国际组织,在法国注册超过 500 人以上的大公司中有 67% 将总部设在巴黎大区。同时,巴黎大区的农业在法国也占有重要地位,是法国第三大玉米产区和水果、蔬菜、鲜花的主要产区,全区总产值占全国的 27.2%,外贸进、出口额分别占全国的 1/4 和 1/5。

从产业结构与布局情况看,战后巴黎大区的工业得以迅速发展,工业

和人口的高度集中，使巴黎大区的地价大幅度上涨，达到中等城市的 10
至 15 倍，导致居住和办公成本急剧上升，同时城市环境污染问题日益严
重，地区间经济差距也逐渐拉大。为了改变这种局面，从 20 世纪 60 年代
开始，法国政府在巴黎地区实施了"工业分散"政策，严格限制中心区
的工业增长，迫使工业从中心城区向郊区梯度转移。同时，巴黎还致力于
加强高端服务业的发展。2003 年巴黎大区第三产业占绝对优势，工业发
展的方向也主要为现代新型工业，如电器、计算机、电子等高科技工业。
从产业的分布特征看，核心区巴黎市高度集聚的是金融保险业及出版印刷
业；内环（距离核心区 3 公里）集聚的是政府、教育部门及服装业；外
环（距离核心区 5 公里）集聚的是企业服务业、商业以及化工、汽车、
电子、航空等制造业。在产业分布来看，从市区西郊至西部形成一个工业
轴心，其两侧组成西北—东南向的工业带。

　　因此，上海、杭州、南京等长三角中心城市不应狭隘地出于保护地方
GDP、财政收入和就业目标的目的，人为阻止较低端产业自然转移和扩
散，而应以优化中心城市产业的空间结构为主要目标。

3. 完善交通规划，为产业和人口均衡布局提供便利条件

　　发达的交通网络是推动城市群快速稳定发展不可或缺的中枢神经
系统。如伦敦城市群采取轨道交通和高速公路并重的模式。大伦敦区
轨道交通线路总长 3500 公里，其中郊区铁路长 2300 公里；同时建有 9
条从伦敦出发的放射状高速公路和 1 条环形高速公路，形成了"一环
九射"的高速公路网。巴黎大区的水、陆、空交通发达，是欧洲的交
通枢纽：巴黎港是法国第一大内河港，还有 3 个大型国际机场和 11 个
小型机场；地铁有 14 条主线和 25 条支线，平均每 500 米设一个地铁
站，总长 212 公里，合计 303 个车站（387 个站厅）和 62 个交会站。
四通八达的地铁加上 5 条放射状的郊区快速火车网线，形成了今天的
巴黎大区交通网络的主体。2010 年，巴黎大区的客流量达 15.06 亿，
居世界第九位。

　　长三角的经济地理区位可与世界五大都市圈相媲美，而且环顾世界，
像长三角这样有利于大都市圈发育和成长的地域并不多见。因此，长三角
具备成为最具增长潜力的后发型世界第六大都市圈的潜质。早在 1976 年，
创立"大都市圈"理论的法国地理学家戈特曼就认为，上海及其周边地
区即长江三角洲地区，已经成为世界"第六大都市圈"。发达的交通网络
无疑是城市群快速发展的重要因素。当前，规模浩大的交通基础设施建设

使长三角城市群内各城市的通达程度显著提高，但由于缺乏从长三角一体化的宏观高度进行的规划，导致城市群内便捷高效的多元式交通换乘联运系统还不完善，一定程度上制约了人员、产业等要素的流动，经济效益和社会效益没有得到充分的发挥。随着长江经济带建设提上国家层面的议事日程，环上海的长三角城市群基础设施建设将成为长江经济带建设的重要内容。对此，长三角城市群急需对中心城市与次核心城市进行功能定位和分工，联合开发城际高速铁路走廊，建成大容量、便捷、快速的综合交通系统，并在此基础上形成以发挥核心功能为前提的区域分工合作关系，推进长三角城市群协同发展。

（二）利用高铁机遇，推进长三角区域同城化、一体化

"同城化"是城市群或都市圈形成、发展的中间过程。伴随着城市间交通的便捷化和时空距离的不断缩短，各个城市的行政边界趋于模糊，城市的基础设施和服务功能越来越多地被其他城市共享，人流、物流、信息流和商务流逐渐突破传统的行政区域界限，在更广的城市群区域内流动、配置，从而形成紧密联系、共存共生的城市群或大都市圈经济体。"同城化"的本质是相近的城市在经济、社会、环境、空间等方面协同发展、共同构建大都市区的过程。但"同城化"并不等同于"同一化"，不是单个城市简单地规模扩张，而是形成辐射力、协同力与竞争力越来越强的板块经济。

交通出行的同城化是最典型的"同城化"表现特征。长三角地区独特的地理环境以及交叉密集而又便利的水陆交通网和港口群，使得长三角对全国经济的辐射范围非常广泛，影响能力非常巨大。再加上近年来随着高密度高速公路网的建成、铁路大提速和动车组的开通，长三角地区城市间的时空距离已经大大缩短，主要城市间已由 3 小时交通圈演变成 1~2 小时交通圈，甚至半小时交通圈。城市间的交通出行如同居住在同一座城市内，日常流动性人群流量激增、流速加快。按照规划，到 2020 年，嘉定、松江、临港这三个重点新城的人口集聚规模都应达到 80 万~100 万。然而高铁站点与地区交通网络以及城镇空间布局之间的衔接不好，导致这三个重点新城人口集聚速度比较缓慢。再加上南翔、安亭等上海郊区高速车站停靠车次较少，使高铁无法成为市内通勤的交通工具，上海郊区与中心城区和周边主要城市的联系强度也未能借助高铁机遇获得改善。与此相反，沪宁、沪杭、宁杭等高速铁路增强了这些沿线城市与上海中心城区的

"同城化"程度。从中心城市上海对长三角地区的辐射看，上海这一增长极的影响力主要是沿着铁路干线扩散的，特别是沪宁、沪杭铁路，这些交通干线相继成为城市密集带以及产业集中带和生产力发展的主轴线。目前已形成了沪宁、沪杭甬铁路沿线产业轴、苏南临江产业轴和苏北沿江产业轴，这些产业轴线成为经济的扩散轴线，而沿江扩散轴和沿海扩散轴成为次一级的扩散轴。

1. 建设长三角交通枢纽服务的硬件平台

上海虹桥商务区依托虹桥综合交通枢纽而设，集民用航空、高速铁路、城际铁路、高速公路、磁悬浮、地铁、地面公交、出租汽车八种交通方式于一体，可实现跨区域、大范围的人流、物流快速集散，是长三角区域一体化建设中重要的枢纽服务平台，是中国内地乃至世界上最大的综合交通枢纽之一，还是连接长三角与国际市场的桥头堡。早在2011年，国家有关部门和泛长三角有关各方就在上海达成了《虹桥综合交通枢纽与长三角联动发展共识》，提出虹桥综合交通枢纽的作用不仅体现在促进长三角内部整合、优化产业布局、使长三角成为提升国家竞争力的战略平台等方面，也体现在完善产业链、促进产业升级、提升长三角的国际市场话语权等方面。

借助虹桥连接国际、国内市场的独特区位优势和综合交通换乘联运的成本便利优势，虹桥商务区未来将形成以总部经济为核心，以高端商务、商贸和现代物流为重点，以会展、商业等为特色，其他配套服务业协调发展的现代服务产业格局，建成上海现代服务业的集聚区、上海国际贸易中心建设的新平台及面向国内外企业总部和贸易机构的汇集地，成为服务长三角地区、服务长江流域、服务全国的高端商务中心。

国际上也有类似的成功案例。法国里尔站位于城市北部老火车站附近，开发建设了包括商务中心（20万平方米）、会议中心（每年接待100万人）、住宅（2000套）、商业中心（1200平方米的家乐福及120家特色商店）、停车场（6000车位）、学校、公园（大于8平方公里）等场所的城市综合体，总投资达15亿欧元。里尔站的建设加强了里尔在区域中的地位：从里尔到巴黎只需1小时，到伦敦需2小时，到布鲁塞尔只需38分钟。"欧洲里尔"项目的开发，将交通中心成功地转化为经济活动的中心，确立了里尔国际化都市的地位；高速铁路便捷的交通条件及其带来的巨大人流，为城市产业的转型和旅游业等第三产业的发展提供了良好的条件。在旅游业的带动下，里尔正在从传统工业向计算机、食品、快速邮政等产业转型。里尔还在 2004 年被确定为"欧洲文化之都",昔日衰落的工业城市已重新崛起。同样,目前虹桥枢纽也已经成为长三角城市群走向全球的门户。

2. 推进长三角产业一体化

目前长三角一体化建设集中在沪宁带、沪杭带、宁杭带,以及与沪宁带平行的沿江经济带的发展上,这些核心区域的一体化进程,大大增加了对相邻地区的辐射与带动。随着高铁网络的互联互通,分工协作的重要性日益显著。然而,产业同构现象在长三角也非常显著。原因来自以下两方面。

(1)上海周边城市和地区接受国际辐射的力度在增强,而接受上海辐射的力度在减弱。因此,上海同周边城市之间昔日的梯度效应正在减弱,产业梯度形成的基础也在弱化,从而使产业梯度转移的现实性在短时期内更加难以显现,特别是在第二产业方面。由此来看,长三角产业共同发展可借助于跨国公司大举进入本区域而形成的经济互动发展的催化作用,从过去的产业梯度转移演化为以产业链为特征的经济合作。

(2)受政府行政干预而产生的产业同构仍十分明显,这是需要考虑的问题。受行政壁垒的影响,长三角各城市为了自身的眼前利益,均向高产值、高利润、投产快、见效快的产业投资,致使长三角存在着产业结构的同构现象。从本书第五章第四部分分析的结论来看,长三角地区在"信息传输、计算机服务和软件业"、"金融业"、"卫生、社会保障和社会福利业"、"文化、体育和娱乐业"方面的差异几乎处于 0.02 以下,说明这些行业结构同构性较高。"批发和零售业"方面,江苏—浙江、江苏—安徽地区间的产业结构较相似。"房地产业"方面,有显著差异的是上海—江苏、上海—浙江、上海—安徽,这些地区间的差异相同,都是 0.02。而浙江—安徽及江苏—安徽之间的差异程度更是微弱,几乎为 0,这说明三个省具有基本相同的产业结构。在某些情况下,相同的产业结构有利于产业分工精细化,如在充分竞争的市场条件下,靠经济规律内在作用形成的产业同构可以使某些产业在区域内集聚,既可能导致产业内部分工的日益细化,促进产业内部跨行政区贸易,又会导致产业链的不断延伸,促进跨行政区的产业集聚。以长三角内化学纤维工业的发展现状为例,目前中国的化学纤维工业的 50% 集中在上海及两翼 300 公里以内。如果从行政区划的角度将行政区作为独立的经济体进行产业结构分析,相关地区化学纤维工业方面高度趋同。但从行业布局的角度分析,则可以认为上海辐射

300 公里的地区是我国化学纤维产业高度集聚的区域。因此可以肯定的是，在这样条件下，产业趋同具有一定积极意义。但并非在充分市场竞争的条件下自然形成而只是在短期利益的驱使下形成的产业同构，则可能贻害无穷。浙江与江苏的产业结构高度趋同，造成投资和生产分散，重复建设导致资源的浪费，各地区不能发挥比较优势，降低了整体经济效益。目前长三角经济总量不断扩大的同时，增速却出现了不同程度的回落，总体上与宏观调控、行业环境、原材料、用工等成本增加有关，但根本原因在于经济增长方式没能有效转变、技术投入低、创新步伐慢，产品结构转换和升级滞后。

我们可以借鉴国外都市圈管理的成功经验，根据长三角区域经济一体化发展的实际，探索多形式、多层面的合作模式，建立法制化的区域协商机制、发展调控机制和利益整合机制，重点强调不同等级城市现代服务业和先进制造业细分市场的定位，通过差异分工和区域合作，深化每个城市产业的重点领域，发展有特色的城市产业。同时，通过高铁效应的带动，形成各次级都市圈的特色，如上海逐步形成为制造业总部服务的知识型产业体系，苏州、无锡、常州等城市形成完善的先进制造业产业体系，杭州形成以现代商务休闲、观光旅游、文化创意等产业为核心的高附加值产业体系，南京形成以通信设备计算机及其他电子设备制造业、通用专用设备制造业、电器机械及器材制造业和石油加工、炼焦及核燃料加工业为核心的工业产业体系，宁波形成以现代物流商贸和电子商务为核心的商贸产业体系，等等。

比起其他行业，高铁对旅游业的直接作用更明显。高铁使长三角跨省旅游变为感知上的短线游，旅游者的结构会进一步改变，各种自助游将成为主流，商务游、周末游将成为常态，高端游客也将增多。高效率的现代旅游带来激烈的竞争会淘汰大批雷同、毫无特色的景区，而凸显出一些特色鲜明的旅游资源。长三角应加强旅游业的区域合作，形成长三角高铁旅游指南，引导旅游消费。同时，提高高铁所到城市的接待能力，建立旅游集团化电子网络系统，注重旅游接待餐厅、宾馆的品牌建设，使长三角区域内各景区形成互惠共赢的利益联合体。

总体而言，长三角城市经济圈建设的成功与否取决于能否使江、浙、沪、皖各主要城市形成发展整体，合力推进区域经济的发展。因此，打破长三角各城市间的行政分割，建立各城市间的联席制度，创新合作机制，积极探索跨行政区的区域统筹管理机制，促进形成长三角地区经济发展合力，具有很强的必要性。

3. 确立上海现代服务业在长三角及全球的中心地位

在高铁推动长三角经济社会一体化进程中，作为核心城市的上海需重新定位城市发展功能。这是由于在以上海为中心的核心都市圈与以南京为中心的苏南次级都市圈、以杭州为中心环杭州湾次级都市圈之间存在着一种圈内集聚、圈外离散的倾向，而高铁加速了这种倾向。如苏南都市圈和环杭州湾都市圈既相融于上海核心都市圈，又具有相对独立的特色产业和物流体系的支撑，形成了两个开放式的、具有比较完整城市体系和较强城市功能的周边都市圈。就产业和物流来看，典型的如苏南地区电子信息产业，以外资为纽带直接与境外形成密切联系，因此虽然苏南地区曾是在接受上海辐射而发展起来的，但目前相当一部分产业与上海关系并不密切。苏南都市圈的空间发展目标就是以南京为核心、以"1 小时单程出行时间"为标准建设都市圈网络，提升南京中心城市地位，强化圈内经济的联系与协作，加快苏南都市圈内各城市的现代化进程。又如环杭州湾一带的皮革、纺织、服装、木业、建材、原子笔、电器等产业群，都与整个中国经济乃至世界经济有密切联系，而绝不仅仅局限于与某一特定城市保持特别密切的关系。环杭州湾产业带的人流、物流主要集中在杭州湾—钱塘江以北地区，以上海为中心；而杭州湾—钱塘江以南地区，物流以宁波港为中心，人流则逐渐将以萧山国际机场为中心，这就在产业和物流上形成一个相对独立性较强的体系。

除此以外，基础设施建设和产业配置方面的空间离散倾向也十分明显。首先，浙江准备在未来 7 年投资 600 亿元构建一个"4 小时交通圈"，苏南和浙北也已通过苏嘉杭高速公路相连通，这样江浙两省在陆路上就绕开上海形成了一体化网络。其次，宁波港和南通港正在投资扩建，并打算成为副中心港，张家港、常熟港、太仓港三港合一的苏州港也希望成为上海航运中心的一个组成部分——配套港。在货运量增长的既定情况下，货柜的分散在成本与服务的作用下必然成为可能。再次，物流业已成为各城市争夺的对象，如苏南将以高新技术开发区和大型商贸市场为依托，建设苏州、无锡、常熟、吴江、南京五大专业物流中心，这在一定程度上会使大量的物流从上海撤离出去。

因此，上海需发展高端服务业。国际化大都市经济增长的 80% 以上来自于服务业，其中服务业的 60% 以上又来自于金融、电信、设计、咨询等各类高端服务业。高端服务业具有较高的开放性和国际化程度，因而往往能够在全球范围内集聚资源和辐射能量。比如，纽约作为国际金融中心，其衍生工具成交量、外汇交易量、外国债券发行量分别占全球的14%、16%和34%，成为名副其实的全球金融"心脏"。与之相比，上海第三产业总量虽然不断增加，但产业结构高度化发展相对滞后；传统商贸、餐饮等服务业发展基础较好，而金融、航运、信息服务、现代物流、旅游、中介服务业及文化、教育、医疗等高端服务业仍具有较大的成长空间；服务业集中在产业链中下游，向中上游延伸能力不强，产业渗透性不强。那么，上海如何发展现代服务业？应在以下几个方面做出调整。

（1）引领实力打造方面，强化世博园区总部基地、浦东金融城、迪士尼旅游集聚地、临港现代装备基地以及中国（上海）国家级自贸区建设对虹桥商务区的支撑和联动，以上海现代服务业发展的整体实力引领长三角和京沪高铁沿线现代服务业发展。虹桥商务区自身应着重发展会计、法律、中介、物流、国际医疗等高端服务业。同时，通过地铁、磁悬浮、高架快速路等便利的市内交通线路以及现代化信息通信手段，使这些现代服务业高地与虹桥商务枢纽进行有效衔接，以便现代服务业的集聚辐射能量可以通过虹桥商务枢纽便捷地传导到长三角和京沪高铁沿线。

（2）游戏规则制定方面，上海可以发挥现代服务业整体优势，牵头组织长三角高铁沿线省市向中央申请成立国家级"京沪高铁沿线现代服务业集聚带"综合试验区，并通过主持规划方案制定等措施使游戏规则对自己更加有利。上海可以将长三角内部现有的省市间区域合作协商机制沿京沪高铁进行拓展，在沿线省市形成有力的领导协调和执行机制，统筹各站点城市高铁综合枢纽、高铁新城、高铁新区建设，形成发挥各地优势、实现错位发展的高层次现代服务业竞争格局，最终打造一个连接上海和北京这两个中国的现代服务业桥头堡、贯穿中国东部众多城市的世界级现代服务业集聚带和现代服务业走廊，将上海现代服务业的辐射集聚腹地从长三角地区进一步拓展到整个中国东部。

（3）内力升级方面，促进上海有条件的企业集团转型，加快把服务业从制造业中分离出来，积极培育高端服务业市场主体，支持上海高端服务企业在国内其他城市和地区设立分支机构，鼓励以市场化方式跨地区、跨行业兼并重组，支持符合条件的企业到海内外资本市场上市融资，积极培育一批功能强大、辐射面广、特色鲜明的高端服务企业集团。

（4）吸收外援方面，大力吸引国际高端服务类跨国企业在上海市设立地区总部和分支机构，鼓励和引导国内外高端服务企业通过合资合作、战略联盟、业务协作等多种形式实现优势互补，全面提升上海高端服务业发展水平。同时，通过中央政府、国内外企业以及服务供应商之间的通力合作构建相应的生态系统，将上海打造成为面向跨国企业的全球服务和研发交付体系中的重要一环。在三至五个新兴领域建立先发优势，成为引领全国和世界的典范。从寻找跨国公司合作到通过整合行业内多家小规模企业进行国内行业联合，利用合作、联盟和并购快速形成规模，为高附加值现代服务业提供支持并使其获得全球化能力。

4. 加强长三角区域一体化体制支撑

长三角区域制度合作是区域一体化的核心。目前阻碍长三角区域生产力发展的关键因素是体制与机制的滞后。随着长三角地区合作发展的深入，新的矛盾和问题接踵而至。区域内各城市的定位与分工、区域整合优势发挥、产业同构、市场分割、生产要素自由流动、资源合理配置、基础设施衔接、环境保护、人口综合管理等，这些重大问题不是仅仅在要素合作的层面能够顺利解决的，也不是在企业主体层面上能够运作的，它们需要在政府层面来共同协调解决、制度合作的重大问题。虽然政府一直致力于解决这些问题，但收效甚微。比如高速公路的收费仍各自为政，区内货物的联运机制尚未建立，异地融资机制还不便捷，信息的互换仍不畅通等。虽然已经建立了市长联席会议制度，成立了具体的办事机构——协作办等，但在长三角各城市都以自身为主来确定发展目标的情况下，市长联席会议只停留在对话层面，无法建立一个具有跨界功能和操作手段的权威机构。为了长三角区域生产力的发展，就必须从体制与机制上取得重大突破。

（1）建设长三角一体化合作制度平台。推动长三角和京沪高铁沿线省市在流动人口管理服务、医疗、社保一体化等方面进行先行先试，以制度一体化为体制支撑平台。随着高铁沿线大城市与中小城市间人员双向流动加剧，建立统一的民生保障体系已成为经济持续、稳定发展的必需条件，社保、公共治安等方面的对接将为沿线产业升级提供人员保障。应打破行政区划界限，加快上海城市群、南京城市群、杭甬城市群、苏北城市群、山东城市群、京津冀城市群的合作，在交通"无缝衔接"、产业对接、创新平台共享等方面首先突破；同时应加强主要城市群与次级城市群之间的制度协调，在用工制度、税收制度、征信制度等方面争取实现突破，全面提升长江三角洲地区和京沪高铁沿线地区整体竞争力。随着产业合作的日趋紧密，一个共防共治的环保体制也亟待建立。同时，要打破行政区域限制和垄断，使区域内的各类市场主体能够平等地进入市场并获取各类资源要素，实现各种要素在区域内无差别流动。

（2）推进市场一体化合作。制度环境建设对长三角区域内的资源合理利用发挥着重要作用。由于各城市着重保护和发展本地经济，制度合作发展缓慢，目前长三角各种市场都呈现出很强的本地特色和相互分割的特征。对此，2014年12月，沪、浙、苏、皖商务部门签署了《推进长三角区域市场一体化发展合作协议》，将制度合作又一次向前推进。这个合作协议希望在规则体系共建、创新模式共推、市场监管共治、流通设施互联、市场信息互通、信用体系互认等方面打造长三角市场一体化。围绕规则体系共建，三省一市将结合上海、南京率先开展国内贸易流通体制改革和发展的综合试点成果，打破条块分割的政策和体制障碍，加快探索建立统一的区域市场规则体系；共同研究制定适应技术创新与商业模式创新要求的准入制度，健全市场化退出机制；率先推进实施市场流通领域的国家、行业和地方标准，加强标准与产业政策、市场准入、监督管理等的有效衔接；继续清理市场经济活动中含有地区封锁内容、妨碍公平竞争的规定及各类优惠政策，促进规则透明、竞争有序。三省一市还将推动长三角区域流通企业信用信息系统的互联互通，实现三省一市流通企业的行政许可、资质认定、行政处罚、法院判决裁定等信息共享，逐步开展企业信用分类管理；加快建立长三角区域质量检测、认证等互认信用体系；引导商圈或平台型企业，建立对入驻商户和上下游企业的信用评价机制，发布失信企业"黑名单"和诚信企业"红名单"。

（3）实现区域社会保障制度合作。发达的交通网络使整个长三角的交通越来越便捷，加速了人流、物流、资金流、技术流和信息流的流动，进而产生辐射力、能量和势能；尤其是人口流动会随着交通、经济、就业的推力得到加快，而这不仅是一般意义上普通劳动者的流动，而是生产者、智慧创造者、管理者和消费者的流动。对此，应构建域人口政府高层协商机制，将人口管理纳入城市政府区域间合作的领域，加强对人口政策协调、规划协调以及重大问题如流动人口的就业、社会保障、购房、入籍、子女入学、独生子女家庭奖励、补偿、救助等具体事项的政府间磋商。

首先，在社会政策方面，区域内各省（市）的税收制度、收益分配制度、社会保障体系、户籍管理方式等存在着很大差异，消除这方面的差异才能促进资本的无障碍流通。其次，在社会保障体系方面，要扩大长三角各省市间社会保险结算、接续的广度和深度。当前，重点是要扩大"医保异地结算"的覆盖面，方便长三角地区异地居住人群的医保费报销；同时要积极推进异地就业人员的社会保险费接续工作，健全体系，方便转移；要针对异地就业人员设计一套专门的配套政策，探讨建立户籍地、就业地、异地就业者三方共赢的社会保险费缴纳机制和社会福利分享机制。对于人才的社会保障，可以在长三角区域内建立统一的养老保险、公费医疗资金账户，使人才可以在本地区自由流动。再次，在教育方面，要打破地区间的户籍壁垒，使本地区流动人口子女教育问题得以解决。

笔者建议构建长三角区域人力资源市场配置机制。把促进就业保障一体化发展列为长三角地区一体化发展的重要任务。要认真研究长三角地区"同城化"效应对就业发展的影响，并在就业保障领域一体化方面争取更多的突破，为就业一体化和劳动力市场一体化奠定制度性基础。对越来越多的居住、就业两地分离现象，要加大力度突破地区分割的民生保障体制、机制，除了在医疗费结算、保险费转移等方面需要实现更多的连接、对接外，还要逐步统一长三角区域人才市场的准入标准、设立程序、运营规则，共同构建区域内人才公平竞争的人才法制环境和人才生态环境，推进资格证书的互认和衔接，把就业扶持、退休待遇、公共福利设施建设等纳入到一体化发展的盘子中，实现人才教育、培训、考试资源的互通和共享，最终形成统一的公共人事服务体系。

（4）加强交通信息合作。高铁沿线省市应加速以高速铁路为代表的城际交通建设运营，实现区域交通网络全覆盖，推动高铁沿线地区交通同城化。长三角和京沪高铁沿线地区应创建区域信息同城化、一体化标准，共享信息基础设施，推进同城对接、协同的信息运营和监管机制，促进信息基础设施和区域信息体制的一体化发展，最终实现长三角区域和京沪高铁沿线地区信息社会同城化的升级。

（5）促进环境保护合作。人口过于集中、交通拥挤、生态环境恶化成为每一个城市群及单体城市面临的严峻问题。世界最著名的城市群之一，北美五大湖区（苏必利尔湖、密歇根湖、休伦湖、伊利湖和安大略湖）联盟内部并非没有利益冲突，它们能团结起来原因很多：恶性竞争最终可能让它们五败俱伤，现代工业污染和气候变化对五大湖地区水资源带来威胁，来自世界范围内的城市竞争如"达摩克利斯之剑"高悬，等等。经过多年发展，五大湖联盟已经成长为一个跨国界城市组织，拥有美国、加拿大两国近 50 座城市为其正式成员，其中大型城市包括芝加哥、多伦多、魁北克和蒙特利尔。再如日本为了根除太平洋沿岸的严重环境污染，重新调整了工业布局，将一些大型工业基地转迁至东北、西北地区，促进了新的大规模城市发展。长三角城市群各城市之间应加强环保合作，重点对长三角地区水系利用与保护、大气和固体废物综合利用、土地资源开发与土地指标配置、基本农田保护、海洋资源深度开发利用和保护、海洋工程规划与建设等进行制度协调，避免出现诸如"万头死猪顺黄浦江漂流"的尴尬局面再次发生。同时江、浙、沪、皖应合力强化太湖、淀山湖等的保护治理，共同营造良好的城市群生产、生活环境。

5. 建立城市战略合作协调机制

信任是城市合作成功和稳定发展的关键因素，而创造信任的有效手段就是确保合作各方的沟通和协调。战略合作城市之间应建立一套有效的跨省域、多层次统一协调机制。通过成立城市战略合作协调组、建立首长协调工作机制及部门衔接落实制度、召开论坛或峰会、鼓励建立各类半官方和民间的跨地区组织等多种形式的战略合作协调机制，协调解决各城市基础设施建设、公共事业发展、产业分工协作、社会保障、生态环境治理等方面问题。同时需要建立跨区域城市协调发展利益分享和补偿机制，便于项目建设和产业转移。投资活动应采取联合共建、股份化运作等方式进行利益分成或共享。对于生态环境治理、公共事业发展、社会保障等建立城市间补偿制度和城市协调发展专项资金，以便对城市间协调发展过程中产生的利益损失及时予以补偿。

六 本章小结

本章立足于和谐、高效的建设目标，同时借鉴国内外的既有成果与成功经验，实现从高铁枢纽站点的建设延展到高铁站点城市、城市群的发展，从高铁运营管理创新、高铁信息化服务管理创新、票价制定、规划设计、社会空间极化的预防、城市间合作、城市群高铁网络等方面来积极探讨流动人口服务与空间分布的改善策略。在高铁站点处理能力提升方面，建议考虑设站区位、综合接驳能力、车站布局紧凑度、人性化的交通指示系统、便民维护治安等一系列措施。在高铁运营管理方面，要认清高铁到底是为哪类人服务，需打破旧有的排图思路，重新排定运行图，同时提升中转服务质量。票价制定方面，建议票价的制定以及调整要保证在乘客的经济承受能力范围之内进行，并随着人们经济收入的增加合理地调整高铁票价；票价体系应采取丰富灵活的多种营销策略，效仿外国高铁票价的打折机制。在社会空间极化的预防方面，应在站点周围建设混合型社区，并建立公众参与机制、保持适宜的公共空间尺度。在高铁网络城市群产业分工合作方面，应借鉴世界五大城市群的经验，利用高铁网络发展机遇，推进产业优化升级，推动同城化效应，加强一体化体制支撑，建立城市战略合作协调机制。

参考文献

1. Alain Bourdin，2005，《城市交通换乘中心的城市功能与管理方法》，《国外城市规划》第3期。

2. H．钱纳里等，1995，《工业化和经济增长的比较研究》，吴奇、王松宝等译，三联书店。

3. 阿尔弗雷德·韦伯，1997，《工业区位论》，李刚剑、陈志人、张英保译，商务印书馆。

4. 阿兰·兰德尔，1989，《资源经济学》，施以正译，商务印书馆。

5. 阿瑟·奥沙利文，2005，《城市经济学》（第四版），苏晓燕、常荆沙、朱雅丽等译，中信出版社。

6. 安徽省统计局、国家统计局江苏调查总队编，2006~2012，《安徽省统计年鉴》，中国统计出版社。

7. 奥格斯特·勒施，1995，《经济空间秩序》，王守礼译，商务印书馆。

8. 八田诚，2006，《社会生活基本调查（日本总务省）调查资料》，http：//www.stat.go.jp/

9. 巴顿，1984，《城市经济学：理论和政策》，上海社会科学院部门经济研究所城市经济研究室译，商务印书馆。

10. 包亚明，2003，《现代性与空间生产》，上海教育出版社。

11. 保罗·克鲁格曼，2000，《发展、地理学与经济理论》，蔡荣译，北京大学出版社、中国人民大学出版社。

12. 鲍辉，2010，《中国四大经济区经济差异分析——基于泰尔指数的分解分析》，《中国发展》第4期。

13. 北京市地方志编撰委员会，2004，《北京志·市政卷·铁路运输志》，北京出版社。

14. 彼得·尼克莱森，2001，《杰弗逊》，张宇辉、周泓景译，河北教育出版社。

15. 边经卫，2006，《大城市空间发展与轨道交通》，中国建筑工业出版社。

16. 财团法人地域流通经济研究所，2007，《九州新干线全线开通的影响调查》。

17. 蔡昉、王德文、都阳，2001，《劳动力市场扭曲对区域差距的影响》，《中国社会科学》第2期。

18. 蔡翼飞、张车伟，2012，《地区差距的新视角：人口与产业分布不匹配研究》，《中国工业经济》第5期。

19. 曹炳坤，2006，《21世纪是高速铁路世纪》，《交通与运输》第6期。

20. 陈春阳、孙海林、李学伟，2005，《客运专线运营对区域经济的影响》，《北京交通大学学报》第4期。

21. 陈春益等，1995，《参照都市计划制度建立都市地区交通计划体制之研究》，"行政院"经济建设委员会。

22. 陈大伟，2006，《大城市对外客运枢纽规划与设计理论研究》，东南大学博士学位论文。

23. 陈焕江，2001，《公路客运站布局和选址方法的研究》，《公路交通科技》第3期。

24. 陈建华，2009，《蔓延与极化：中国国际化城市空间发展趋向批判》，《学术月刊》第4期。

25. 陈建华、谢媛，2007，《服务业发展与国际化城市空间极化——以上海市为例》，《上海经济研究》第10期。

26. 陈颖雪、吴兵、李林波、刘志刚，2012，《长江三角洲地区城市群旅客出行特征调查研究》，《中国铁路》第7期。

27. 陈有孝、林晓言，2005，《铁路大长干线对沿线城市发展的影响研究》，《开发研究》第4期。

28. 陈篡，2007，《以北京西站为例的大型铁路客运站发展研究》，北京工业大学硕士学位论文。

29. 程世东，2009，《关于交通运输资源优化配置的构想》，《综合运输》第6期。

30. 《大虹桥建商贸"新天地"打造西上海文娱活动新地标》，东方网，http://xwwb.eastday.com/x/20110630/u1a896520.html，2011年6月

30 日。

31. 戴帅、程颖、盛志前，2011，《高铁时代的城市交通规划》，中国建筑工业出版社。

32. 丁成日，2008，《城市经济与城市政策》，商务印书馆。

33. 丁琪琳、荣朝和，2006，《交通区位思想评介及交通区位论的新进展》，《综合运输》第 5 期。

34. 丁若亭，2006，《柏林中央火车站：欧洲铁路交通的心脏》，《旅游时代》第 10 期。

35. 窦迪，2012，《城市高铁客运站周边区域开发策略研究》，上海交通大学硕士学位论文。

36. 段进、比尔·希列尔，2007，《空间句法与城市规划》，东南大学出版社。

37. 段进，2009，《国家大型基础设施建设与城市空间发展应对——以高铁与城际综合交通枢纽为例》，《城市规划学刊》第 1 期。

38. 顿小红，2007，《从世界高速铁路发展看我国高速铁路建设》，《现代商贸工业》第 6 期。

39. 范红忠、李国平，2003，《资本与人口流动及其外部性与地区经济差异》，《世界经济》第 10 期。

40. 范剑勇，2004，《市场一体化、地区专业化与产业集聚趋势》，《中国社会科学》第 6 期。

41. 范剑勇、王立军、沈林洁，2004，《产业集聚与农村劳动力跨区域流动》，《管理世界》第 4 期。

42. 方亚玲，2009，《客运专线引入枢纽相关问题研究》，西南交通大学硕士学位论文。

43. 费洪平，1994，《产业带边界划分的理论与方法——胶济沿线产业带实例分析》，《地理学报》第 3 期。

44. 冯云廷主编，2005，《城市经济学》，东北财经大学出版社。

45. 复旦大学课题组，2013，《长三角地区人口迁移流动的态势和完善城市群社会管理研究》，http://www.shedunews.com/zixun/shanghai/gaodeng/2013/04/08/505005.html，4 月 8 日。

46. 高柏，2012，《高铁与中国 21 世纪大战略》，社会科学文献出版社。

47. 高进田，2007，《区位的经济学分析》，上海人民出版社。

48. 高学东、李宗元，1994，《物流配送中心选址模型及一种启发式算法》,《运筹与管理》第 21 期。

49. 葛宝琴,2010,《城市化、集聚增长与中国区域经济协调发展》,浙江大学博士学位论文。

50. 龚六堂、谢丹阳,2004,《我国省份之间的要素流动和边际生产率的差异分析》,《经济研究》,第 1 期。

51. 顾朝林、C. 克斯特洛德,1997,《北京社会空间极化与空间分异研究》,《地理学报》第 5 期。

52. 顾朝林、甄峰、张京祥,2000,《集聚与扩散——城市空间结构新论》,东南大学出版社。

53. 顾朝林,1999,《经济全球化与中国城市发展——跨世纪中国城市发展战略研究》,商务印书馆。

54. 官莹、黄瑛,2004,《轨道交通对城市空间形态的影响》,《城市问题》第 1 期。

55. 管驰明、崔功豪,2006,《城市新商业空间的区位和类型探析》,《城市问题》第 9 期。

56. 管楚度,2000,《交通区位论及其应用》,人民交通出版社。

57. 管楚度,2002《新视域运输经济学》,人民交通出版社。

58. 广州市城市规划勘测设计研究院,2005,《广州铁路新客站地区规划》。

59. 郭鸿涛等,2002,《城市空间经济学》,经济科学出版社。

60. 郭华、马燕,2005,《基于我国城市群交通结构特征的城市铁路发展策略》,《交通标准化》第 21 期。

61. 郭雪萌,2006,《京沪高速铁路建设对我国经济发展的影响》,《交通发展》第 9 期。

62. 郭志勇、顾保南、冯黎,2007,《柏林市亚历山大广场枢纽站剖析》,《城市轨道交通研究》第 6 期。

63. 国家统计局城市社会经济调查司,2005~2010,《中国城市统计年鉴》,中国统计出版社。

64. 过秀成、吕慎,2001,《大城市快速轨道交通线网空间布局》,《城市发展研究》第 1 期。

65. 郝之颖,2008,《高速铁路站场地区空间规划》,《城市交通》第 5 期。

66. 韩俊平、王雪飞,2007,《铁路客运交通枢纽的布局研究》,《山西建筑》第 4 期。

67. 韩增林、杨荫凯、张文尝、尤飞，2000，《交通经济带的基础理论及其生命周期模式研究》，《地理科学》第 4 期。

68. 何莉，2005，《上海中心城区道路与铁路交叉口的建设规划研究》，《上海建设科技》第 4 期。

69. 侯明明，2008，《高铁影响下的综合交通枢纽建设与地区发展研究》，同济大学硕士学位论文。

70. 胡刚、王淑琴、李铁柱、朱中，2002，《针对第三方物流企业的物流配送中心选址模型研究》，《公路交通科技》第 6 期。

71. 胡列格、刘中、杨明，2003，《交通枢纽与港站》，人民交通出版社。

72. 胡思继，2005，《综合运输工程学》，清华大学出版社、北京交通大学出版社。

73. 胡天军、申金升，1999，《京沪高速铁路对沿线经济发展的影响分析》，《经济地理》第 5 期。

74. 胡欣欣、姚建莉、王海平，2013，《长三角核心城市实现全高铁链接，沪宁杭"金三角"格局形成》，http://business.sohu.com/20130702/n380394690.shtml，7 月 2 日。

75. 胡叶平、张超，2002，《京沪高速铁路潜在市场的调查与分析》，《铁路运输与经济》第 4 期。

76. 黄健中，2006，《特大城市用地发展与客运交通模式》，中国建筑工业出版社。

77. 黄亚平，2002，《城市空间理论与空间分析》，东南大学出版社。

78. 黄志刚，2010，《论大型铁路客站对交通资源的整合作用》，北京交通大学博士学位论文。

79. 纪立虎、杨文耀、倪嘉，2008，《空间和谐——上海虹桥综合交通枢纽规划设计简介》，《理想空间》第 4 期。

80. 贾俊峰、胡珠寿，2005，《柏林市城市轨道交通枢纽新车站》，《世界轨道交通》第 8 期。

81. 江曼琦，2001，《城市空间结构优化的经济分析》，人民出版社。

82. 江苏省统计局、国家统计局江苏调查总队编，2006~2012，《江苏省年鉴》，中国统计出版社。

83. 姜帆，2002，《城市大型客运交通枢纽规划理论与方法的研究》，北京交通大学博士学位论文。

84. 姜人立、杜文，1998，《易腐物品物流配送中心选址的遗传算法》，

《西南交通大学学报》第 4 期。

85. 蒋丽丰，2009，《城市空间发展与公路客运枢纽布局的研究》，西南交通大学硕士学位论文。

86. 蒋睿，2010，《动车没了，南站瞬间冷清不少》，http：//www. dfdaily. com/html/3/2010/10/28/530973. shtml，10 月 28 日。

87. 蒋秀兰、梁成柱、刘金方，2009，《高速铁路对京津冀都市圈经济发展的影响探讨》，《中国铁路》第 8 期。

88. 金辰虎，1994，《高速铁路客运站的设置及其布局探讨》，《综合运输》第 11 期。

89. 金凤君、王姣娥，2004，《20 世纪中国铁路网扩展及其空间通达性》，《地理学报》第 2 期。

90. 金凤君、王姣娥、孙炜、牛树海，2003，《铁路客运提速的空间经济效果评价》，《铁道学报》第 6 期。

91. 井口圭一郎，2005，《新干线的建设过程和地域振兴效果》，《立命馆法政论集》第 3 期。

92. 肯尼斯·鲍威尔，2002，《城市的演变：21 世纪初的城市建筑》，王钰译，中国建筑工业出版社。

93. 孔令斌，2009，《城市发展与交通规划时期大城市综合交通规划理论与实践》，人民交通出版社。

94. 李冰，2007，《客运专线引入铁路枢纽的方案评价》，《铁道运输与经济》第 3 期。

95. 李秉涛，2005，《客运专线选线主要设计原则和特点》，《铁道标准设计》第 4 期。

96. 李丹明，2006，《柏林莱尔特铁路车站》，《铁道知识》第 1 期。

97. 李典军，2010，《城市战略合作：高铁时代的新格局与武汉的路径选择》，《学习与实践》第 10 期。

98. 李红昌，2004，《铁路管制的契约分析》，经济科学出版社。

99. 李蕾，2010，《高速铁路客运枢纽地区综合开发探析——以三个近郊高铁规划设计创作为例》，《华中建筑》第 1 期。

100. 李平华、陆玉麒，2005，《可达性研究的回顾与展望》，《地理科学进展》第 3 期。

101. 李松涛，2009，《高铁客运站站区空间形态研究》，天津大学博士学位论文。

102. 李天彬，2006，《城市触媒在城市规划建设中的作用》，《油气田地面工程》第 4 期。

103. 李晓江等，1997，《中国城市交通发展战略》，中国建筑工业出版社。

104. 鲤江康正，2011，《新幹線整備が地域経済に与えた影響事例》，日本城市规划论文。

105. 梁成柱，2008，《高速铁路对京津冀经济圈要素流动的影响》，《河北学刊》第 4 期。

106. 廖什，1995，《经济空间秩序：经济财货与地理间的关系》，商务印书馆。

107. 廖天武，2007，《客运专线引入铁路枢纽的关键问题研究》，西南交通大学工程硕士论文。

108. 林辰辉，2011，《我国高铁枢纽站区开发的影响因素研究》，《国际城市规划》第 6 期。

109. 林金忠，2007，《城市集聚经济理论及其演进》，《经济评论》第 4 期。

110. 林毅夫、刘培林，2003，《中国的经济发展战略与地区收入差距》，《经济研究》第 3 期。

111. 刘宝森、郑茜，2011，《七市成立京沪高铁城市旅游联盟发布〈泉城宣言〉》，http：//news.xinhuanet.com/travel/2011－06/21/c＿121561288.htm，6 月 21 日。

112. 刘冰，2008，《理想空间——城市门户火车站与轨道交通枢纽地区规划》，同济大学出版社。

113. 刘朝青、钱智，2013，《基于流动空间理论的城市空间极化研究——以上海市为例》，《上海师范大学学报（自然科学版）》第 2 期。

114. 刘捷，2004，《城市形态的整合》，东南大学出版社。

115. 刘俊、陆玉麒，2008，《江苏省公路交通网络可达性评价研究》，《南京师范大学学报（自然科学版）》第 3 期。

116. 刘天东，2007，《城际交通引导下的城市群空间组织研究》，中南大学博士学位论文。

117. 刘志平、张萌，2013，《城市化发展、城市居住空间结构分化与城市农民工居住空间分析——以上海市为例》，《科学发展》第 3 期。

118. 鲁宁，2014，《京沪高铁盈利——高铁"算命先生"又失算了》，观察者网，http：//www.guancha.cn/LuNing/2014＿12＿13＿303225.shtml，

12 月 13 日。

119. 陆大道，1995，《区域发展及其空间结构》，科学出版社。

120. 陆大道，2002，《关于点—轴空间结构系统的形成机理分析》，《地理科学》第 1 期。

121. 陆化普、陈宏峰等，2001，《综合交通枢纽规划——基础理论与温州的规划实践》，人民交通出版社。

122. 陆锡明，2006，《城市交通战略》，中国建筑工业出版社。

123. 陆锡明，2003，《大都市一体化交通》，上海科技大学出版社。

124. 陆娅楠，2012，《中国迈入高铁时代（科学发展成就辉煌)》，《人民日报》，http：//finance. people. com. cn/money/n/2012/0905/c42877 – 18920335. html，9 月 5 日。

125. 吕拉昌，2000，《极化效应、新极化效应与珠江三角洲的经济持续发展》，《地理科学》第 4 期。

126. 吕慎，2004，《大城市客运交通枢纽规划理论与方法研究》，东南大学博士学位论文。

127. 罗鹏飞、徐逸伦、张楠楠，2004，《高速铁路对区域可达性的影响研究》，《经济地理》第 3 期。

128. 罗仁坚，2009，《中国综合运输体系理论与实践》，人民交通出版社。

129. 罗小龙、沈建法，2007，《长江三角洲城市合作模式及其理论框架分析》，《地理学报》第 2 期。

130. 马保仁，1998，《高速铁路引入济南枢纽客运组织方案探讨》，《铁道运输与经济》第 7 期。

131. 马桂贞，2003，《铁路站场及枢纽》，西南交通大学出版社。

132. 马强，2007，《走向精明增长：从小汽车城市到公共交通城市》，中国建筑工业出版社。

133. 马玉珍，2006，《客运专线站场设计技术研究》，《铁道标准设计》第 5 期。

134. 梅新育，2012，《中国高铁布局海外》，《南风窗》，http：//www. nfcmag. com/article/3468. html，5 月 16 日。

135. 孟德友、范况生、陆玉麒等，2010，《铁路客运提速前后省际可达性及空间格局分析》，《地理科学进展》6 期。

136. 孟祥林，2008，《城市化进程的经济学分析》，西南财经大学出版社。

137. 倪鹏飞编，2004，《中国城市竞争力报告 NO. 2——定位：让中国城市共赢》，社会科学文献出版社。

138. 欧国立，2004，《运输产品性质论》，《中国铁路》第 10 期。

139. 彭传圣，2007，《洛杉矶和长滩港对美国经济的影响分析》，《综合运
输》第 11 期。

140. 彭其渊等，2006，《客运专线运输组织》，科学出版社。

141. 彭文盛、彭辉，2004，《高速铁路引入既有枢纽客运站的布局》，《交
通运输工程学》第 4 期。

142. 彭羽、沈玉良，2012，《上海、香港、新加坡吸引跨国公司地区总部
的综合环境比较——兼论上海营造总部经济环境的对策》，《国际商
务研究》第 4 期。

143. 平野卫、邹振民，2001，《修建京沪高速铁路的意义》，《中国铁路》
第 3 期。

144. 齐中熙、樊曦，2014，《中国高铁总里程达 11028 公里，占世界一
半》，新华网，http：//news. xinhuanet. com/fortune/2014 - 03/05/c_
119626642. htm，3 月 5 日。

145. 钱运春，2006，《长江三角洲外资空间演进对城市群发展的推动机
制》，《世界经济研究》第 10 期。

146. 秦应兵、杜文，2000，《城市轨道交通对城市结构的影响因素分析》，
《西南交通大学学报》第 3 期。

147. 邱丽丽、顾保南，2006，《国外典型综合交通枢纽布局设计实例剖
析》，《城市轨道交通研究》第 3 期。

148. 全永集、刘小明，2002，《路在何方纵谈城市交通》，中国城市出版
社。

149. 任国岩，2005，《"欧洲里尔"——一种新型城市中心的规划与实
施》，《规划师》第 7 期。

150. 日本国土交通省，2002，《包括新干线在内交通网的城市调查》，
http：//www. mlit. go. jp/。

151. 荣朝和，2007，《德国柏林中央车站的建设理念与启示》，《综合运
输》第 3 期。

152. 荣朝和，2009，《关于运输经济研究基础性分析框架的思考》，《北京
交通大学学报》（社会科学版）第 2 期。

153. 荣朝和，2001，《关于运输业规模经济和范围经济问题的探讨》，《中
国铁道科学》第 4 期。

154. 荣朝和，2006，《重视基于交通运输资源的运输经济分析》，《北京交通大学学报》（社会科学版）第 4 期。

155. 瑟夫洛·罗伯特，2005，《公交都市》，宇恒可持续交通研究中心译，中国建筑工业出版社。

156. 上海虹桥商务区管理委员会，2013，《区域概况》，http：//www. shhqcbd. gov. cn，4 月 10 日。

157. 上海虹桥商务区管理委员会，2014，《10 月份枢纽客流情况》，http：//www. shhqcbd. gov. cn，11 月 5 日。

158. 上海南站地区，http：//www. 1128. org/html/qxzc/jjyq/xh/2006/03/doc4246. shtml。

159. 上海市统计局、国家统计局上海调查总队编，2006～2012，《上海市统计年鉴》，中国统计出版社。

160. 上越新干线活性化同盟会事务局，2007，《关于上越新干线活性化的课题》。

161. 沈坤荣、耿强，2001，《外国直接投资、技术外溢与内生经济增长》，《中国社会科学》第 5 期。

162. 沈丽珍、顾朝林，2010，《流动空间》，东南大学出版社。

163. 沈培钧，2006，《关注交通运输网络的失连问题》，《综合运输》第 3 期。

164. 盛辉，1990，《我国铁路旅客站建筑设计试析》，《华中建筑》第 1 期。

165. 石川县，2008，《新干线开业影响预测调查》。

166. 石家庄城市交通项目办公室，1999，《石家庄城市交通工程项目、交通管理分项可行性研究报告》。

167. 石忆邵、郭惠宁，2009，《上海南站对住宅价格影响的时空效应分析》，《地理学报》第 2 期。

168. 司耀旺、顾保南，2009，《德国柏林铁路客运枢纽特点分析》，《综合运输》第 8 期。

169. 斯卡洛夫，1982，《城市交通枢纽的发展》，刘统畏译，中国建筑工业出版社。

170. 宋丽思、陈向东，2009，《我国四大城市区域创新空间极化趋势的比较研究》，《中国软科学》第 10 期。

171. 宋琳、董春、胡晶、宁书年，2006，《基于空间统计分析与 GIS 的人均 GDP 空间分布模式研究》,《测绘科学》第 4 期。

172. 苏文俊、施海涛、王新军,2009,《京沪高铁对鲁西南沿线主要城市的影响》,《复旦学报(自然科学版)》第 1 期。

173. 孙斌栋、迪特里希·亨克尔、刘学良,2008,《合作型的全球城市——德国城市体系研究及其对上海的启示》,《国际城市规划》第 6 期。

174. 孙斌栋、吴雅菲,2008,《上海居住空间分异的实证分析与城市规划应对策略》,《上海经济研究》第 12 期。.

175. 孙会君、高自友,2002,《一类有竞争的物流配送中心选址模型》,《交通运输工程学报》第 4 期。

176. 孙乐,2008,《关于常住(驻)人群对陆家嘴金融中心区空间认知的实证研究》,同济大学硕士学位论文。

177. 孙婷,2008,《高速铁路对城市发展的影响》,《现代城市研究》第 7 期。

178. 孙有望、徐行方,1994,《京沪高速铁路与上海城市发展的关系》,《上海铁道学院学报》第 2 期。

179. 覃力等,1995,《国外交通建筑》,黑龙江科学技术出版社。

180. 汤姆逊,1982,《城市布局与交通规划》,倪文彦、陶吴馨译,中国建筑工业出版社。

181. 陶然、向静,2005,《优化铁路运输资源配置实施列车运行图编制集中化》,《中国铁路》第 4 期。

182. 陶志祥,2004,《都市圈轨道交通枢纽规划理论及关键技术研究》,东南大学博士学位论文。

183. 藤田昌久、克鲁格曼、维纳布尔斯,2005,《空间经济学:城市、区域与国际贸易》,梁琦译,中国人民大学出版社。

184. 铁道部经济规划研究院,2006,《世界高速铁路发展趋势》,《铁道经济研究》第 1 期。

185. 推动台湾火车站保存再生行动联盟,1998,《再见火车头——火车站再生与都市发展》,创新出版社有限公司。

186. 汪燕敏、王冠、丁华,2008,《京沪高铁对皖北地区的预影响研究》,《现代经济信息》,第 10 期。

187. 汪舟、汪明林,2013,《日本新干线对旅游业发展的影响及启示》,《铁道运输与经济》第 9 期。

188. 王昊、龙慧, 2009,《试论高速铁路网建设对城镇群空间结构的影响》,《城市规划》第 4 期。

189. 王慧, 2007,《城市"新经济"发展的空间效应及其启示——以西安市为例》,《地理研究》第 3 期。

190. 王慧晶、郭垂江, 2009,《枢纽高速客运站位置及数量方案的初选》,《铁道运输与经济》第 11 期。

191. 王慧, 2006,《开发区发展与西安城市经济社会空间极化分异》,《地理学报》第 10 期。

192. 王嘉慧, 2009,《京广铁路客运西线对驻马店市城市发展及结构布局影响分析研究》, 西安建筑科技大学硕士学位论文。

193. 王姣娥、金凤君, 2005,《中国铁路客运网络组织与空间服务系统优化》,《地理学报》第 3 期。

194. 王久梗, 2007,《关于交通资源概念和特征的探讨》,《综合运输》第 7 期。

195. 王凯, 2007,《全国城镇体系规划的历史与现实》,《城市规划》第 10 期。

196. 王令朝, 1997,《铁路客运站空间的开发利用》,《上海铁道科技》第 2 期。

197. 王梦恕, 2001,《21 世纪的铁路》, 清华大学出版社。

198. 王南, 2008,《高速客运站设置的系统优化研究》, 西南交通大学博士论文。

199. 王南、朱志国主编, 2008,《铁路站场及枢纽》, 西南交通大学出版社。

200. 王培宏、贺国光, 2003,《交通一体化: 综合运输的发展方向》,《综合运输》第 10 期。

201. 王青亚, 2007,《枢纽内铁路客运站布局方案比选研究》,《交通运输工程与信息学报》第 3 期。

202. 王庆云, 2006,《交通运输发展理论与实践》, 中国科学技术出版社。

203. 王庆云, 2007,《中国交通发展的演进过程及问题思考》,《交通运输系统工程与信息》第 1 期。

204. 王庆云, 2009,《抓住机遇促进交通运输系统协调发展》,《综合运输》第 2 期。

205. 王珊、朱晓琳、杨姗, 2008,《北京市中心区铁路沿线区域更新整合研究》,《城市问题》第 3 期。

206. 王伟,2008,《中国三大城市群空间结构及其集合能效研究》,同济大学博士学位论文。

207. 王小鲁、樊纲,2000,《中国经济增长的可持续性》,经济科学出版社。

208. 王晓刚,2007,《国外高速铁路建设及发展趋势》,《建筑机械》第 5 期。

209. 王洋、盛长元、徐莉君,2011,《扬州市经济空间极化探讨》,《地域研究与开发》第 3 期。

210. 王玉国,2006,《运输业资源效率评价和优化利用研究》,北京交通大学博士学位论文。

211. 王泽明、贾树敏,2011,《"飞鱼"驰过廊坊获利几何?》,《廊坊日报》,http://60.10.2.21/html/2011-07/08/content_118532.html,7 月 8 日。

212. 王兆成,2004,《黄中长期铁路网规划研究》,中国铁道出版社。

213. 王振,2010,《长三角地区的同城化趋势及其对上海的影响》,《科学发展》第 4 期。

214. 威廉·阿朗索,2007,《区位和土地利用地租的一般理论》,梁进社、李平、王大伟译,商务印书馆。

215. 韦恩·奥图、唐·洛干,1994,《美国都市建筑城市设计的触媒》,王劭方译,创兴出版社。

216. 吴家豪,1991,《国外铁路枢纽》,中国铁道出版社。

217. 吴康、方创琳、赵渺希、陈晨,2013,《京津城际高速铁路影响下的跨城流动空间特征》,《地理学报》第 2 期。

218. 吴威、曹有挥、曹卫东、徐建、王玥,2006,《长江三角洲公路网络的可达性空间格局及其演变》,《地理学报》第 10 期。

219. 伍业春,2009,《武广高速铁路对沿线城市体系发展的影响研究》,西南交通大学硕士学位论文。

220. 武进,1990,《中国城市形态:结构、特征及其演变》,江苏科学出版社。

221. 武廷海,2002,《大型基础设施建设对区域形态的影响研究述评》,《城市规划》第 4 期。

222. 武伟、宋迎昌,1997,《论铁路经济带的组成因素及其作用机制》,

《地理学与国土研究》第 2 期。

223. 武香林、周商吾，2005，《公共交通换乘枢纽站设计》，《城市公共交通》第 12 期。

224. 席庆、霍娅敏，1999，《交通运输枢纽中客运站点布局问题的研究》，《西南交通大学学报》第 3 期。

225. 下平尾勲，1980，《东北新干线的开通和地域经济》，《东北经济》第 69 期。

226. 谢海红、周浪雅，2005，《铁路客运专线引入枢纽的布局原则探讨》，《铁道运输与经济》第 8 期。

227. 谢辉，2015，《为铁路开创互联网物流点赞》，http：//www. chnrailway. com/html/20150525/1057503. shtml，5 月 25 日。

228. 谢贤良，2006，《欧洲最大的轨道交通立体枢纽站在柏林开通》，《现代城市轨道交通》第 4 期。

229. 谢贤良，2003，《世界高速铁路现状及其社会经济效益》，《中国铁路》第 11 期。

230. 休科利斯，2004，《现代交通建筑规划与设计》，孙静等译，大连理工大学出版社。

231. 徐冬云，2009，《城市交通拥堵与城市空间扩展的关系研究》，北京交通大学博士论文。

232. 许宏宇、朱磊、郝之颖，2008，《京沪高铁无锡站场地区发展研究》，《城市规划》第 4 期。

233. 杨东援、韩皓，2000，《世界四大都市轨道交通与交通结构剖析》，《城市轨道交通研究》第 4 期。

234. 杨俊宴、吴明伟，2006，《中国城市 CBD 适建度指标体系研究——中国 CBD 发展量化研究之一》，《城市规划》第 1 期。

235. 杨佩昆，1999，《境外综合交通运输的换乘系统》，《国外城市规划》第 1 期。

236. 杨秋宝、Andy Sze、荣朝和，2009，《美国芝加哥环线铁路兼并案及启示》，《综合运输》第 6 期。

237. 杨秋宝、荣朝和，2008，《美国洛杉矶疏港铁路通道项目的启示》，《综合运输》第 8 期。

238. 杨上广、丁金宏，2004a，《极化开发的人口空间响应及社会效应研究》，《华东师范大学学报》（哲学社会科学版）第 5 期。

239. 杨上广、丁金宏，2004b，《浦东新区的极化开发与社会极化》，《城市问题》第 1 期。

240. 杨嗣信等，1999，《北京西客站工程概况》，《建筑技术》第 2 期。

241. 杨荫凯、韩增林，1999，《交通经济带的基本理论探讨》，《人文地理》第 2 期。

242. 杨宇、陈刚、郑才辉，2007，《城际铁路新建客运站研究》，《铁道工程学报》第 10 期。

243. 杨毓宾，1999，《现代铁路旅客车站规划设计》，中国铁道出版社。

244. 杨志伟，2008，《长株潭城市群公共交通资源整合发展策略研究》，《湖南工业大学学报》（社会科学版）第 6 期。

245. 杨子葆，1999，《走出自己的路来：以人为本的台北交通发展历程》，《城市交通》第 2 期。

246. 姚澄，2005，《城市轨道交通换乘节点设置方式的探讨》，《上海铁道科技》第 2 期。

247. 姚枝仲、周素芳，2003，《劳动力流动与地区差距》，《世界经济》第 4 期。

248. 叶怀珍、吴永强，2005，《铁路枢纽内客运站设置方案研究》，《铁道运输与经济》第 3 期。

249. 叶峻青、何勋隆，2003，《城市轨道交通与铁路枢纽规划》，《交通运输工程学报》第 4 期。

250. 叶楠、施卫东，2008，《国外交通发展资源优化配置的经验及启示》，《综合运输》第 1 期。

251. 叶玉瑶，2006，《城市群空间演化动力机制初探——以珠江三角洲城市群为例》，《城市规划》第 1 期。

252. 虞同文，2001，《从统计数字看台北交通》，《交通与运输》第 3 期。

253. 袁博，2011，《京广高速铁路沿线"高铁新城"空间发展模式及规划对策研究》，华中科技大学硕士学位论文。

254. 张晨，2007，《大芝加哥地区交通规划研究》，北京交通大学硕士论文。

255. 张发才，2006，《铁路客运与城市交通运营组织衔接研究》，东南大学硕士学位论文。

256. 张国华、李凌岚，2009，《综合高速交通枢纽对城镇空间结构的影响以长株潭地区为例》，《城市规划》第 3 期。

257. 张国伍、任树芬，1993，《发展中的北京城市交通系统分析》，《系统工程理论方法应用》第 4 期。

258. 张京祥、何建颐、殷洁，2006，《全球城市密集地区发展与规划的新趋势》，《规划 50 年：2006 中国城市规划年会论文集》（上册）。

259. 张凯、曹小曙，2007，《火车站及其周边地区空间结构国内外研究进展》，《人文地理》第 6 期。

260. 张昆鹏、胡小蒙，2014，《暑运期间蚌埠铁路共发送旅客 135 万人》，《淮河晚报》，http://www.ahbbtv.com/life/folder260/2014/09/2014 - 09 - 0355414. html，9 月 3 日。

261. 张弥，2007，《城市体系的网络结构》，中国水利水电出版社。

262. 张楠楠、徐逸伦，2005，《高速铁路对沿线区域发展的影响研究》，《地域研究与开发》第 3 期。

263. 张鹏军，1999，《试论政府主管部门在实现运输资源优化利用中的作用》，《综合运输》第 11 期。

264. 张庭伟，2001，《1990 年代中国城市空间结构的变化及其动力价值》，《城市规划》第 7 期。

265. 张文尝，1982，《城市铁路规划》，中国建筑工业出版社。

266. 张文尝、金凤君、樊杰主编，2002，《交通经济带》，科学出版社。

267. 张文忠，2000，《经济区位论》，科学出版社。

268. 张小星，2001，《有轨交通转变下的广州火车站地区城市形态研究》，华南理工大学博士学位论文。

269. 张学兵，2000，《利用北京铁路枢纽发展城市交通》，《铁道运输与经济》第 7 期。

270. 张学良，2009，《交通基础设施空间溢出与区域经济增长》，南京大学出版社。

271. 张学良、聂清凯，2010，《高速铁路建设与中国区域经济一体化发展》，《现代城市研究》第 6 期。

272. 张艳、华晨，2011，《解析高铁作为城市空间重组的结构性要素：法国里昂案例分析》，《国际城市规划》第 6 期。

273. 张杨波，2011，《高铁时代下的时空压缩与社会分化——以武广客运专线开通事件为例》，《湖北行政学院学报》第 2 期。

274. 张曾芳、张龙平，2000，《运行与嬗变：城市经济运行规律新论》，东南大学出版社。

275. 赵冰洁、马驷，2004，《铁路在城市交通中的定位与发展模式》，《铁路运输与经济》第 4 期。

276. 赵丹丹，2011，《京沪高速铁路建设对沿线产业空间布局的影响》，西南交通大学硕士学位论文。

277. 赵红军，2005，《交易效率、城市化与经济发展：一个城市化经济学分析框架及其在中国的应用》，上海人民出版社。

278. 赵坚，2009，《引入空间维度的经济学分析及我国铁路问题研究》，中国经济出版社。

279. 赵立华，2010，《城际高铁，区域合作的纽带》，《铁道经济研究》第 2 期。

280. 赵映慧、修春亮、姜博、李秀伟、孟伟、李霞，2010，《1990 年代以来空间极化研究综述》，《经济地理》第 3 期。

281. 浙江省统计局、国家统计局浙江调查总队编，2006～2012，《浙江省统计年鉴》，中国统计出版社。

282. 郑德高、蔡震，2008，《区域网络中的关键性节点研究——以上海虹桥综合交通枢纽功能拓展研究为例》，《城市规划》第 5 期。

283. 郑德高、杜宝东，2007，《寻求节点交通价值与城市功能价值的平衡——探讨国内外高铁车站与机场等交通枢纽地区发展的理论与实践》，《国际城市规划》第 1 期。

284. 郑科，2004，《轨道交通为导向的城市开发——关于上海扩大站区的 TOD 实践》，同济大学硕士学位论文。

285. 郑猛、康学东，2009，《北京铁路发展 60 年》，《北京规划建设》第 5 期。

286. 郑明，2006，《轨道交通时代的城市开发》，中国铁道出版社。

287. 郑瑞山，2008，《高速铁路建设对城市的影响及高铁站地区规划》，《2008 年中国城市规划年会论文集》，天津科学学术出版社。

288. 郑祖武等，1998，《现代城市交通》，人民交通出版社。

289. 中国城市规划设计研究院，2007，《长江三角洲城镇群规划（2007～2020）》。

290. 中国城市规划设计研究院城市交通研究所，2010，《大型高铁综合交通枢纽功能设计关键技术方法研究》。

291. 中国城市规划设计研究院城市交通研究所，2009，《铁路发展及铁路客站建设对城市发展的影响》。

292. 中国城市规划设计研究院、国家开发银行，2008，《开放性金融支持长三角区域发展规划研究》。

293. 中国城市规划设计研究院，2006，《上海虹桥综合交通枢纽规划国际方案征集》。

294. 中国工程院我国大都市连绵区规划建设问题研究项目组，2007，《我国大都市连绵区综合交通研究》。

295. 中华人民共和国铁道部，2006，《铁路车站及枢纽设计规范》，中国计划出版社。

296. 中华人民共和国统计局编，2013，《中国统计年鉴》，中国统计出版社.

297. 周长江，2005，《高速铁路发展概况及展望》，《甘肃科技纵横》第3期。

298. 周素红、闫小培，2005，《城市交通与土地利用关系研究的进展》，《规划师》第3期。

299. 周一星，1995，《城市地理学》，商务印书馆。

300. 周政旭，2009，《社会分层与后社会分层时代的城市空间应对——城市社会学的考量》，载中国城市规划学会编：《城市规划和科学发展——2009中国城市规划年会论文集》，天津科学技术出版社。

301. 朱东风，2006，《1990年代以来苏州城市空间发展——基于拓扑分析的城市空间双重组织机制研究》，同济大学博士学位论文。

302. 朱文俊，2008，《城市综合体的功能及价值分析》，清华大学硕士学位论文。

303. 朱喜钢，2002，《城市空间集中与分散论》，中国建筑工业出版社。

304. 朱晓宁、边彦东、杨浩、马桂贞，1998，《高速铁路引入枢纽衔接方案的综合评价问题》，《铁道学报》第4期。

305. 朱照宏、杨东援、吴兵编著，2007，《城市群交通规划》，同济大学出版社。

306. 邹小华，2007，《城市空间、社会分层与社会和谐》，《城市问题》第5期。

307. Albrechts, Louis and Tom Coppens. 2003. Mega Corridors: Striking A Balance Between the Space of Flows and the Space of Places. *Journal of Transport Geography*, 11, 215 – 224.

308. Alenka, Hudoklin and Vojan Rozman. 1996. Reliability of Railway Traffic

Personnel. *Reliability Engineering & System Safety*, 52, 165 – 169.

309. Andre, Sorensen. 2000. Landread Justment and Metro Politan Growth: An Examination of Suburbanl and Development and Urban Sprawl in the Tokyo Metropolitan Area. *Progression Planning*, 53, 217 – 330.

310. Andrew, W. Elbardiss, Douglas, A. Wiegmann and Joseph, A. Dearan. 2007. Application of the Human Factors Analysis and Classification System Methodology to the Cardiovascular Surgery Operating Room, *Ann Thorac Surg*, 83, 1412 – 1419.

311. Bai, C., Hsieh, C., and Qian, Y. 2006. *The Return to Capital in China*. Brookings Papers on Economic Activity.

312. Berg, Leo Van den and Peter Pol. 1998. The European High-speed Train Network and Urban Development: Experiences in Fourtheen European Urban Regions. *Aldershot*, Hants: Ashgate.

313. Bertolini, L. 1999. Spatial Development Patterns and Public Transport: the Application of An Analytical Model in the Netherlands. *Planning Practice & Research*, 14 (2), 199 – 210.

314. Bodell, G. 2002. Urban Rail Demand Forecasts-Where Do Models Wrong? *Smart Urban Transport*. 29, 575 – 589.

315. Bogue, Donald J. Internal Migration. In Hauser, Duncan (Ed.). 1959. *The Study of Population: An Inventory Ap – praisal*. University of Chicago Press.

316. Bonnafous, A. 1987. There Gionalim Pact of The TGV (original in French). *Transportation*, 14, 127 – 137.

317. Boudville, J. R. 1966. *Problems of Regional Economic Plan*. Edinburgh University Press.

318. Caselli, F. and Feyrer, J. 2007. The Marginal Product of Capital Quarterly. *Journal of Economics*. 122 (2).

319. Castells, M. and Hall P. 1994. *Technopoles of the World: The Making of Twenty – First – Century Industrial* Complexes. London: Routledge.

320. Cathy, HongYang. 2004. *Identifying and Testing the Decision Making Factors Related to-Key Industries. Choice of Location*, The Thesis Submitted For the Degree of Master of Philosophy, April, Brisbane.

321. Coto-Millán, Pablo, Vicente Inglada and Belén Rey. 2007. Effects of

Network Economies in High-speed Rail: the Spanish Case. *Annals of Regional Science*, 41, 911 – 925.

322. David, Elms. 2001. Reliability Engineering System Safety, *Rail Safety.* 74, 291 – 297.

323. David, Levinson and Ramaehandra Karamala Puti. 2003. Induced Supply: A model of Highway Network Expansion at the Microsome Pie Level. *Journal of Transport Economics and Policy*, 37 (3), 297 – 18.

324. David, Levinson. 2007. Density and Dispersion: *The Development of Land Use and Rail in London*, Networks, *Economies&Urban Systems* (*NEXUS*). Workingpaper.

325. David, Levinson. 2005. *Handbook: The Evolution of Transport Networks. Transport Strategy*, *Policy and Institutions.* Elsevier, Oxford.

326. Esteban, J. M. and Ray, D. C. 1992. On the Measurement of Polarization. *Econometrica*, 62, 819 – 851.

327. Francois, Perroux. 1955. A Note on the Notion of Growth Pole. *Applied Economy*, 1/2, 307 – 320.

328. Freitag, Rolf and Pyka, Dennis. 2008. *Global Tourism in* 2008 *and Beyond – World Travel Monitor's Basic Figures.* IPK Report.

329. FrÖidh, Oskar. 2005. Market Effects of Regional High-Speed Trains on the Svealand Line . *Journal of Transport Geography*, 13, 352 – 361.

330. Fwdia, Netjasov and Milan Janic. 2008. A Review of Research on Risk and Safety Modeling in Civil Aviation. *Journal of Air Transport Management*, 14, 213 – 220.

331. Giovannin. 1999. A Note on the Competitive Advantage of Large Hub-and-Spoke Networks. *Transportation Research*: PartE, 35 (4), 225 – 239.

332. Goel, R. K and Dube, A. K. 1999. Status of Undergounds Pace Utilization and Its Potential in Delhi. *Urban Planning and Development, Tunnelling and Underground Space Technology*, 180. Sebastiaall , 14 (3), 349 — 354.

333. Gordon, R. Flin, R and Mearns, K . 2005. Designing and Evaluating A Human Factors InvestigationTool (HFIT) for Accident Analysis . *Safety Science*, 43, 147 – 171.

334. Gutiérrez, Javier, Rafael González and Gabriel Gómez. 1996. The European Highspeed Train Network. *Journal of Transport Geography*, 4 (4), 227 – 238.

335. Gutiérrez, Javier. 2001. Location, Economic Potential and Daily Accessibility: An Analysis of The Accessibility Impact of the High-speed Line Madrid – Barcelona-French Border. *Journal of Transport Geography*, 9, 229 – 242.

336. Gyunyoung, Heo and Jinkyun Park. 2010. A Framework for Evaluating the Effects of Maintenance-related Human Errors in Nuclear Power Plants. *Reliability Engineering & System Safety*, 95 (7), 797 – 805.

337. Hall P. 1996. The Global City. *International Social Science Journal*, 147, 15 – 23.

338. Harman, R. 2006. *High-speed Trains and the Development and Regeneration of Cities*. London: Greengauge.

339. Haynes and Kingsley. 1997. Labormarket Sand Regional Transportation Improvements; the Case of High-speed Trains: An Introduction and Review. *Annals of Regional Science*, 31 (1), 57 – 76.

340. Imashiro and Mitsuhide. 1997. Change in Japan's Transport Market and Privatization. *Japan Railway and Transport Review*, 13, 50 – 53.

341. K. Kansky. 1969. *Strncture of Transportation Networks: Relationships Between Network Geometry and Regional Characteristies*. University of Chicago Press, Chicago.

342. Knox and Stephen. 2006. Can High Speed Rail Line in the UK Help to Close the Productivity Gap Between London and the South East and the Regions, and Boost Economic Growth? *Transportation Planning Society*. 62, 583.

343. Komei, Sasaki. Tadahiro Ohashi and Asao Ando. 1997. High-speed Rail Transit Impact on Regional Systems: Does the Shinkan Senontribute to Dispersion? *The Annals of Regional Science*, 31 (1), 77 – 98.

344. Krugman, P. 1991. Increasing Returns and Economic Geography. *Journal of Political Economy*, 99, 483 – 499.

345. Latora, etal. 2001. Efficient Behavior of Small-World Net-works. *Physical Review Letters*, 87 (19), 1 – 4.

346. Leek. K. T. and Sehonfeld. P. 1992. *Optimal Headway and Slack Times at*

Multipler outetimed-transferterminals Minals. College Park: University of Maryland.

347. Lemer and Andrew. C. 1992. Measuring Performance of Airport Passenger Terminals. *Transportation Research*, PartA: General, 26 (1), 37.

348. Lewis, W. A. 1958. Further Notes, The Manchester School of Economic and Social Studies. *Unlimited Labour*, 26 (1), 1 – 32.

349. Marees, Binney and David Pearce. 1979. *The Railway Station An Architectural History.* IN CarrollL. V. Meeks, 1957 Rail way Are Hiteeture, London.

350. Marianov, V. and Serra, D. 1999. Location of Hubs in A of Operational Research. *European Journal Operational Research*, 3.

351. Martins, C. L. 1994. Search Strategies for the Feeder Bus of European Journal Network Design Problem. *European Journal Operational Research*, 106: 25 – 44.

352. Melissa, T. Baysari, Andrew S. Mcintosh and John, R. Wilson. 2008. Understanding the Human Factors Contribution to Railway Accidents and Incidents in Australia. *Accident Analysis and Prevention*, 40, 1750 – 1757.

353. Myrdal, G. 1957. *Economic Theory and Underdeveloped Regions.* London: Gerald Duckworth & Co Ltd. .

354. Nakamura, H. and Ueda, T. 1989. The Impacts of Shinkansin on Regional Development. *Proceedings of WCTR*, 3, 95 – 109.

355. Newell. 1980. *Traffic-flow on Transportation Networks.* The MIT Press. Cambridge.

356. Okada Hiroshi. 1994. Features and Economic and Social Effects of The Shinkansen. *Japan Railway & Transport Review*, 10.

357. Oskar, Froidh. 2005. Market Effects of Regional High-speed Trains on the Svealandline. *Journal of Transport Geography*, 13, 352 – 361.

358. Peek, Gert-Joost. Luca Bertolini and Hans de Jonge. 2006. Gaining Insight in the Development Potential of Station Areas: A Decade of Node – 44. place Modelling in the Netherlands. *Planning, Practice & Research*, 11 (21), 443 – 462.

359. Pol, P. M. J. 2002. *A Renaissance of Stations, Railways and Cities. Economic Effects, Development trategies and Organisational Issues of European High – Speed*

Train Stations, Delft: DUP Science.

360. Pred Allan, ed. 1981. *Space and Time in Geography-Essays Dedicated to Torsten Hägerstrand.* CWK Gleerup, Lund.

361. Rachael, RE Gordon. 1998. The Contribution of Human Factors to Accidents in the Offshore Oil Industry. *Reliability Engineering and System Safety*, 61, 95 – 108.

362. Reed, J. S. 1991. *High Speed Rail Related Development in Europe and United States.* The Development of the HST Station Region Workshop in Taipei.

363. Reilly. W J. 1931. The Lay of Retail Gravitation. *New York: Knicker bocker Press.*

364. Sands, B. D. 1993. *The Development Effects of High-Speed Rail Stations and Implications for California.* University of California at Berkeley.

365. Sasaki, Komei. Tadahiro Ohashi and Asao Ando. 1997. High-speed Rail Transit Impact on Regional Systems: Does the Shinkansen Contribute to Dispersion? *Annals of Regional Science*, 31 (1), 77 – 98.

366. Sassem, S. 1991. *The Global City.* Princeton: Princeton University Press.

367. Sassen, S. and La ville Globale. 1994. Elements Pour une Lecture de Paris. *Le Débat*, 80, 146 – 164.

368. Schutz, E. 1998. Stadtentwicklung durch Hochgeschwindigkeitsverkehr, Konzeptionelle und Methodische Absatze zum Umgang mit den Raumwirkungen des schienengebunden Personen-Hochgeschwindigkeitsverkehr (HGV) als Beitrag zur Losung von Problemen der Stadtentwicklung, *Informationen zur Raumentwicklungs*, (6): 369 – 383

369. Sehmitz, 1993. *Tangentialstattradial: Langfristing Veranderungeder Berufs Pendler Strome in Deutsehland.* BFLR-Mitteilungen.

370. Sheffi. 1985. *Urban TransPortation Networks: Equilibrium Analysis with Mathematical Programming Methods.* Englewood Cliffs. NJ: Prentiee all. Ine.

371. Stephen, Reinach and Alex Viale. 2006. Application of A Human Error Framework to Conduct Train Accident Incident Investigations. *Accident Analysis and Prevention*, 38, 396 – 406.

372. Steven, Parissien. 1997. *Station To Station.* Phaidon Press.

373. Taaffe, R. L. Morrill and Gould, P. R. 1963. Transportation Expansion

in Under Developed Countries: An Comparative Analysis. *Geographical Review*, 53 (4), 5030 – 529.

374. Thomas. 2002. *Transportation Networks and the Optimal Location of Human Activities: A Numerical Geography Approach.*

375. Thompson, Ian B. 1995. High – speed Transport Hubs and Eurocity Status: the case of Lyon. *Journal of Transport Geography*, 3 (1), 29 – 37.

376. Thompson, Louis, S. 1994. High Speed Rail in the United States-Why Isn't There more? *Japan Railway and Transport Review*, 3, 32 – 39.

377. Todaro, M. P. 1969. A Model of Labor Migration and Urban Unemployment in Less Developed Countries. *The American Economic Review*, 59 (1), 138 – 148.

378. Torsten, Hägerstrand. 1974. *The Impact of Transport on the Quality of Life.* Lund: Lunds Universitets Kultur Geografiska Institution, Rap porter och Notiser.

379. Trip, Jan Jacob. 2007. *What Makes A City? Planning for Quality of Place, the Case Study of High-speed Trainstation Area Redevelopment* . Amsterdam: IOS Press.

380. Turnoek. 1998. *Dan historical Geography of Railways in Great Britain and Ireland.* Aldershot: Ashgate.

381. UIC, 2011. *High Speed Lines in the World. UIC High Speed Deparment.* http: //www. Uic. Org/IMG/pdf/20111101 at high speed lines in the world. pdf.

382. Ullman, E. A. 1941. Theory of Location for Cities. *The American Journal of Sociology*, 46 (6), 853 – 864.

383. Ureña, M José, Philippe Menerault and Maddi Garmendia. 2009. The High-speed Rail Challenge for Big Intermediate Cities: A National, Regional and Local Perspective. *Cities*, 26, 266 – 279.

384. Vanden Berg, Leo and Peter Pol. *The European High-speed Train-network and Urban Development.* Aldershot: Ashgate. 1998.

385. Vickerman and Roger. 1997. High-speed Rail in Europe: Experience and Issues for Future Development. *Annals of Regional Science*, 31: 17.

386. Vuehie, V. R. Clarke. R and Molinero. A. M. 1981. *Timed Transfer*

System Planning, Design and Operation. Phiadelphia: University of Pennsylvania.

387. WalterHoot. 1985. *The Air Port Passenger Terminal*, New York.

388. Wolfram, Marc. 2003. *Planning the Integration of the High-speed Train: a Discourse Analytical in Four European Regions.* Stuttgart University.

389. Xie, Feng and David Levinson. 2006. The Weakest Link: A Model of the Decline of Surface Transportation Networks. *Transportation Research Part.*

390. Yerra, B. and David Levinson. 2005. Themer Oenee of Hierarchy in Transportation Networks. *Annals of Regional Scienee*, 39 (3), 541–553.

后 记

本书撰写的初衷是希望结合我国高铁快速建设发展过程中出现的新趋势和新问题，选取兼具现实意义与创新特色的方向，通过剖析现状与整合研究将政府所关注的高铁对人口流动的影响及人口流动管理问题落在实处；在实践操作方面，则是在科学发展观的指引下，分析从高铁枢纽站点、城市再到城市群对人口流动的影响及其产生的人口流动管理需求，覆盖高铁规划、人口经济、社会管理等相关领域，为现阶段大城市人口合理分布和高铁网络规划建设提供相应的依据和参照。

本书汇集和梳理近年来的主要成果和阶段性进展，研究工作得到教育部人文社会科学研究青年基金项目"高铁对人口流动的作用机制——基于产业布局、城镇分布、行为方式的实证研究"（12YJC840014）的资助。同时，本书也得到上海高校智库上海大学基层治理创新研究中心的资助。

感谢上海大学李友梅校长。李校长在本书筹划、立论等阶段给予高屋建瓴的点拨和充分的扶助，并在在校务繁忙之际抽出时间审读了本书并提出了修改意见。

感谢上海市人民政府发展研究中心朱咏教授对本书研究内容、研究视角创新和高铁实地调研、资料收集等方面给予的有益建议和大力支持。

感谢上海大学中欧工程技术学院陆歆弘副教授、上海大学社会学院刘春艳副教授对此书的贡献。

感谢社会科学文献出版社杨阳、杨桂凤两位编辑对本书提出的有益建议。

感谢儿子朱嘉黄的理解和支持，儿子的幸福成长使我的研究生活充满乐趣。

　　最后要说的是，本书汇集了我近年来的主要成果和阶段性进展，其撰写过程颇费周折，其间几经推敲，也经历过多方协商。然而由于种种主客观原因，不免有所遗漏，存在主观、片面等错误，还请学界前辈与同仁不吝赐教。

黄苏萍

2015 年 7 月于上海大学

图书在版编目（CIP）数据

高铁网络与人口流动管理／黄苏萍著.—北京：社会科学文献
出版社，2015.10
　（城市研究.高铁系列）
　ISBN 978 - 7 - 5097 - 7534 - 9

　Ⅰ.①高⋯　Ⅱ.①黄⋯　Ⅲ.①高速铁路 - 影响 - 人口流动 -
研究 - 中国　Ⅳ.①C924.24

　中国版本图书馆 CIP 数据核字（2015）第 107642 号

城市研究·高铁系列
高铁网络与人口流动管理

著　　者／黄苏萍

出 版 人／谢寿光
项目统筹／杨桂凤
责任编辑／杨　阳　杨桂凤

出　　版／社会科学文献出版社·社会政法分社（010）59367156
　　　　　地址：北京市北三环中路甲 29 号院华龙大厦　邮编：100029
　　　　　网址：www. ssap. com. cn
发　　行／市场营销中心（010）59367081　59367090
　　　　　读者服务中心（010）59367028
印　　装／三河市东方印刷有限公司

规　　格／开　本：787mm × 1092mm　1/16
　　　　　印　张：18.5　字　数：320 千字
版　　次／2015 年 10 月第 1 版　2015 年 10 月第 1 次印刷
书　　号／ISBN 978 - 7 - 5097 - 7534 - 9
定　　价／79.00 元